新儿童研究文库

儿童哲学的
理论与实践

PHILOSOPHY
FOR
CHILDREN

潘小慧 著

广西师范大学出版社
·桂林·

前　言

诗人纪伯伦（1883—1931）在其作品《先知》中有段关于孩子的话深得我心：

> 你的孩子不是你的，
> 他们是"生命"的子女，是生命自身的渴望。
> 他们经你而生，但非出自于你，
> 他们虽然和你在一起，却不属于你。
> 你可以给他们爱，但别把你的思想也给他们，
> 因为他们有自己的思想。
> 你的房子可以供他们安身，但无法让他们的灵魂安住，
> 因为他们的灵魂住在明日之屋，
> 那里你去不了，哪怕是在梦中。
> 你可以勉强自己变得像他们，但不要想让他们变得像你。
> 因为生命不会倒退，也不会驻足于昨日。

"你的孩子不是你的"，我的孩子也不是我的，孩子有他自己的面貌，孩子终究是要独立自主的，他们是"生命"的子女——这是家长必须首先认识到的事实。我也常说："儿童是天生的哲学家。"儿童哲学虽然以 18 岁以下的少年儿童为教育对象，但儿童哲学的基本精神却可普遍应用于所有哲学普及的活动上。所以这本《儿童哲学的理论与实践》不是专为儿童写的，更是为关心儿童、关心教育、关心哲学的所有人写的，它是适合所有年龄层的书。

本书初版于 2008 年 5 月，由本人所任教、位于台湾省新北市的辅仁大学出版社出版发行。2005 学年度第二学期辅仁大学举办全校首届的"教学成果奖"，本人以"儿童哲学"课程名列前茅，获评审高度赞誉而得奖。之后，受学校及教务长的热情邀请，希望我能将此课程的设计理念及实操情形撰写成书，以利

教师同人参考学习。于是我花了一年多的时间整理撰写完成此书，名为辅仁大学"教学卓越丛书"系列的第三本书。这本书初版首印后在台湾很快就销售一空了，连我手边也只保留两本，经过五年（2013 年）与辅仁大学出版社的合约也期满。由于我经常在海峡两岸以及海外讲座，主题也经常涉及儿童哲学，听众和读者对此书的期盼甚殷。尤其近年来大陆哲学界及幼儿、学前教育圈对于儿童哲学这一块日渐产生浓厚兴趣，加上我在台湾长期进行儿童哲学的研究、教学与推广，所以一直希望此书能以简体字版嘉惠广大的大陆朋友们。

广西师范大学出版社一直以出版专业好书闻名，感谢广西师范大学出版社以及刘美文编辑的协助，让此书得以顺利再版！也期许此书能带动儿童哲学的发展！

潘小慧

于德馨斋

2019 年 8 月

原作者序

    第一次接触"儿童哲学",是笔者研究所硕士班一年级时(1986年)在杨茂秀老师的"儿童哲学研究"课堂上,当时讨论的教材是采用李普曼(Matthew Lipman,1923—2010)① 教授著、杨茂秀老师所译的《哲学教室》一书。犹记得每周三与硕士班、博士班同学们同堂讨论得不亦乐乎!还有一回,杨茂秀老师带全部同学到台湾师范大学,将儿童哲学探究团体的讨论模式示范给一些师生看。当时,笔者的哲学研读兴趣在于知识论与方法学,对"儿童哲学"的初步印象就只是好玩,尚未有进一步研究的动力。但是,一直以来,笔者爱好真理、喜爱言说以及乐于与人沟通的哲学性情,使得心中已悄悄地种下儿童哲学之苗。

    到了博士班,笔者的哲学研究兴趣转向伦理学,尤其是中西伦理学比较。于是,从笔者1990年博士论文完成、毕业,留任母校辅仁大学哲学系至今,近二十年来,在学术研究、教学与写作方面,始终不离"伦理学"的领域。

    这二十年来,于公于私,笔者经历了人生中许多重要的大事——结婚、取得博士学位、留校任副教授、生养三个儿女、升教授、担任系主任、出版三本伦理学专著等。随着年龄的增长、教学经验的增加以及对时代社会的使命感与日俱增,笔者衷心希望所热爱的哲学理论不仅为少数哲学工作者或学生接触,也能为普罗大众所认识、接受甚至喜爱享有。这种哲学理论与实践结合的努力,一直是笔者心中的志业,也即是近年来笔者主持哲学系工作的目标之一。在这个过程中,具体的做法就是争取在哲学系开设"儿童哲学"课程。

    这不是一件容易的事。即使笔者主动愿意以所钟爱的另一门选修课"儒家

---

① 李普曼教授为美国哥伦比亚大学哲学博士,曾任教母校达十九年之久(1954—1972)。1972年他为了创立"儿童哲学促进中心",离开哥伦比亚大学到新泽西州立蒙特克雷尔学院任教,至今仍是儿童哲学促进中心的主任。其著作十分丰富,终生致力于儿童哲学在美国国内与国际的促进与发展。

哲学"换取开设"儿童哲学"课程，而且是采取隔年轮开的方式，也不成。当时的系主任虽未明说，但可以感觉到她对"儿童哲学"课程的不以为然。这也是台湾哲学界并不特别重视"儿童哲学"领域的一种现实，笔者需要更大的毅力与坚持。

尽管如此，笔者还是做了一些工作：首先，于 1999 年至 2000 年间义务担任社区"儿童哲学亲子实验计划"主持人及指导老师，带领当时小学一至二年级的学生及学生母亲进行儿童哲学亲子讨论，阅读《灵灵》一书。其次，争取于 2001 年 9 月开始，每一个学期在辅仁大学全人教育中心人文与艺术课群中开设有 2 学分的"儿童思考与伦理教育"课程。至 2004 年 1 月底，笔者共教授过五个学期五个班级，修习学生达 300 人。这要感谢当时的文学院院长陈福滨教授自由与开明的作风，愿意支持笔者的理念。这门课直到笔者接任哲学系主任（2004 年 2 月 1 日）才停止教授，后来由我们系培养的博士黄苓岚助理教授续开，颇有承传的意味。再者，结合网络辅助教学，于 2001 年 9 月在原有的"伦理学学习网"外，增设"儿童思考与伦理教育"科的辅助网站，2003 年 9 月更名为"儿童哲学"，同时为"儿童哲学与伦理教育"与"儿童思考与伦理教育"两课程提供服务。这三项工作可以说是之后"儿童哲学"课程的准备工作或前置作业，让笔者能更有经验与信心带领暨开创新课程。

直到 2002 年 8 月，时任辅仁大学校长的黎建球教授二度出任哲学系系主任，他既开明，又有前瞻性，不但支持笔者的理念，甚至比笔者走得更快更远，引进许多新理念新做法（如将"哲学咨询"从欧美引进中国台湾学术圈），这也使笔者得以顺利争取到 2003 学年度在哲学系正式开设"儿童哲学"课程。笔者必须感谢黎校长的宽大与包容，愿意让辅仁大学哲学系呈现与一般哲学系很不一样的风貌。这也与黎校长就职时所喊出的"不求第一，只要唯一"的办学理念一致。

于是，辅仁大学哲学系于 2003 学年度在大三的"三大志业学群"之一的"伦理哲学学群"底下开设一门由笔者授课的"儿童哲学与伦理教育"课程（2004 学年度则以"儿童哲学：理论与实务"为名开课，之后两门课每年轮开，以方便有心进一步研究的同学修习）。到了 2005 学年度，哲学系硕士在职班首度招生，由于部分生源是小学教师，于是隔年开设 2 学分的学期课"儿童哲学专题"，以鼓励小学教师将所学应用于教学现场，借此推广儿童哲学。既然开了课，接下来的任务就是如何设计此课程了。基本上此课程是儿童哲学此一新兴学术与伦理学、伦理教育结合的实验性做法。课程开设的目标即借由教师的讲授、团体讨论带领示范，让学生习得此一新兴的学术，进而有机会成为传播儿童哲学的种子，甚至成为一名种子教师。

此课程经过一年半的努力经营，正值本校教学卓越计划办公室办理首届2004年第二学期"辅仁大学教学成果奖"甄选申请，抱着不妨一试的念头，认真准备了洋洋洒洒的一大本资料，"申请表"就写了五页，终获评审青睐。除获得奖状、公开表扬外，还荣获五万元奖励金。这对一个一心但求教学理念得以实践的老师而言，真是莫大的意外与惊喜！与同学分享得奖喜讯时，他们也报以热烈掌声，这些都是作为一个基层老师最感重要与欣慰之事。

最后，我想借用当时笔者于"辅仁大学教学成果奖申请表"上最后提及的"儿童哲学课程的未来展望"作为本书出版的序言结论：

个人以为大学教育应包含教学、研究与服务三个向度，不应只是强调学院学理的养成，更应设法将理论落实与社区结合，服务社区，重视服务与学习的知情培育。"儿童哲学"正是哲学与社会、理论与实践结合的最佳媒介之一（另一个笔者以为是近年来开始受到瞩目的"哲学咨询"），甚至儿童哲学探究团体的讨论模式也被哲学咨询引用为其团体咨询的好方法。笔者愿在既有的授课与研究基础上，继续推广儿童哲学，让哲学不再只是一般人印象中的学院式的艰涩理论的集结，而是可以与社会互动，可以与儿童对话，活泼泼的生活哲学。如果持续努力与支持，这也会是台湾诸大学哲学系中的第一与唯一！

此书的出版，要感谢辅仁大学、校长及行政领导们，谢谢你们的支持与鼓励，让愿意成为好老师的人有机会实现这个梦想！要感谢曾修习"儿童哲学"课程的同学们，谢谢你们的参与、创意及反馈，让老师不断成长的同时，心态又愈来愈年轻！要感谢曾经参加历届"儿童哲学营"的小朋友、老师及家长们，是你们让哲学这个精灵得以下凡并落实，你们给的卡片或只言片语，都一一化成支持我继续坚持下去的力量！更要感谢这几年来陪着我一起玩儿童哲学的助理们，她们从大学一年级时就跟我读书、学习，我们的师生关系比较像家人，她们现在已蜕变为集美丽与智慧于一身的女研究生，虹蓉、珮吟、文琪、雅岚，你们做的PPT超好，排版超好，美感与鉴赏力都超好，我爱你们！也要感谢最近跟我撰写有关儿童哲学及伦理学硕士论文的硕士在职研究生——家华、婉伶、文明、皓勇，他们是小学教师，愿意将儿童哲学的理念借由研究带回到教学现场，当传播儿童哲学的种子教师，谢谢你们！最后，也要感谢我三个可爱的孩子——品雅、品仁、品升，因为有了你们，让我重温了第二次童年，也开始真正尝试去认识与了解一个小小生命如何长大、蜕变、成人，思想如何从无到有，也让我像美国儿童哲学家马修斯（Gareth. B. Matthews, 1929—2011）① 从一位形而上学教授转而从事儿童哲学研究一样，愿意从哲学伦理学的理论研究扩展到儿童哲学的探索，这一切的冒险和旅程，都是你们给我的勇气与力量！

如果看了这本书，会有点儿心动的话，那绝对不要迟疑，欢迎您加入我们儿童哲学探究团体的行列，让我们一起遨游在儿童哲学的新天地中！

潘小慧
于辅仁大学哲学系
2008 年 2 月 1 日

---

① 马修斯生于 1929 年，1961 年获哈佛大学哲学博士，曾受聘任教于弗吉尼亚大学（1960—1961）、明尼苏达大学（1961—1969）、马萨诸塞大学（1969—2005），退休后仍有许多学术演讲与教学工作。他的学术兴趣广泛，包括古代哲学、中世纪哲学、早期现代哲学、宗教哲学以及儿童哲学，著作十分丰富。他育有三名子女，孙儿女六名。除了设于马萨诸塞大学哲学系的教师个人网页外（http://www.umass.edu/philosophy/faculty/matthews.htm），他还设有一个儿童哲学网站（http://philosophyforkids.com/），足见他对儿童哲学的重视。

目 录

第一章 绪 论

第一节 谁是儿童

一提到"儿童"（child/ children），似乎没有人不知道指的是什么，就是"孩子"嘛！也就是大家对这个词语或概念都自以为有一定的把握与了解。可是当我进一步询问"儿童指的是多大年龄的孩子"时，大多数人却很难一下子反应过来，也不知如何回应。

若我坚持要他们回答，得到的答案通常是"小学生"或"十二岁以下的孩子"。因为一般人以为，儿童节通常是小学生或更小的孩子过的节日，有听过中学生收到儿童节礼物的吗？没有嘛！只有小学生或幼儿园的小朋友才有嘛！而小学六年级学生一般是十二岁，所以儿童是指十二岁以下的孩子。也有人说，中学生（含初中生、高中生）是"青少年"，不是儿童。这样的说法是正确的吗？为此，我做了点功课。

根据辞书的解释，"儿童"指的是"未成年的男女"。这是一般人对"儿童"的粗浅概念。台湾有关文件指出："满二十岁为成年。"若以"未成年的男女"来解释"儿童"，即是二十岁以下的男女是儿童，这样的说法实在太笼统，也不符合常识，有哪个人会认为十九岁的男女还是儿童呢？所以我们需要更多更细的说法，笔者也希望有一个较为普遍的共识。

对于"儿童"的法律定义，基本上各国各地区会依其文化的概念而有或多或少的不同。笔者搜寻了相关法律条文。首先，依据"联合国儿童基金会"（United Nations Children's Fund，简称 UNICEF）① 的定义，"儿童"指的是

---

① 联合国儿童基金会网站：http://www.unicef.org。联合国儿童基金会原名为联合国
儿童紧急救援基金会［United Nations International Children's Emergency（转下页）

"十八岁以下的青少年"。该组织成立于 1946 年，是联合国为帮助各国改进儿童的健康、营养、教育以及一般福利的一项特殊计划。其中最有名的就是《儿童权利公约》(*Convention on the Rights of the Child*)。相较于其他国际公约，该公约的起草是经过较充分的国际沟通与合作，并在非政府组织的促进下完成的。① 公约于 1989 年 11 月 20 日由联合国颁布，并于 1990 年 9 月 2 日生效。该公约以儿童为核心，将儿童的需要和权利列为优先考量，并要求国家的作为必须符合儿童的最大利益。公约的目的在于保障儿童的公民、政治、经济、社会、文化等权利。公约内共有 54 条详述十八岁以下世界儿童与青少年不能被剥夺的基本权利。② 此公约第一条载明："为本公约之目的，儿童系指十八岁以下的任何人，除非对其适用之法律规定成年年龄低于十八岁。"③ ("Every human being below the age of 18 years unless under the law applicable to the child, majority is attained earlier.")

基本上，儿童并非父母的或政府的私有财产，儿童也不只是一个被生出来的"人"而已。在家庭的成员当中，儿童具有与大人同等的地位。儿童人口也的确占了全世界总人口数的相当大部分，必须要特别照顾到，因此，政府有义务为儿童正式确立出其专属的人权范围来，这就是为什么要有《儿童权利公约》的理由，也即是《儿童权利公约》存在的目的。

目前，台湾地区所定义及保障的儿童福利，将比照《联合国儿童权利宣言》，包括十八岁以下的儿童和少年。其中，零至十二岁者称儿童，十二至十八岁者为少年。针对未满十八岁之儿童及少年一体之保障，将使得儿童及少年福利事务事权统一，减少因有关规定适用问题所产生的困扰。

（接上页）Fund]，现虽改为联合国儿童基金会（United Nations Children's Fund），但其简称还是沿用 UNICEF。联合国儿童基金会成立于 1946 年，是致力维护儿童权益的联合国组织。自成立以来，联合国儿童基金会与其他联合国组织、各国政府及非政府机构携手合作，确保儿童享生存、发展、参与及受保护之权利。联合国儿童基金会于 1965 年获诺贝尔和平奖（肯定和表扬其在谋求儿童福利上的工作）。目前，联合国儿童基金会在全球 190 个国家和地区内工作，推行包括医疗保健、教育、保护儿童、预防艾滋病等范畴的长期服务项目，并提供紧急救援工作。

① 孙哲：《新人权论》，台北五南图书出版有限公司，1995，第 405—409 页。

② 联合国儿童基金会网站：http://www.unicef.org。

联合国儿童基金香港委员会网站：http://www.unicef.org.hk。

③ 香港社区组织协会网站：http://www.soco.org.hk/children/q2_content_3.htm。

以上是关于"儿童"的有关规定，至于儿童心理学方面，儿童心理学家为了研究儿童的心理发展，大都把儿童以年龄划分成若干阶段，并指出每个年龄阶段的年龄特征。在众多儿童心理学家中，皮亚杰（Jean Piaget，1896—1980）的儿童年龄划分法较被认同与采用。他按认知结构的发展进度，把儿童分成四个年龄阶段：第一阶段是出生至两岁左右；第二阶段是二至七岁；第三阶段是七至十一二岁；第四阶段是十一二岁或以上。[①]也有学者将三至六岁划定为儿童期前期或学前年龄；将六至十二岁上小学的阶段，划定为儿童期中期或儿童期后期，根据美国著名发展心理学家黛安娜·帕帕拉（Papalia）和萨莉·奥尔兹（Olds）的研究，此期儿童不仅在生理上变高、变重，其记忆、能力也进步极大，因为此时儿童的记忆容量迅速增加，且逐渐善用复诵、组织、串联之能力。[②]

"儿童哲学之父"李普曼所主张的儿童哲学中所要教育的年龄层，是从幼儿园到相当于高三，此正与"联合国儿童基金会"所界定之儿童乃"十八岁以下的青少年"相符合，也与本书界定之"儿童哲学"之"儿童"基本上一致。

第二节　什么是哲学

一、哲学的字义

首先，试问哲学的本质是什么？"哲学"此概念源于古希腊语 philosophia，由 philo（爱）和 sophia（智慧）组成，意思是"爱智慧"。在柏拉图（Platon，427 B. C.—347 B. C.）的《斐德罗篇》中，苏格拉底（Socrates，469 B. C.—399 B. C.）说过，"我认为，'智慧'这个词太大了，它只适合于神；但'爱智'这个词倒适合于人"，"'爱智'是人的自然倾向"。苏格拉底无疑肯定追求智慧应该是人的本性，人都应该有追求智慧的渴望和激情。因此，就哲学的词源意义看哲学即是"爱智之学"。现引述柏拉图的《理想国》中苏格拉底和柏拉图的兄

---

① David Reed Shaffer（1946—　　），*Developmental Psychology：Childhood and Adolescence*，Pacific Grove：Brooks/Cole Pub. Co.，1996.

② Kevin J. & O'Connor：《游戏治疗指南》，王丽文总校阅，杨惠卿、陈增颖、董淑铃、林美珠、杨登嫒译，台北心理出版社，2007。

长格劳孔 ①（Glaucon，Ca.445B.C.—?）的一段对话来说明此一意涵：

　　苏格拉底：我们是不是可以说，哲学家是个爱人，所爱的不是智慧的一部分，而是整体？

　　格劳孔：是的，爱的是整体。

　　苏格拉底：不爱知识的人，特别是在青年时代，他还没有辨别好坏的能力的时候，这么一个人，我们不能视之为哲学家或爱智者。就像拒绝吃饭的人一定不饿，而且可以说是胃口坏或是不怎么好。

　　格劳孔：一点也不错。

　　苏格拉底：至于喜好任何种类的知识，具有求知的好奇心，永无餍足的人，则可以称之为哲学家，对不对？

　　格劳孔：好奇心假如构成哲学家，你会发现很多怪物都有资格争取这个名衔。爱看景致的人不啻乐于求知，所以必须包括在里面。业余音乐家也可以算，虽则摆在哲学家当中，一定也显得格格不入，因为他们只要办得到，就再也没有人比他们更不要进行类如哲学性的讨论的事，同时，他们奔走于各酒神节的庆典里，就好像要放长耳朵，听取每一个合唱队。表演是在乡下或是城里，无关宏旨，他们一定要躬逢其盛。我们要不要把这些和跟他们有同样兴味的人，以及颇为微不足道的技艺的从事者，都算作哲学家呢？

　　苏格拉底：当然不算。他们都只是冒牌的仿制品。

　　格劳孔：那么，谁是真正的哲学家呢？

　　苏格拉底：那些喜爱真理的意象的人。（*Republic*，475b-e.）②

　　仅有好奇心并不能成为哲学家，"真理""智慧"也不同于一般的"知识"，苏格拉底所谓的"喜爱真理的意象的人"才是"爱智者"，才是"真正的哲学家"。西方两千多年来，爱智之学即是在定位宇宙，并在宇宙中安排人生。中国古代经典并无"哲学"之名，但有哲学之实，如"道学""玄学""理学""义理之

---

① 鉴于台湾地区与大陆对外国人名、地名等专业名词的翻译存在部分不同，编辑将绝大多数不同之处改成了大陆的通行译法，但对已出版发表的书名、文章名等中的台湾译法未做修改，以方便读者查找对应的出版物。

② 柏拉图：《柏拉图理想国》，侯健译，台北联经出版事业公司，1980，第259—260页。

学""心学"等，也都是在定位宇宙，并在宇宙中安排人生。①

二、哲学的定义

若以 20 世纪法国哲学家马利坦（Jacques Maritain，1882—1973）的说法，哲学的定义是："一门借由人的理智的自然本性之光探究诸事万物的第一原因及最高原理之科学。"②

这个定义的构成包含了几个重要名词：③

（一）"人类 / 人性智慧"（human wisdom）：我们首先称"哲学"（philosophy）为"人类 / 人性智慧"。

（二）"第一哲学"（philosophy par excellence）：而其中最堪称哲学者即是"第一哲学"或"形而上学"（metaphysics）。

（三）知的智慧（wisdom in knowing）：哲学作为一种智慧，其智慧的本性主要建立于认知上，而非关涉行为或具体生活上。

（四）确定之知（knowing with certainty）：所谓"认知"（knowing）的最严格及最完全之意义乃一确定之知。

（五）认知原因（knowing by causes）：此一确定之知乃能陈述为什么一个事物是如此而不如彼，此即是认知原因，除了知其然，亦知其所以然。

（六）"科学"（science）：原因的探究与追寻其实就是哲学家的主要任务，而关于原因的确定之知即是一门科学。因此，哲学是一门科学。

（七）凭借着理智认知（knowing by reason）：人类乃凭借着人的理智的自然本性之光认知（the natural light of the human intellect）。也就是说，哲学的水准，其真理的判准，乃基于其对象的显明性（the evidence of its object）。

（八）探究诸事万物（inquire into everything）：哲学探究诸事万物，以诸事万物为研究对象，如知识自身及其方法（知识论），存在及非存在（形而上学），善与恶（伦理学），运动及世界、生物及无生物（自然哲学），人（哲学人学）与上帝（自然神学），等等。哲学因此关涉诸事万物，而为一普遍科学（a universal science）。

（九）第一原因、最高原理或最终解释（first causes，highest principles or

---

① 《哲学概论》于 2004 年由台北五南图书出版有限公司出版，邬昆如任主编，潘小慧、尤煌杰、黎建球等人合著。此处可参考本书的第 1 页。

② Jacques Maritain，*An Introduction to Philosophy*，Taipei：Yeh-yeh，1985，p.69.

③ Ibid.，pp.64—68.

ultimate explanations）：这表明哲学并不关心第二原因（secondary causes）、第二原理或近似解释（proximate explanations），相反，哲学关注的是第一原因、最高原理或最终解释。

（十）在自然本性之秩序中（in the natural order）：由于哲学凭借着人的理智的自然本性之光认知事物，因此，哲学所探究的第一原因、最高原理或最终解释，就是在自然本性秩序中的第一原因、最高原理或最终解释。

（十一）质料对象和形式对象（material object and formal object）：所谓质料对象，即所要处理的一般事物或主要材料，无特别条件限制者。而所谓一门科学之形式对象，即一门科学就其特有的观点角度或方法去理解探究的特殊对象。

据此，哲学与其他学科一样，都以"可知的诸事万物"（everything knowable）为质料对象；不同的是，哲学的形式对象是可知的诸事万物的"第一原因、最高原理或最终解释"，而其他学科则是可知的诸事万物的第二原因、第二原理或近似解释。

三、哲学教育的目的

在国内，读哲学的人或多或少都有类似的经验，即：当人们一知道你是读哲学的，通常会有以下三个疑问或问题，我的学生称之为"哲学三问"：一问"哲学是什么"（或"哲学在干什么"）；二问"为什么读哲学"；三问"读哲学之后能做什么"。第一问反映了一般人对"哲学"的无知（说中文、历史、数学、英文、教育、心理、企管、金融、医学、生物、畜牧、计算机等学科是什么、在干什么比较容易理解，至于哲学嘛，玄之又玄）；第二问反映了一般人对哲学以及哲学人的疑虑（那么多科系不读，为何偏偏读这冷门的哲学，是不是头脑有问题或是怪人……家长通常会要求子女第二年转系或至少要选择双修或辅系）；第三问反映了一般人对哲学与现实人生关联的误解（除了哲学系或研究单位外，有谁听过招聘人才时指定要哲学系毕业的）。别以为这只是国内才有的情况，在美国亦然：只要宣称自己是哲学家，就没有人能接腔了。[①] 为何如此？这有长期的历史因素，学科分工愈细，会使得情况加剧，这也显示了普遍社会哲学教育的不足。

比较令人羡慕的是法国。哲学教育是法国中等教育重要的一门学科，法国高中的哲学课程已有一百多年的历史，正式确定为高三课程约始于1880年，法

---

① Wolff，Robert Paul，*About Philosophy*，Prentice-Hall，INC，1995，p.2.

国推行教育普及的第三共和国初期。法国高中会考的重要性，如同国内的大学联考，哲学科目是重要科目，其分数影响成绩甚多。哲学课并非玄之又玄与社会生活无关，也非专注古典理论与时代脱节，法国高中哲学课包含很广，如同一门综合的基础人文科学。①

已知哲学的定义之后，不妨接着试问哲学教育的目的为何。我们读哲学的人都知道也认同，哲学作为时代的先声，每一个时代都需要它，也都需要哲学家。一个没有设立哲学系的大学绝不是一所真正的综合大学，哲学对个人与社会的重要性不言而喻。至于哲学系要培育学生成为怎样的人，除了熟悉基本哲学知识外，更重要的在于培养学生独立思考的能力、哲学批判的态度、追问事物终极意义与价值的精神、不断升华人生境界的诗性，这是哲学发展的灵魂，也是哲学教育的根本目的所在。②

哲学探索第一原因、最高原理或最终解释，因此，会比其他学科更常使用到理智更高等级的抽象作用，也使得一般人闻哲学而却步。这是学科本身的特性，不可以说是缺点，反而应该转化诠释为优势，正如我常对学生所说："如果能将哲学读通，那就没有什么读不通了。"读通哲学也就超越了任何学科的学习障碍了。但若教出来的学生只会说出别人听不懂的话语，课程设计使得哲学理论永远只是理论，无法付诸实践，远离现实人生，则是大学哲学教育的失败。

第三节　对儿童学哲学的迷思与误解

曾几何时，只要一提到"哲学"，一般人就以为它是既艰深又枯燥的学问，这样的成见到了 21 世纪的今天还是稀松平常。至于提到所谓的"儿童哲学"，又更令人费解了。儿童能学哲学吗？发展心理学家皮亚杰的理论就主张："儿童是经历一定阶段而发达的，难行使哲学的思考。"这里反映出两点迷思：

迷思一：哲学是大学哲学院系师生的专利。

---

① 罗惠珍：《法国高中的哲学课》，载《人本札记》第 200 期。参见 http://www.parentschool. org.tw/kmportal/front/bin/ptdetail.phtml?Category=100246&Part=06041701。

② 张春和老师认为，"一定要培养学生独立思考能力、哲学批判精神、追问事物的价值和终极意义的勇气、不断升华人生境界的诗性"。见《大观周刊》2006 年第 23 期。

然而事实上：哲学最素朴可贵之处并非一堆艰涩的专有名词或术语，而是时时处处向生活发问的精神。因此，哲学是每一个有理性的人（包括儿童）的权利。

其实有不少人曾在童年发问哲学问题，甚至展现哲学思考。如美国哲学家马修斯教授在《童年哲学》（*The Philosophy of Childhood*）书里所言："儿童天生就会作哲学。""我站在这里跟大学生讲'第一因'的论证，可是我四岁大的女儿却自己提出了个'第一跳蚤'的论证。"

其详细内容是：

> 1963 年，我（马修斯）家的猫福拉肥身上长跳蚤，我准备在地下室里用烟雾为它除虫。四岁大的女儿莎拉要求观礼，我勉强同意了，不过只准她站在楼梯上，免得被烟呛到。莎拉站在楼梯上，兴致勃勃地看着。过了半晌之后，她开口问我："爸爸，福拉肥为什么会长跳蚤？"
>
> "喔，一定是它和别的猫咪玩的时候，那只猫身上的跳蚤跑到福拉肥身上。"我漫不经心地回答她。
>
> 莎拉想了一会儿，接着又问："爸爸，那只猫又是怎么长跳蚤的？"
>
> "那是因为另外有一只猫身上的跳蚤，跑到和福拉肥一起玩的那只猫身上。"
>
> 莎拉顿了顿，一本正经地说："爸爸，我们不能一直这样说下去。只有数字才能这样一直说下去。"①

笔者也回想起个人的经验，在学龄前约莫五岁时，曾问过妈妈：

"我是谁生的？"

"是妈妈生的。"妈妈答。

"那妈妈是谁生的？"

"是外婆生的。"

"那外婆是谁生的？"

"是外婆的妈妈生的。"

"那外婆的妈妈又是谁生的？"

"是外婆的妈妈的妈妈生的。"

……

---

① 马修斯：《童年哲学》，王灵康译，台北财团法人毛毛虫儿童哲学基金会，1998，第3—4 页。

笔者记得很清楚，当时只觉得妈妈的回答没完没了，似乎无法解决我心中的困惑，之后心里一直挂念着这个问题。直到接触哲学，才明确知道那是"第一个妈妈如何而来"的问题，与"第一个人如何而来"的人的起源问题有异曲同工之妙；而妈妈的回答正涉及了"因果关系的序列不能无限后退"的问题。

之后，笔者也当了妈妈，三个孩子的妈妈。孩子四五岁时，很巧地也开始关心"人如何而来"的问题。由于笔者的哲学背景，加上小时候的经验，知道不可以再犯像妈妈的回答、像马修斯的回答、像数字般一直说下去的谬误，以遵循"因果关系的序列不能无限后退"的原则。于是，笔者的做法是：邀请并带领三个孩子一块儿阅读《圣经的故事》[①]一书中有关《创世纪》的部分。这至少表达了一种对宇宙起源的观点与立场——创造论（creation）。

迷思二：哲学是成人的专利。

然而事实上：探索人生重要课题，不仅是人（包括儿童——未来的公民）的能力，且应是一项不可让渡的基本权利。

如果我们基本上同意前文，"哲学"可理解为 20 世纪法国哲学家马利坦所定义之"一门借由人的理智的自然本性之光探究诸事万物的第一原因及最高原理之科学"的话，那么"哲学始于惊奇"，就如台湾儿童哲学发起人杨茂秀教授所说："孩子处于好奇惊异之心最活泼时，应该是哲学播种的最好时机，小孩像哲学家一样，对自己说的话感兴趣，爱去玩语言的游戏[②]，哲学不应该只是艰涩的名词及想不通的吊诡而已。"[③]

美国马萨诸塞大学前任哲学教授、儿童哲学家马修斯则更明确地指出："儿童天生就会作哲学。"[④]"哲学是一种很自然的活动，就像奏音乐、玩游戏一样自

[①]　莎琳娜·哈丝汀：《圣经的故事》，台北猫头鹰出版社，1995。

[②]　例如：（1）笔者的二女儿小时候听到我们夫妻在谈到哲学的"形而上学"一词时，就立刻回应："哦！走路上学。"原来她以为是"'行'而上学"，那当然就是"'走路'上学"啦！这其实显示她已经有一定的国学常识，知道"行"相当于"走（路）"。（2）笔者长年研究托马斯伦理学，也教授"托马斯伦理学"课程；笔者的先生则专研中西美学，其中亦研究马利坦美学。我们全家在车上时，有时候会和三个孩子玩语言游戏。有一次，笔者问："什么'丝'不能吃？"通常我们会回答"人造丝"之类的，大女儿突然说："托马斯不能吃。"孩子因为常听到父母谈论哲学和哲学家，所以自然也会有如此意外却正确的答案。

[③]　财团法人毛毛虫儿童哲学基金会简介参见 https://skykissx.pixnet.net/blog/post/50160805。

[④]　马修斯：《童年哲学》，王灵康译，台北财团法人毛毛虫儿童哲学基金会，1998，第4页。

然。"① 德国存在主义哲学家、神学家雅斯贝尔斯（Karl Theodor Jaspers，1883—1969）在《智慧之路》（*Way to Wisdom*）一书中曾表示："儿童是天生的哲学家。"他也主张："人之初就具有很好的哲学种子，小孩会用最简单的问题去问宇宙大千、人情世故、一切的意义，那其实就是一种哲学的种子。"② 哲学的起源是"好奇"和"困惑"，儿童的学习也起源于"好奇"和"困惑"，起源于"我想知道"；儿童因为"想知道"，进而追求答案，追求知识与学问，表现出来的是属于他们自己的一套哲学观，或是发展中的哲学观。

哲学是所有科学和所有人文人性思考的背景，哲学是一门美妙的艺术。因此，哲学是每一个人的童年中重要的一部分，儿童是前哲学的（pre-philosophical）。这就是要和儿童讨论哲学问题之所以重要且严肃的理由。为了协助儿童精神方面的发展，如心理与社会层面的发展，和儿童讨论哲学问题是个重要的教育工作。哲学不应该是一个制式的科目（a scheduled subject），而应该是教育的一个部分，丹麦儿童哲学家杰斯柏森（Per Jespersen）称之为"红线"（the red thread），他以为这样的教育活动应该从幼儿园一直到大学。因此，杰斯柏森鼓励成人："快和孩子一起做哲学思考。"（Go philosophize with your children.）唯有如此，"你才能协助他们将来的人生"。（Do it with children, and you will help them for the rest of their lives！）③

"提出有趣的问题""用有趣的方式提问题"与"好好跟人家讨论"是生活中很重要的三个部分。有了这些，人就会有他自己的哲学思想，而那是孩子小的时候就会有、就应该有的。奥斯卡·柏尼菲（Oscar Brenifier）④ 也以为孩子常常会提出有哲学意味的大问题，比如："为什么要乖乖听话？""人为什么会

---

① 马修斯：《童年哲学》，王灵康译，台北财团法人毛毛虫儿童哲学基金会，1998，第6页。

② 《谁说没人用筷子喝汤》详细书讯参见 https://readmoo.com/book/210084943000101。

③ 杰斯柏森的儿童哲学网站参见 http://home12.inet.tele.dk/fil/。

④ 柏尼菲在世界各地成立哲学工作室，推广成人和儿童哲学的思考训练课程，并出版"以讨论来教学"的工具书，希望透过对话与讨论，让孩子更有创造力与探索精神。他和法国楠泰尔市（Nanterre）小学共同合作的哲学思考记录，收录在一系列规划的《哲学·思考·游戏》图文书中。该书从儿童观点和生活经验出发，针对人生中重要的课题，引导孩子进行有系统的思考与讨论。书中的文字以生活化的问答方式，搭配充满想象力、幽默的图画，将思考变成一种游戏，让孩子在轻松的阅读过程中，培养独立思考和提问的能力。而大人也能利用书中的对话，和孩子玩一场精彩又有创意的思考游戏，让大人和小孩都能透过阅读体验思考的乐趣。

死?""我们为什么要上学?"这显示出孩子强烈的求知欲望。透过问问题的方式，他们开始认识这个世界，探索生命的意义以及自身存在的价值。

可是好奇怪！"既然孩子是天生的哲学家，小孩长大变成的大人为什么会对哲学或是思考这件事不太灵光呢?"诚品书店儿童市场企划副理张淑琼问出了许多人的困惑。① 笔者以为，这正反映了我们教育长久以来的问题。大人普遍不关心"为什么"，不注重思考，不强调打破砂锅问到底的精神，在乎的是成效、成绩与排名。于是，那难得冒出来的思考种子、哲学幼苗，不一会儿又被压抑下去了。一旦小孩长大变成了大人，又变成了像他的父母辈般的大人。这像极了英国著名科学家道金斯（Richard Dawkins，1941— ）在《自私的基因》(*The Selfish Gene*)② 一书中所提及的"觅母"(meme)理论。"觅母"的含义是指"在诸如语言、理念、信仰、行为模式等的传递过程中与基因在生物进化过程中所起的作用相类似的那个东西"。现今"meme"一词已得到广泛传播，并被收录到《牛津英语词典》中。根据《牛津英语词典》，"meme"被定义为："文化的基本单位，透过非遗传的模式，特别是模仿而得到传递。"若果真如此，这是人类的悲哀，人类无法从曾经加诸自身的错误中超脱；这也是时代的警讯，需要大智慧者的登高一呼，需要教育者的持续行动。作为一个知识分子、一个哲学教授、一个学术主管、一个母亲，没有一个身份能容许我装作没听见、没看到、不知道。所以，我必须做一些事，做一些应该做的事，做一些可以办得到的事。这也是为什么笔者要研究儿童哲学、推广儿童哲学的缘起。

第四节　本书的架构

本书要分享与对话的是：儿童哲学在辅仁大学哲学系的现况与发展，意即从儿童哲学的理论理念到儿童哲学的具体实践之道。全书内文共有十章，附录有五项。

第一章绪论首先厘清到底"谁是儿童"，指出儿童指涉的年龄范围；从（新）士林哲学的立场介绍"什么是哲学"；接着指出并导正一般人"对儿童学

---

① 《联合报·读书人书评》，2007 年 5 月 27 日。

② Richard Dawkins:《自私的基因》，赵淑妙译，台北天下文化出版社，1995。

哲学的迷思与误解",承认哲学并非成人或大学生的专利,儿童也有能力与权利学习哲学。

第二章谈及儿童哲学的缘起、意涵、目的与现况。现况主要介绍儿童哲学的发源地美国,欧洲则以丹麦为例,华人部分则以中国大陆及中国台湾地区的现况为主。

基于以上两章之背景铺陈,第三章则呈现作者在构思与设计儿童哲学课程的几个面向,包括"儿童哲学的理念""儿童哲学的预设""儿童哲学的思考""儿童哲学的教材""儿童哲学的教师"以及"儿童哲学课程的设计与要求"。

儿童哲学的目标之一,也可说是其教学方式的特点在于强调,形成一个"哲学教室",这个教室就是一个"探究团体"。因此第四章探讨此儿童哲学探究团体究竟是什么样的团体;此探究团体中的师生各具何种角色与功能,且应有什么样的关系;此探究团体中的教室有别于其他教室的特点是什么;此探究团体中的成员应注意到的语言习惯为何。

第五章介绍近来颇负盛名的"苏格拉底对话",详述其理念与背景、理论根据、程序、特征、规则等,并指出其限制、意义与价值。其中,笔者还提议"苏格拉底对话"可以作为儿童哲学探究团体中的一种对话方式。

第六、七、八章则将儿童哲学分别应用于伦理教育、多元文化教育以及思考教育三个方面,并分别以《偷·拿》一文、"尊重差异:颠覆传统之性别刻板印象"的主题、《谁大》一文为例进行实际讨论或探究。

第九章将儿童哲学课程的实践部分,也就是每年"儿童哲学营"的实施状况详加叙述,包括"儿童哲学营的目的""儿童哲学营的对象""儿童哲学营的教师""儿童哲学营的流程"以及三篇"儿童哲学营成果报告书范例"等内容。

第十章介绍儿童哲学课程里的专题研究,意即小论文之部分,目前(四年半以来)已累积15篇小论文,本章挑选其中的一篇成果——《中外童书中的妈妈》一文,与读者分享与交流。

本文之后的"附录"则包括"儿童哲学推荐教材""儿童哲学讨论记录""儿童哲学小说《灵灵》的主要人物侧写""儿童哲学小说《哲学教室》的主要人物侧写""参考书目"五项内容。

第二章　儿童哲学的缘起、意涵与现状

第一节　儿童哲学的缘起与意涵

儿童是教育人口比率中最大、人数最多的族群，又是社会、国家未来的主人翁，儿童的教育居于十分重要与枢纽的关键地位。关于"儿童"的学问，应是所有学问当中最重要的却又是最不完备的。儿童就在我们面前，但是，我们并未真正认识他们，更未真正发现他们。显然，缺乏对儿童的认识和发现，就不可能有"儿童立场"的建立，也就不可能有良好的教育发生。服务于江苏省教育科学研究院的成尚荣（1941—　　）提出了极具启发性的"儿童立场"之说，他说：

> 教育应是有立场的——尽管你可能不自觉，也可能你未思考。立场，是认识和处理问题时所抱的态度和所处的地位，即你是为谁的。不同的立场，表明了不同的态度，影响着甚至决定着处理事物的方式和结局。教育的立场应有三条基准线：教育是为了谁的；是依靠谁来展开和进行的；又是从哪里出发的。毋庸置疑，教育是为了儿童的。教育是依靠儿童来展开和进行的，教育应从儿童出发。这就是教育的立场，因此，教育的立场应是儿童立场。儿童立场鲜明地揭示了教育的根本命题，直抵教育的主旨。①

可以这么说：教育的根本问题就是关于儿童的问题，基于对儿童的认识的

---

① 成尚荣：《儿童立场：教育从这儿出发》，《人民教育》2007 年第 23 期。参见 http://blog.cersp.com/userlog15/25386/archives/2008/730908.shtml#。

儿童立场就是教育的根本立场。20世纪80年代，教育（学）家开始觉醒教育的目的是让儿童更有理性，教育过程的焦点应放在增进思考能力上；借由基础逻辑的适当介绍与思维训练，学习如何正确思考，达成尤其是在伦理道德上的明辨是非的目标。其中最适当的帮助就是以逻辑和伦理学强化学习者的语言、逻辑与认知能力。儿童哲学的必要由是可知。

接着，必须先厘清儿童哲学的定位与意涵。儿童哲学是不是一门学术？是的，而且是一门发展至今未满四十年的新兴学术，目前在欧、美、亚、澳世界各地正蓬勃发展当中。我们自然也不能自外于潮流而浑然不觉。

儿童哲学作为一门学术，除了是哲学的一个分支领域外，也可视为一种"儿童研究"或"儿童学"。什么是"儿童研究"或"儿童学"呢？就是以儿童为研究对象的学术，确切地说，是以"研究儿童身心发展、人格特质、行为表征和思想的一门有组织、有系统的学问"。这正回应了前述若要坚守儿童立场，就必须认识儿童和发现儿童。至于儿童研究或儿童学，如果按照研究的领域，可以粗略分为哲学的与心理的。前者包括儿童人类学与儿童哲学，后者包括儿童心理学与儿童发展。而"儿童哲学"则可说是"研究儿童思考、思想的一门有组织、有系统的学问"。

至于儿童哲学的缘起，是在20世纪70年代，由当时美国哥伦比亚大学哲学教授李普曼创始的一项以儿童为对象的哲学教育计划。① 也因此，李普曼教授被称为"儿童哲学之父"。"儿童哲学"的英文原名不是"philosophy of children"，不是儿童"的"哲学；这与以科学为哲学探讨对象的"科学哲学"（philosophy of science）、以政治为哲学探讨对象的"政治哲学"（philosophy of politics）、以教育为哲学探讨对象的"教育哲学"（philosophy of education）等哲学分支不尽相同。在严格意义上，我们尚无法要求儿童解决哲学问题或者形构哲学系统。"儿童哲学"的英文"philosophy for children"，也就是"为"儿童设计的哲学教育计划，或者可以说是针对儿童的哲学训练。其中包括编撰一系列的思考故事、哲学小说与教师手册。李普曼首先将其建立在"思想"上，在儿童思想的研究上，也就是儿童哲学的主要内容在于"思想的思考"（to think

① 参见柯倩华：《李普曼的儿童哲学计划研究》，硕士学位论文，台湾辅仁大学哲学研究所，1988。林伟信：《思考教育的新尝试——李普曼的儿童哲学计划初探》，《社会科教育学报（花师）》1992年4月；林伟信：《思考教育的新尝试——李普曼的儿童哲学计划简介》，《国教园地》1992年6月。

about thinking）上，于是人们开始思索：（1）有关于儿童的思想；（2）对于儿童思想改进的问题。① 因此，此计划的内容简言之就是：带领儿童亲身体验哲学讨论的过程，借此改进及增益其推理能力。这影响了美国儿童哲学的基本观点与实践方向，强调儿童的思考与推理，也因此，美国的儿童哲学具有教学技巧与方法的特点。这是儿童哲学的第一种意涵。

若反观后起之秀欧洲的儿童哲学，由于哲学背景与家庭制度的差异②，欧洲的儿童哲学特点与美国的也有不同。欧洲承续古希腊爱智慧的哲学传统，因此，其儿童哲学的重点在于教导儿童喜爱智慧。至于欧洲的儿童哲学，其德文为 "philosophieren mit kindern"，若将它翻译为英文则为 "philosophy with children"，含义是 "伴随儿童的哲学"，强调 "和" 儿童一起做哲学，并不注重使用严谨设计的课本或教材，而是强调带领成人和儿童一起做哲学（do philosophy），大人和小孩都可在此过程中受益、有收获。在此，强调的是从以儿童为中心的观点与视野中开展出的大人和儿童的互动。这是儿童哲学的第二种意涵，据说也是有较多支持者的观点。

至于儿童哲学的第三种意涵，据吴敏而的整理归纳是 "philosophy by children"，意即 "儿童的思维方式和儿童的思考特质"。③ 事实上，儿童的想法没有成年人想象中的那么简单与幼稚，它常具有哲学的趣味与思辨的复杂，值得我们欣赏与品味。像毛毛虫儿童哲学基金会所出版的 "妈妈书系列"，描述家长和孩子相处时的一些观察、感想，教养的小故事等都属之。例如美国儿童哲学家、马萨诸塞大学的前任哲学教授马修斯所写的《哲学与小孩》（*Philosophy & the Young Child*，1980）④、

① Tony W. Johnson，*Philosophy for children*：*An approach to critical thinking*（Phil Delta Kappa Educational Foundation Bloomington，Indiana，1984），p.9. 转引自：詹林梁：《儿童哲学》，台北五南图书出版有限公司，2000，第 8 页。

② 詹林梁：《儿童哲学》，台北五南图书出版有限公司，2000，第 11—12 页。

③ 吴敏而：《P4C 问个没完》，《毛毛虫月刊》2004 年第 165 期，第 5—7 页。参见 http://eln.creativity.edu.tw/nidorf/modules/newbb/viewforum.php?forum=17&post_id=1325&topic_id=585&viewmode=flat=0。

④ 马修斯：《哲学与小孩》，杨茂秀译，台北财团法人毛毛虫儿童哲学基金会，1998。孩子的思考和哲学家的思考有什么相似之处？在本书中，作者马修斯以生活里唾手可得的儿童谈话为例，论证儿童思考哲学问题的能力与可能性。参见 http://forum.yam.org.tw/women/backinfo/story/book.htm。

《与小孩对谈》(*Dialogues with Children*, 1984) ① 和《童年哲学》(*The Philosophy of Childhood*, 1994) ② 三本书,都在哈佛大学出版社出版,也都已被翻译为十二种语言版本,如中文、日文、印尼文和多种欧洲语言,就是 philosophy by children 的好例子。

学者詹栋梁以为:

> 让儿童喜爱智慧比让儿童喜爱思考与推理,范围广得多。因为喜爱智慧,包括了目的与手段,而推理与思考则是手段而已。因此,美国的儿童哲学在意义上是狭义的,欧洲的儿童哲学在意义上是广义的。③

反映在实践上,美国的儿童哲学较强调思考与推理,而欧洲的儿童哲学则较强调分析与判断。美、欧这样的差异,笔者以为,其实并无损于他们对儿童哲学的重视与发扬。

综上所述,笔者也以为,儿童哲学并非一门纯理论哲学,而更像是如政治哲学、教育哲学般之应用哲学。儿童哲学的这三种意涵:philosophy for children、philosophy with children 和 philosophy by children,其实并不冲突对立,发展中的儿童哲学应当同时关注到这三层意涵,也就是:

(一)认识与意识到儿童的思维特性,尊重并欣赏儿童的创意与表现(philosophy by children);

(二)大人愿意花时间和精力陪伴儿童一起从事哲学思考活动,愿意以儿童为核心的方式在各种具体情境中一起做哲学(philosophy with children);

---

① 马修斯:《与小孩对谈》,陈鸿铭译,台北财团法人毛毛虫儿童哲学基金会,2005。作者马修斯教授在一所小学内与八位小孩一同对谈故事。他们也许不懂什么是哲学问题,但是他们的谈话和推理却充满了哲学趣味。这些对话经过作者细致的分析,使读者产生对儿童思考的好奇,这便是大人与小孩相互倾听和对话的起点。参见 http://forum.yam.org.tw/women/backinfo/story/book.htm。

② 马修斯:《童年哲学》,王灵康译,台北财团法人毛毛虫儿童哲学基金会,1998。作者作为专业的哲学工作者,发展出他对"童年哲学"的想法。他在书中以哲学的方式阐述童年,阐述儿童的哲学潜能。他探索了孩子的思考方式,也反思了我们对孩子的想法,并试图将童年与成年间的裂缝弥补起来。参见 http://forum.yam.org.tw/women/backinfo/story/book.htm。

③ 参见詹栋梁:《儿童哲学》,台北五南图书出版有限公司,2000,第10页。

（三）灵活运用并开发适当教材教法，包括如何叙事、如何说故事、如何提问、如何厘清问题、如何讨论、如何对话等之规划，引导儿童从事哲学思考活动（philosophy for children）。

发展中的儿童哲学，包括本书所谓的儿童哲学，应当同时关注到这三层意涵，因应不同的实务需求而可以有所侧重或取舍。

这样的儿童哲学，由于同时关注到三层意涵，因而会是一广大而中和的儿童哲学，容许多元并进的做法，也容易与各项活动结合。

第二节　儿童哲学的目的

不论采取哪一种意涵的儿童哲学，其儿童哲学计划的目标并非要造就儿童成为一名哲学家或决策者，所以并不会像大学中的哲学系尝试教导儿童关于哲学史的知识，或是教导哲学专门术语（如"实体""本质""位格""异化"之类的），而是希望透过这些思考方案鼓励儿童去验证自己的观点，帮助鼓励儿童去发现和使用推理的规则，使儿童成为更富思考、更深思熟虑、更能反省、更明辨事理、更具判断力的个体[1]；使儿童——未来的公民——国家未来的主人翁成为一个良好的思考者，能够为自己思考，在日常生活中找出自己的意义。

1969 年，李普曼发表出版了他的第一部儿童哲学小说《哈利·史图特迈尔的发现》（*Harry Stottlemeiner's Discovery*，New Jersey：IAPC，1974）。[2] 这本令人耳目一新的儿童哲学小说标志着儿童哲学的诞生。李普曼在研究如何改善大学生的逻辑思考教育时就建议：培养和训练思考技巧，应从我们启动思考活动的初期（童年）就开始。他认为哲学训练不只是背诵记忆"哲学资料"，而是使人能实际进行哲学思考活动以产生"哲学知识"。哲学是一个包

---

[1] Banks，J. R. *A study of the effects of the critical thinking skills programs*，Philosophy for Children，on a standardized achievement test（DAO：AAC8729998）(1987).

[2] 该书在台湾地区由杨茂秀翻译，题为《哲学教室》，由台北台湾学生书局于 1979 年 2 月初版，1982 年 6 月再版；大陆地区则直译为《哈里的发现》。此书已被世界各地翻译成德文、法文、意大利文、西班牙文、中文等十八种语言。

含了许多重要概念的人文思想传统，其中有许多思考这些概念的范例能够引发儿童进行讨论，事实上，这些概念，例如友情、诚实、公平、真假等，也是儿童所关心而且经常面临的问题。因此，1974 年他于新泽西州立蒙特克雷尔学院（Montclair State College）① 创立了 "儿童哲学促进中心"（Institute for the Advancement of Philosophy for Children，简称 IAPC）② ，由李普曼教授和夏普教授（Ann Margaret Sharp, 1942—2010）共同主持，继续相关课程的发展与推广工作，并提供师资培育训练。③1985 年创立的 "国际儿童哲学会"（The International Council of Philosophical Inquiry with Children，简称 ICPIC）④ 每两年会在不同的国家举办国际会议，世界各国的儿童哲学教育工作者在会议中分享研究及教学的经验，学会并发行英文期刊：*Thinking*、*Critical and Creative Thinking*、*Analytic Teaching* 及西班牙文期刊 *Aprender a Pensar* 等。⑤ 基本上，IAPC 研究相关理论，倡导以 "合作思考" 和 "探究团体"（community of inquiry）为核心概念的教学方法，有系统地设计蕴涵哲学概念的儿童小说作为教材，推广 "儿童哲学" 的基本理念——以学习者本身的困惑作为思考的起点，培养独立思考的能力，并且以这种能力去面对重要的人生问题并找出自己的答案。总之，IAPC 致力于系统地促进儿童哲学的发展。

儿童哲学是 "一门思考与探究儿童思考的学问"，是引导与启发儿童原有的思考潜力，由团体合作和借助与他人的对话来发展讨论的能力，进而培养儿童推理、判断与创造的能力，让儿童避免过度的独断，以帮助自己做自主的思考，同时经由个人独立思考与经验合作的历程学得尊重别人的意见，并且能合理判断他人意见的价值观，相信可信任的证据，体验做哲学思考的过程。⑥ 所以儿童哲学就是要教育孩子学习的态度，培养他们推理、判断、创造的思考能力，并养成随时反省、检视自我、为自己思考、寻求意义的哲思习惯。

李普曼的儿童哲学概念始于 20 世纪 60 年代末期、70 年代初期，他指出儿

---

① 蒙特克雷尔学院现已是蒙特克雷尔大学（Montclair State University）。

② 新网址是 http://cehs.montclair.edu/academic/iapc/。

③ 根据 IAPC 的手册，该中心的主要工作在于课程的发展（教材和教师手册的出版）、教育研究（包括实验）及教师训练。

④ 网址是 http://www.icpic.org/index.php?option=com_frontpage&Itemid=40。

⑤ 参见 http://forum.yam.org.tw/women/group1/child.htm。

⑥ 詹栋梁：《儿童哲学》，台北五南图书出版有限公司，2000。

童哲学欲改进儿童与生俱来的寻求合理性的能力，借着发现推理的规则并加以应用，进而依时间、空间的不同来辨别理由的好坏，将儿童由思考者进一步转换成良好的思考者。

李普曼认为儿童哲学的主要目的在帮助儿童学习如何为自己思考，他在 *Philosophy in the Classroom*[1] 一书中曾明确指出儿童哲学欲达成的具体目标有以下五点[2]：

（一）改进推理能力

当儿童开始问"为什么"时，就开始在进行哲学性的推理。哲学性的推理能帮助儿童发现关系，练习辨别，培养儿童的洞察力。儿童哲学就是要创造一个鼓励儿童推理的环境，帮助他们界定现象，辨别推理上的错误，并鼓励做更好的推理。

（二）发展创造力

传统的教育认为要训练严密的逻辑，必须牺牲想象及创造力。儿童哲学却认为创造性的活动会促进逻辑思考，而发展逻辑的能力也会增进创造力，二者相辅相成。

（三）增进个人及人际关系的成长

教室内的气氛，会改变儿童学习与分享的欲望，并伴随其他个人人格的发展。对儿童而言，与他人的讨论过程及讨论之后的反省是学习哲学思考的适当时机，讨论会使儿童觉察他人的人格特质、兴趣、价值观、信念及成见。这种敏感度、觉察性的增加是讨论最有价值的副产品，有助于儿童对与他分享的个体做合理的判断，这是儿童社会性发展的首要条件。借着哲学对话建立人际间的洞察力，我们才能期望儿童做出合理的社会判断。而儿童哲学提供给儿童的不仅是加速儿童的成长，还包括在成长中扩大其能力。

（四）发展伦理的理解力

从伦理学的角度来看，儿童哲学强调采用伦理的探究，而非少数成年人的特定道德规则。李普曼认为让儿童使用逻辑性的推理有助其解决其他问题，包括道德层面的问题。因此要鼓励儿童去了解合理的道德判断的重要性，并要求

---

[1] Lipman，M.，Sharp，A. M. & Oscanyan，F. S. *Philosophy in the Classroom*. Philadelphia：Temple University Press，1980.

[2] 王振德、郑圣敏：《儿童哲学方案评介及其在资优教育的应用》,《资优教育季刊》1998 年第 68 期，第 2 页。

儿童伦理的敏感度、觉察性及伦理关怀的发展。

（五）培养发现意义的能力

儿童哲学将发现意义的方法界定为几个方向：

1. 探索替代性：养成儿童考虑相反意见的习惯，并认为相反的意见也有可能是正确的。

2. 探索公平性：发现每个不同的角度都有正确的可能性，使得儿童产生更客观、更公正的态度。

3. 发现一致性：发现文字、言行和行为本身的一致性并发现生活经验的意义。

4. 探讨支持想法的理由的可能性：鼓励儿童向彼此的想法挑战。通过对各自主张的看法提出理由，相互倾听及留意整个讨论进行的过程来产生反省式的思考。

5. 探索理解力：帮助儿童将所有想法联结起来，建立自己整体的主张、思考和价值体系，使之能够面对未来的生活。

6. 探索情境：学习掌握情境中的重要因素，并做出正确的解读。

7. 探索部分和整体的关系：协助儿童将部分建构成全体，发现属于自己的生活哲学。

由上可知，儿童哲学除了能增进思考能力、训练思考技巧外，还兼顾人际互动的关系以及强调理论和生活的结合，可以说是一个协助儿童知识、技能、情意均衡发展的教材。李普曼认为将哲学性的困惑、概念，以生动活泼的角色性格和教室情节来呈现，能引发儿童的好奇心，进而加以思考。他还认为在儿童哲学中，至少隐含了三十种技巧或意向（见表1），这三十种技巧都可以在儿童哲学小说或教师手册中找到范例或练习，有些彼此关系密切，还有些技巧介于两者之间难以明定；有些则是将某些技巧做更进一步的结合。透过这些技巧细目，我们对儿童哲学将有更进一步的了解。

表 1 儿童哲学包含技巧表 ①

1. 正确地形成概念 / 概念发展	16. 辨认目的和方法的相互关系
2. 进行适当的归纳	17. 辨认非形式的谬误
3. 明确陈述因果关系	18. 概念运作
4. 依据单一前提做立即的推理	19. 提出理由

① 李普曼：《儿童哲学教育计划与思考技巧之培养（一）》，杨茂秀述译，《哲学论集》1981 年第 13 期，第 194—203 页。中文译名笔者有些许调整。

（续表）

5. 依据两个前提进行三段式推理	20. 辨认真理和谬误文脉上的关系
6. 知道标准化的基本原则	21. 做区分
7. 次序的逻辑或关系的逻辑	22. 做联结
8. 辨别一致和矛盾	23. 运用类比
9. 能进行命题逻辑里的条件推理	24. 发现替代
10. 明确地提出问题	25. 建构假设
11. 发现隐藏的假设	26. 分析价值观
12. 掌握部分—全体以及全体一部分的关联	27. 举实例
13. 知道何时应避免、忍受或利用暧昧不明的语词	28. 对熟悉的字词下定义
14. 辨认意义模糊的文字	29. 发现以及应用判准
15. 在评估时将各种相关因素纳入考量	30. 考虑各种不同的观点

第三节　儿童哲学在美国

至于儿童哲学的发展，应从 1970 年至 1971 年李普曼亲身以《哈利·史图特迈尔的发现》此部小说在兰德学校（Rand School）教导五年级小学生开始。实验前的测验显示两组学生没有明显的差别。在九周的课程之后，实验组（参加儿童哲学课程的学生）比控制组（未参加的学生）在"逻辑推理"能力上高出 27 个月（computed mental age）。另一项针对"阅读能力"所进行的测验（Iowa test）评估显示，这项计划的影响在两年半之后仍然有效。[1]

目前儿童哲学已经发展到为包括幼儿园直到大学的学生在内的不同群体提供哲学探究课程，而且正在世界各地被越来越多的国家所采用。今天，在学校中，儿童哲学已是相当杰出的课程了，例如在美国超过 5000 所学校正使用《哈利·史图特迈尔的发现》一书教学[2]，近 12 万学生参与。智力专家斯坦伯格（Robert Sternberg）也赞许说道："没有一个计划像儿童哲学计划一样，教导持

---

[1] Matthew Lipman，Ann Margaret Sharp（p.76）．转引自柯倩华：《李普曼的儿童哲学计划研究》，硕士学位论文，台湾辅仁大学哲学研究所，1988。

[2] 参见 http://www.temple.edu/tempress/titles/837_reg_print.html。

久及可迁移的思考技巧。"① 陆续有许多学者投入到儿童哲学计划的实证研究工作中，发现其在推理能力、逻辑思考、创造力、学业成就、阅读理解等方面都具正面的影响力。有人据此认为这样的效果正是资优教育所强调的重点，因而肯定儿童哲学在资优教育中的应用。②

第四节　儿童哲学在欧洲——以丹麦为例

儿童哲学虽创始于美国，然而类似的理念，或对于儿童哲学的理论，也在不同地方同时或之后陆续发生，如欧洲。因此，儿童哲学这门学问并非地域性的、封闭的，而是世界性的，具有普世的价值与意义。

对于儿童的教育，早在古希腊时已出现，但真正对儿童教育有具体研究者则是近代的教育思想家。根据历史学家的研究，欧洲各国在 16 世纪以前，根本没有"童年"这个观念，在那个时代，儿童只是具体而微的成人。儿童的特殊性被承认，首推 17 世纪捷克教育家夸美纽斯（John Amos Comenius，1592—1670）③，他最主要的贡献是把儿童看成一个个体。英国哲学家洛克（John Locke，1632—1704）④ 也认为教育必须配合孩子的天分和个人的兴趣。卢

---

① Robert Sternberg，*How can we teach intelligence*?（ERIC Document Production Service No. 242700，1983）. 转引自王振德、郑圣敏：《儿童哲学方案评介及其在资优教育的应用》，《资优教育季刊》1998 年第 68 期，第 6 页（1—8）。

② 同上注，第 7 页。笔者的想法是：固然可以肯定儿童哲学在资优教育的应用性与效用性，但这并非是儿童哲学的初衷；儿童哲学所关心的是哲学教育的普及和向下扎根，不在于资优生或专业哲学家的培育与养成。

③ 由于"三十年战争（1618—1648）"，夸美纽斯一生过着流亡的生活，躲避宗教迫害。他的大作《大教学论》，是西方教育史上第一部体系完整的教育学著作，为西方教育学的建立奠定了基本框架。而《母育学校》则是历史上第一本学前教育学专著。

④ 洛克是英国哲学家、经验主义的开创人，同时也是第一个全面阐述宪政民主思想的人，在哲学以及政治领域都有重要影响，其思想影响到法国后来的"启蒙运动"，甚至"法国大革命"都与洛克的思想不无关系。其一生最重要的哲学著作是《人类理智论》(*Essay Concerning Human Understanding*)。

梭（Jean-Jacques Rousseau，1712—1778）① 在《爱弥儿》中首先揭露儿童教育的基本主张，提出以孩子特别的本性为出发点的教育原则。英国人纽伯瑞（John Newberry，1713—1767）② 是第一个在他为儿童出版的书页中，写上"娱乐"字眼的人。从此，成人承认孩子应享有童年。蒙特梭利（Dottoressa Maria Montessori，1870—1952）③ 以医学和生理学眼光来探究儿童心灵的奥秘，提倡独立教育，并创办"儿童之家"。皮亚杰以认知心理学的层次来开垦儿童心智上的沃土。这些"儿童中心"学说尊重了儿童的独立自由性。20 世纪初，欧洲盛行一种"从儿童出发的教育学"，这是一种教育的改革运动。

现以丹麦的儿童哲学为例。丹麦儿童哲学的创始人是杰斯柏森④，发端于丹麦南部的一所小学校。当时，杰斯柏森是学校的教师，他按照自己的方式与学生探讨哲学问题，一起编写哲学故事，不断引起学生的讨论。第一篇故事是"The Wonder Dough"，随后又有许多新的故事诞生，因当时无法获得官方出版公司的支持，所以大家决定自费出版这些故事。在随后的几年时间里，陆续有新的故事集得以出版，其中包括关于两个小孩 Kim 和 Marianne（英文名是

---

① 由于家境贫寒，卢梭没有受过系统的教育。他当过学徒、杂役、家庭书记、教师、流浪音乐家等，后又被通缉流亡国外，其间得到了华伦夫人的爱护。1749 年与狄德罗合作撰写了《百科全书》，其他重要著作还有《社会契约论》《爱弥儿》。

② 纽伯瑞出生于英国，编辑出版了第一本童书《美丽的小书》，被誉为"儿童文学之父"。

③ 蒙特梭利是当代意大利著名幼儿教育学家，她先学工科，后改学医学，是意大利第一位女医学博士。大学毕业后她从事特殊教育，主要针对发展迟缓和智能不足的幼儿，后将自己在教导特殊儿童时发展出的教育哲学和教学方法应用于正常儿童教育，取得了令人赞赏的效果。1907 年 1 月 6 日，她在罗马创办第一所"儿童之家"，开始了闻名于世界的教育实践活动，对当代幼儿教育的改革和发展产生了极重要的影响。蒙特梭利的教学法强调儿童主动探索，并着力于设计启发性的教学情境和教具，让儿童借由具体操作来学习，不只是依靠听讲。1909 年蒙特梭利出了一本意大利版的教学法书籍，名为《应用于儿童之家的幼儿教育之科学的教育学方法》，书中详细介绍了她整个实验过程以及使用的方法，该书 1912 年被翻译成英文版的《蒙特梭利教学法》。

④ 杰斯柏森是 P4C（即"儿童哲学"：philosophy for children）在丹麦的领导人之一，与来自伊朗的 Haleh Rezaei 早期一起引进儿童哲学，致力于儿童哲学已逾三十年。他在丹麦是个极具影响力的老师及哲学家，在透过字词以提升 P4C 方面尤其用心。他为孩子和老师写了许多故事和手册，已经被翻译成好几种语言。他出版过 111 本书，绝大多数是关于儿童哲学的。他曾在世界各地举办过多次儿童哲学研讨会。他的儿童哲学网站网址为 http://home12.inet.tele.dk/fil/。

Mark 和 Deena）的系列故事集。但是要注意的是，在很长一段时间内，丹麦的儿童哲学研究者和实践者们，其实并不知道在世界的另一角落，李普曼正大力推广他的 P4C 模式。直到后来李普曼的著作传入丹麦时，大家才意识到原来他们所做的工作已经有一个世界上通行的名称，叫作"philosophy for children"。丹麦的儿童哲学虽然有与李普曼的儿童哲学相似的目的与理念，然而，二者的进行模式自然有所区别。

儿童哲学自在丹麦诞生以来，通过杰斯伯森等人的大力推广和宣传，已陆续在许多学校得以实施。在丹麦，教师和学生享有比较多的自由，法律规定教育必须立足于每一个儿童的心灵，如学生有权参加针对他们自身需要的教育计划。因此，教师能够按照自己的意愿选择教学方法，而不需要征得他人的同意或认可。所以如果教师对儿童哲学感兴趣，他 / 她就可以立即动手开展教学。所以，杰斯伯森指出，当他开始向学校介绍儿童哲学时，他只是直接与教师取得联系，而不是与校长或是教育部的行政官员谈判或进行游说。学校如果对儿童哲学感兴趣，一般也直接联系研究专家，而不会通过教育行政单位来牵线。在儿童哲学的推广过程中，教师无疑有着决定性的作用。儿童哲学不是一项由教育部规定的缓慢推进的计划，而是只要理念一致，就可以一下子在各个学校流行起来的运动。当儿童哲学走进校园的时候，教师很快就从一个无所不知的权威角色转变成为一个中介调解者和促进者（a mediator and catalyst）。也因此，儿童哲学比较像是一门艺术而不是教学，儿童哲学的精神应该要融入各个科目当中。①

儿童哲学的推进也与一部电影的传播息息相关，这部电影叫 *Du og jeg*（丹麦文），意即"You and I"（"你与我"）。它曾在丹麦电视台里多次播出，受到人们的广泛好评，至今仍在许多学校播映。这部电影是关于儿童哲学的首部电影，它充分展示了探究团体的历程，提醒人们不要误认为儿童就没有思想，其实他们天生就是哲学家，他们在谈论"你与我"这样高深的哲学话题时，一点都不比成人逊色。它激发了上千教师着手开展儿童哲学的教学工作。

杰斯伯森指出，李普曼所创立的哲学小说具有地道的美国味，并未关心到丹麦的儿童，因此哲学教育的目的一开始很难达到。即使有些教材已翻译为丹

---

① 参见 "Interview with Per Jespersen", by Saeed Naji, http://www.buf.no/en/read/txt/?page=sn-pj。Saeed Naji 是伊朗 Tehran 之"人文与文化研究中心"（the Institute for Humanities and Cultural Studies, http://www.ihcs.ac.ir/）的研究员，也是一名新闻记者，他的儿童哲学网站为 www.p4c.ir。

麦文，但较难为教师与儿童所采用。李普曼的第一部儿童哲学小说《哈利·史图特迈尔的发现》，意图很棒，在丹麦的教师之间广为传阅，产生了不小的轰动，但李普曼的哲学小说以及教师手册却让教师们打起了退堂鼓。在李普曼看来，他所展示的方法是儿童哲学唯一正确的方法，而逻辑是哲学的唯一基础。但杰斯伯森却认为这种看法是错误的。他们将哲学分成四个典型的部分：美学、伦理学、逻辑学和形而上学，并且坚信形而上学是哲学最深厚的基础。因此，他们所创立的许多哲学故事，都是以形而上学的沉思作为结尾的。他们认为，李普曼的哲学小说太过表面和肤浅，没有多少哲学内涵，它们过多地强调逻辑训练，而忽略了哲学教育的其他内涵。①

丹麦的儿童哲学强调将哲学的价值和"苏格拉底对话"（Socratic Dialogue）的价值结合起来，这主要是通过在各个不同学校的讲座和网站来展开。丹麦的研究者专门设立了好几个 P4C 网站②，网站上附有大量的哲学故事，并配有详细的指导手册，对儿童哲学的发展有至关重要的作用与影响。这些故事涵盖了从小学二年级到高中的长期阶段，且故事中的许多主角都是相同的，从中充分展现了孩子们成长的历程。教师手册的文字一般都比较简短，这与李普曼厚重的教师手册有所不同，它们只是向教师提供一种建议。这些故事还被翻译成德语、西班牙语、葡萄牙语和英语，在其他国家的儿童哲学教育中也产生了积极的影响。③

总而言之，杰斯伯森自我评估儿童哲学在丹麦是相当成功的。如果问他儿童哲学在丹麦到底获致了什么具体成果，他会回答："我们不习惯针对这样的教育进行测验或科学研究。我只能告诉你我们老师的说法：'我们看到孩子在精神方面的成长，他们彼此关怀、彼此尊重，而且爱好生命的所有问题，即使这些问题绝不会有确切的答案。'"④

---

①　参见 "Interview with Per Jespersen"，by Saeed Naji，http://www.buf.no/en/read/txt/?page=sn-pj。

②　如 www.childrenphilosophy.com，www.perjespersen.bravehost.com，www.liceointernacional.org，www.visionaivity.com 等。

③　参见《儿童哲学在丹麦》一文。文章内容基本上与 "Interview with Per Jespersen" 之内容一致。参见 http://blog.sina.com.cn/s/blog_5879e33101000c4f.html。

④　参见 "Interview with Per Jespersen"，by Saeed Naji，http://www.buf.no/en/read/txt/?page=sn-pj。

"We see our children grow spiritually，they learn to care for each other，respect each other，and love all the questions of Life that can never be answered definitely."

第五节　儿童哲学在中国大陆

　　华人地区以中国大陆为例，1997 年，云南省昆明市的铁路局南站小学以对教师进行儿童哲学培训为开端，首次将儿童哲学引入中国大陆，连续三年邀请美国、澳大利亚等国有关方面的专家到校培训教师，指导教材教法。教师们还于 1998 年秋季开始合作编写《中国儿童哲学》；在 1999 年 7 月举办的第三届昆明国际儿童哲学研讨会上，该校的老师第一次自信而娴熟地用自己编写的教材对来自国内外的专家演示了思维训练课。①

　　1999 年，在上海市教育科学研究院智力开发研究所的帮助下，上海市杨浦区六一小学也开始正式启动儿童哲学实验课。短短几年，不仅儿童哲学作为学校的一门常规课程已经在一至五年级形成了一个有机的整体和连贯的系统，而且据称，"教育应发展学生的思维能力"已经成为一个教育理念渗透到全校教师的意识和观念之中；同时，经由这门新课程的开发，学生们的精神面貌大为改变，"每一个人都是思维的主体"正成为六一小学教师和学生的一种自觉的生活方式。儿童哲学课在六一小学的不同年级是以不同的形式进行的。针对不同年龄学生认识能力和思维能力的不同特点，一年级的儿童哲学课主要是让学生"听故事提问题"；二年级和三年级分别采用"寓言故事"和"成语故事"的形式；四年级是"时事论坛"，让学生们就当时发生的热门问题发表自己的意见和想法；五年级采用的形式是"辩论演讲"，更注重学生自己的参与，也体现出对学生思维能力的更高要求。除了儿童哲学作为一门基本课程的形式之外，各年级、各学科同时强调儿童哲学课的思想、内容、方法在本门课程中的渗透。比如语文课和数学课，要求教师们一方面要注意挖掘教材中渗透的哲学内容和方法，更重要的是，教师必须能够把儿童哲学课注重培养学生的思维能力和探究精神的理念带到本门课程的教学之中；包括思想品德课、自然课等，都必须体现儿童哲学的学科渗透。此外，六一小学还创造性地提出了儿童哲学的拓展课。课外拓展课主要针对的是四、五年级的学生，目的在于以儿童哲学为中介，让学生学习和思维的空间得以延伸，让学生在"做"中学到知识，在参与中思维能力得到提高，探究的意识和精神得以养成。即儿童哲学课程在六一小学是以

---

① 　杨云慧：《国内第一部"儿童哲学"教材的诞生——记昆明南站铁小教师编写的〈中国儿童哲学〉和他们的"儿童哲学"课》，《中国教育报》2000 年 6 月 20 日第 6 版。参见 http://www.jyb.com.cn/cedudaily/r13/jiaocai139.htm。

三种形式呈现的：儿童哲学活动课、儿童哲学渗透课、儿童哲学拓展课。其中，儿童哲学活动课是最基本的；渗透课和拓展课的展开以活动课为基础，不但借鉴活动课的经验，而且利用在活动课上积累的经验和取得的成果。一般活动课的基本模式包括这样几个环节：先让学生阅读材料；由学生提出认为感兴趣、有疑问或值得讨论的问题；选出一个主题进行集体讨论。教师的作用主要是组织和引导。在这样的提问和讨论中，学生的判断能力和创造性思维能力得到了发展，而且形成了一个特殊意义上的集体，接近李普曼的"探究团体"。李普曼的儿童哲学理论在六一小学可说是得到了创造性的发展。[1]

第六节　儿童哲学在中国台湾地区

反观台湾地区，推动儿童哲学最有力的机构是民间团体"财团法人毛毛虫儿童哲学基金会"[2]。1976 年，儿童哲学的第一本教材《哈利·史图特迈尔的发现》由杨茂秀教授翻译为《哲学教室》，自此儿童哲学走进了台湾，并点状式地在一些幼儿园及学校散播了它的种子。为了更进一步地推广儿童哲学，杨教授以及一群热心人士将原来的工作室扩展为"财团法人毛毛虫儿童哲学基金会"，于 1990 年 3 月正式成立运作，在其推动下，同年 7 月 26—28 日，辅仁大学哲学系主办了"第三届国际儿童哲学会议"。目前基金会做的工作包括：（一）儿童哲学教材的翻译与本土教材的开发；（二）毛毛虫通信及书籍的出版工作；（三）儿童课程的实验及研究发展；（四）幼儿园及小学教师研习（儿童故事、儿童哲学与合作思考教学）；（五）成人读书会与妈妈读书会的推广；（六）故事妈妈研习与书香活动推展；（七）说故事咨询；（八）儿童读书会；（九）有机教学研究中心。[3] 也就是台湾本土的儿童哲学以多元并进的方式呈现与推展。

目前台湾对儿童的研究，主要偏重心理方面，而忽略了哲学方面。这一点

---

① 该教学成果于 2003 年 7 月 26 日发表于网络，参见 http://www.wjstar.net/L_yuwen/ReadNews.asp?NewsID=64。

② 新址位于台北市和平东路一段 199 巷 10 号 1 楼。网络信息可参见 http://caterpillar.myweb.hinet.net/about.htm。

③ 参见 http://caterpillar.myweb.hinet.net/about.htm。

从台湾高等教育大专院校所开的课程及相关中文著作中就很容易发现。[1] 在理念与理论的探究上，开设儿童哲学相关课程的院校并不多，全台湾十三所哲学系仅华梵大学[2]、辅仁大学两所大学开设了 4 学分之学年课，空中大学则开设了 2 学分之——广播课程[3]，一些师范学院的初等教育研究所偶或开设相关课程[4]，或在其他课程里放入几周的介绍[5]。为了避免对儿童研究之哲学与心理的失衡，学者詹栋梁以为今后应该极力去推动哲学的研究。[6]

基于批判思考、创意思考、关怀思考和合作思考对孩子的发展与国家人力素质的提升具有举足轻重的影响力之实际，世界各国莫不投入经费与人力于提升教育质量；又因认同儿童哲学有助于提升孩子的思考能力，目前已有美国、芬兰、瑞士、丹麦、英国、加拿大、新西兰、韩国、墨西哥、阿根廷、澳大利亚、巴西、新加坡、中国等 43 个国家积极推广儿童哲学，提升教师教学的知能，增进孩子学习的动机与能力。[7]

[1][6]　詹栋梁：《儿童哲学》，台北五南图书出版有限公司，2000，第 1 页。

[2]　由辅仁大学哲学博士吕健吉教授（也是笔者硕士班时的同学）担任授课教师。2019年 8 月起华梵大学哲学系不再招生。

[3]　由柯倩华、林伟信两位老师担任授课教师。

[4]　如台北市立师范学院幼儿教育学系开设有"儿童哲学"一科，2 学分，由徐永康老师授课；台东师范学院儿童文学研究所开设有"儿童学"一科。台东大学幼儿教育学系曾经开设过儿童哲学的课程，是由杨茂秀教授授课。

[5]　如台北师范学院 2002 学年度第一学期由林慧瑜教授主讲的"教育哲学"课程的第10、11 周授课主题内容。

[7]　郭慈明：《儿童哲学师资培训在墨西哥》，《毛毛虫月刊》2007 年第 191 期。

第三章　儿童哲学的理念与理论

——理论与实践并重之课程设计

大学哲学系的哲学教育目标，基本上是多元而非唯一的。理想上的目标，是能培养一些优秀的专业的哲学研究者、工作者，也就是哲学家或哲学教授，但这毕竟是少数；此时，系统性的专业教育就成为必需。然而，绝大部分的哲学系毕业生会投入职场或改行，因此在一个最起码的层面上，我们希望透过四年的学习，让每一个大学生都学得基本的哲学知识，提高哲学素养，提升哲学兴趣以及肯认哲学的重要，使其一生都受用。

于是，辅仁大学哲学系在校长黎建球教授2002年8月第二度担任哲学系主任之际，于第二年（2003年）推动首创大学三年级的志业发展的学群课，此学群课包含"伦理哲学学群""社会哲学学群""哲学咨商学群"三学群。[①] 其中，"伦理哲学学群"中的"儿童哲学"课与"哲学咨商学群"中的"哲学咨商"课，正是理论应用于实务的极佳范例，也是全华语区唯一如此设计之特色课。2005学年度本系针对成人继续教育，申请成立硕士在职班，就是以哲学咨商和伦理哲学为发展主轴，现已招收三届学生。生源来自各行各业的精英，有些学生是经由口耳相传，有些学生是曾参与黎建球教授主办之哲学咨商工作坊获益进而希望习得此一新兴学术协助他人，也有些学生是对儿童哲学感兴趣。不论是基于什么原因，大学哲学系都有将理论落实，抑或将理论与实践并重的使命与义务。

辅仁大学哲学系也终于在2003学年度[②]，在大三的"三大志业学群"之一的"伦理哲学学群"底下，开设了一门由笔者授课的一个学年4学分之"儿童

---

① "伦理哲学学群"由笔者担任课程召集人，"社会哲学学群"由陈正堂教授担任课程召集人，"哲学咨商学群"由黎建球教授担任课程召集人。

② 辅仁大学哲学系早期（1986年之前）曾由杨茂秀老师开设过"儿童哲学"课程，之后就一直未有相关课程。

哲学与伦理教育"课程；2004 学年度则以"儿童哲学：理论与实务"为名开课。之后两课每年轮开，以方便有心进一步研究的同学修习。基本上，这是儿童哲学此一新兴学术与伦理学、伦理教育结合的实验性做法。

20 世纪 80 年代，教育（学）家开始觉醒，认为教育的目的是让儿童更有理性，教育过程的焦点应放在增进思考能力，借由基础逻辑的适当介绍与思维训练，学习如何正确思考，达成尤其是在伦理道德上的明辨是非的目标。其中最适当的帮助就是以逻辑和伦理学强化学习者的语言、逻辑与认知能力。据此，笔者希望将儿童哲学与伦理学、伦理教育结合，使得辅仁大学哲学系不但能依循传统，既有学理上的发展，也能与社会发展脉动及其他学门领域相互结合，以显示哲学系活泼的生命力及生生不息之道。这是一种理念的尝试应用，笔者初步肯定此一方向具有一定的时代意义，但也必须确认它是否可行。而效验是检证真理的方式之一，于是笔者抱着兴奋且期待的忐忑心情，展开了几年来的儿童哲学实验之旅。

课程开设的目标乃借由教师的讲授、团体讨论带领示范，让学生习得此一新兴的学术，进而有机会成为传播儿童哲学的种子，甚至成为一名种子教师。笔者的理念、理论与实践方式基本上是参照、统整儿童哲学的教育哲学之理念，并开发创新其教材教法，现叙述如下。

第一节　儿童哲学的理念

首先，苏格拉底被视为雅典三大哲人首席，宁可慷慨就义也不愿成为一个反抗雅典政治体制的逃犯的"苏格拉底之死"更是名留千古，也因此苏格拉底被视为"伦理学的守护神""伦理学之父"。我们都知道苏格拉底好与年轻人谈论哲学，"而儿童哲学则再向前走一步，与儿童谈论哲学"①。这是谈论哲学之对象年龄的下降与对象范围的扩大，展现儿童哲学的慷慨、宽宏、正义与爱心。

其次，哲学关涉宇宙与人生诸事万物，"谈论哲学"的范围是很宽广的，到底要将范围圈限于哪里？是否合理？必须在有限的课程中清楚定位。笔者鉴于

---

① 参见由郑育仁采访、编辑部整理的《人物专访：Ronald F. Reed 教授访问录》的第863 页，此文载于《哲学与文化月刊》1990 年第 17 卷第 9 期。

全球化时代的来临、社会环境的需要、公民品格涵养的迫切以及考量个人的学术专长与兴趣，将"谈论哲学"的范围聚焦于"谈论伦理（哲）学"；又，儿童哲学中含有实际带领操作的部分，伦理哲学此时转化为伦理哲学（思考）教育，并期望此伦理之"知"在适当的时机可具体化为伦理之"行"，也就达成了伦理教育知行合一的目标。借用杜威（John Dewey，1859—1952）的话：哲学是教育的普通原理，教育是哲学的实验室。同理，我们可以说："伦理哲学是伦理教育的普通原理，伦理教育则是伦理哲学的实验室。"儿童哲学与伦理教育结合的目的正是哲学教育的普及和向下扎根的努力。

第二节　儿童哲学的预设

"儿童哲学与伦理教育"或"儿童哲学：理论与实务"课程发展的两大方向，基本上类于儿童哲学课程：

（一）教孩子做哲学，尤其是伦理哲学；

（二）帮助孩子发展伦理哲学思考。

这至少肯定了三件事：

第一，儿童有能力也有兴趣参与伦理哲学的讨论；

第二，"讨论伦理哲学问题"是可以被教的；

第三，这项讨论对儿童是有帮助的，有助于促进他/她对伦理议题的敏感度，能为自己做伦理思考，为行为寻求合理性与道德性，培养伦理意识，提升伦理道德认知以及发展伦理关怀。

第三节　儿童哲学的思考

儿童哲学的目标之一，也可说是其教学方式的特点在于强调，形成一个哲学教室，这个教室就是一个"探究团体"（community of inquiry）[1]，而且主张从

---

[1]　陈鸿铭：《探究团体》，硕士学位论文，台湾辅仁大学哲学研究所，1991。

国民的小学阶段就应该开始。"探究团体"是美国实用主义哲学家皮尔士（C. S. Peirce，1839—1914）提出的观念，他认为哲学探究可以依照一定的程序，以团体的讨论合作完成。探究团体的观念不仅有助于哲学教育的进行，也提供了一般分科教育的新面向。

哲学教室除了一些教师设计的、属于"课堂式""主题式"的讨论课程外，也强调日常生活中的哲学思考经验。这种思考经验乃是在日常生活中加入哲学的材料，以期引发孩子的思考，也将有助于孩子发展自己的思考模式。这种融合生活经验的哲学思考有四大要点，有人称为**"4C思考"**：

（一）**批判性（critical thinking）思考**：思考自己为何这样想、别人为何这样想等。

（二）**创造性（creative thinking）思考**：探究能不能有原创性的想法，因为哲学强调的是能否创造出属于自己的东西。

（三）**关怀性（care thinking）思考**：当进行团体讨论时，是否顾虑到他人的感受（心中有"他者"）？这一点是一般孩子缺乏的，因为我们的教育容易教导孩子"竞争"，而欠缺合作。好的思考不仅应该具有批判性和创造性，也要是关怀性的思考。

（四）**合作性（cooperative thinking）思考**：有别于个人独自的思索与探究，儿童哲学的探究团体更强调群体共同参与协作，相互激荡出各种火花，甚至透过协商达成某种共识。

这四种思考类型，可以引导孩子学习"思考的内容""思考的方法"以及"思考的态度"。更重要的是，要让哲学与生活融合在一起，让孩子能够自由自在地运用哲学的思考去面对生活的种种经验。[1]

安·玛格丽特·夏普（Ann Margaret Sharp，1942—2010）曾列举十五项行为特征，以显示孩子是良好地参与探究团体[2]：

（1）愿意接受同伴的指正；

（2）认真看待他人的观念；

（3）尊重他人；

（4）讨论道德行为时显现对情境脉络的敏感；

---

[1] 参见谢育贞：《儿童哲学的发源地——毛毛虫儿童哲学基金会陈鸿铭老师专访》，http://www.nani.com.tw/big5/content/2003-04/15/content_16445.htm.

[2] Ann Margaret Sharp，*Some Presuppositions of the notion "Community of Inquiry"*.

（5）要求他人的理由；

（6）能注意倾听他人说话；

（7）互相建构彼此的观念；

（8）发展自己的观念而不怕挫折或丢脸；

（9）对新观念开放；

（10）能察觉预设；

（11）注意一致性；

（12）寻找判断的标准；

（13）以言语表示目的和方法的关联；

（14）询问相关问题；

（15）客观地讨论。

其中几项行为，如（1）、（2）、（3）、（5）、（6）、（7）、（8）等项，正表示出一种能与他人分享、合作的态度。关于逻辑方面的要求，如一致性、判断的标准、目的和方法的关联、直接有助于伦理探究时所需要的各项考虑（如价值澄清、维持一致性等）。更重要的是，在参与探究团体时，对于探究程序的注意，会发展出一种敏锐、细致的"关心"（care）以及符合民主社会的公民德行。要使一个孩子能够负责，必须先使他能关心"怎么做才能算是负责"。这种关心无法以传授的方式给予，只能通过置身于时常需要关心的情境中逐渐培养出来。伦理教育不是将价值规范灌输在孩子身上即可成功，更基本的方法是培养他们公平、客观的态度以及接受新经验的勇气。

第四节 儿童哲学的教材

李普曼的思考教育计划，是透过儿童惯用及熟悉的日常生活语汇编写成趣味的小说故事题材，然后在课堂中由教师适当引导儿童进入故事脉络，进而紧扣问题，寻找证据，形成理由，最后进行哲学层次的讨论。

依据儿童哲学的理论观点编写的小说教材，尝试将各种不同的哲学问题所可能引发出的讨论情境，以及在讨论过程中可能发展的各种讨论类型，实况模拟于小说情节之中，然后在课堂上透过师生共同经营的探究团体，针对上述小说情节进行探讨。在讨论的过程中透过互相询问、解释，使得讨论问题更为深刻，而学员在反复的"面对问题—提出解决"的过程中，逐渐熟悉合理的思维法则、有效的操作技巧，以养成在日后生活中能够主动"为自己思考"以及"寻找自己的意义"。据此，李普曼认为儿童哲学在教材的设计与讨论的内容上必须有三项要求：第一，必须具有内在价值；第二，必须合理且有意义；第三，方法上必须具有统合性及一致性（unity and consistency）。①

在实际做法上，首先，可以灵活运用不同类型、风格的故事文本达到不同的目与效果。"儿童哲学与伦理教育"和"儿童哲学：理论与实务"课程针对不同的教育对象和教育目的等因素，需有不同的故事文本。在教育对象方面，儿童有不同的年龄层以及文化背景的差异；在教育目的方面，伦理教育有生命伦理、亲子伦理、师生伦理、两性伦理、友谊、正义、环保伦理、动物权与动物伦理、网络伦理、智慧财产权等不同方面，当然，也可以是多元文化教育的目的，而有不同的选择与设计。教材可以是哲学小说、绘本、图画书，也可以是像《失落的一角》（The Missing Piece）、《失落的一角会见大圆满》（The Missing Piece Meets the Big O）② 两书般文字简短而哲理意趣极高之黑白图画书，甚至意涵丰富的无字纯图画书也可以。由于取材不同、方式不同、风格不同，在诸多不同中，儿童哲学才能在不同的脉络中达到它的效果。

其次，不同文化应发展出不同的儿童哲学。吕德（Ronald F. Reed，1945—1998）③ 认为在不同的文化里，需要为自己的文化写些属于本土的儿童故事，自

---

① Matthew Lipman，Ann Margaret Sharp and Frederick S. Oscanyan，*Philosophy in the Classroom*（2th），Temple University，2006，Preface XV. p.3.

② 此二书皆由美国绘本大师谢尔·希尔弗斯坦（Sheldon Alan Silverstein，1932—1999）配文和绘图，并由钟文音译，台北星月书房 2000 年出版。此二书首印中文版由林良先生翻译，自立晚报社出版。

③ 吕德出生于美国纽约，于 1976 年在加拿大韦仕敦大学（原名为西安大略大学）取得博士学位。他于 1979 年开始参与儿童哲学的研究，在得克萨斯州立大学担任"哲学与教育"课程的教授，并主持该地儿童哲学中心的活动。他也曾担任"国际儿童哲学会"（The International Council of Philosophical Inquiry with Children，简称 ICPIC）的会长。他的主要著作有：《与儿童聊天》（*Talking With Children*，1983）、《教室会话中的创见》（1981）（收于与夏普合著之 *Studies in Philosophy for Children：Harry Stottlemeier's Discovery* 的第 17 章，1992）以及与约翰逊（Tony W. Johnson）合著之《教育中的哲学档案》（*Philosophical Documents in Education*，1995）。

然是带有文化哲学意味的儿童故事。① 事实上台湾地区也已经尝试以自己的风格、方式，并以台湾素材、哲学传统来研究儿童哲学或提供儿童哲学研究的资料。这种情形就如李普曼希望人们以思考的方式去翻译他的《哈利·史图特迈尔的发现》一书的情形一样。

第五节　儿童哲学的教师

约翰逊（Tony W. Johnson）② 说："儿童哲学的探讨，就如苏格拉底一样，一位从事哲学研究的教师，必须不厌其烦地忠告学生，成为知识的冒险家，鼓励学生为自己做思考，帮学生去验证假设和协助学生找寻更多可了解的解决问题的方法。"③

在这样的教学模式中，教师应该具备何种专业素养？具备什么样的特质？首先，儿童哲学教师作为一位哲学老师，为了引领学生进行"哲学思考"，一定要有基本的哲学素养以及哲学教育相关背景，"老师起码要懂得如何思考，懂得哲学，要知道自己的哲学是什么，这样才能帮孩子发展出他们自己的思考"。

其次，儿童哲学教师是团体讨论中的引领者或引导者，也是探究团体的成员之一。基本上，儿童哲学的探究活动就在不断地澄清问题与发问当中进行。因此，教师要避免使用权威（事实上，探究团体里不存在权威），要懂得倾听，能尊重每位成员的意见，还要能获得学生的信任。正如奥古斯丁（Augustinus）在《忏悔录》中说："我的学习并非来自教我的人，而是来自与我说话的人。"④教师有责任做好教室内"对话"气氛、程序、内容等的引导与掌握。

---

① 参见由郑育仁采访、编辑部整理的《人物专访：Ronald F. Reed 教授访问录》的第863页，此文载于《哲学与文化月刊》1990 年第 17 卷第 9 期。

② 约翰逊于 1978 年获得范德堡大学（Vanderbilt University）的博士学位，担任教授多年，2005 年开始，至少至 2008 年本著作台湾初版时担任美国南卡罗来纳州要塞军事学院（The Citadel）的教育学院（School of Education）院长。

③ Tony W. Johnson，*Philosophy for Children：An Approach to Critical Thinking*（Phil Delta Kappa Educational Foundation，Bloomington，Indiana，1984），p.25.

④ Augustinus，trans. by John K. Ryan，*The Confessions of St. Augustine*（The Catholic University of American，1959），p.57.

最后，这样一个儿童哲学的教室——一个探究团体，其实就是一种社会化的教室（socialized classroom）。因此，教师必须保有"开放"的心胸，"开放"至少有两层意义：

（一）智性的开放——探究团体的成员对任何一个好奇的态度都应加以重视，追求任何可能的意义与结果，也应该尽量满足任何一个人求知的欲求。

（二）程序的开放——团体的成员都有表达的权利，也有对不同意见提出批判的权利。①

至于儿童哲学教师应具备哪些条件，如何培训出称职的儿童哲学教师，在墨西哥推广儿童哲学的讲师尤金尼奥（Eugenio Echeverrria）撰写的《儿童哲学师资培训在墨西哥》（*Teacher Education In Philosophy for Children in Mexico*）一文中提及：成为儿童哲学教师需要有基础理论与技巧的素养，在理论的部分，教师须有哲学、心理学和教育学等学科的涵养；在技巧的部分，教师须知道如何营造探索团体及如何掌控一群孩子，这些能力的养成都是渐进式的，教师须在理论与实务带领经验间不断来回地省思检视，逐渐成长。②

第六节　儿童哲学课程的设计与要求

笔者所设计的一整个学年、4学分的课程内容包括：

（一）儿童哲学的哲学与教育学背景介绍；

（二）儿童哲学与伦理教育的关系；

（三）儿童哲学团体讨论示范与实践；

（四）儿童哲学（与伦理教育）教材赏析与评论；

（五）儿童哲学（与伦理教育）教材制作；

（六）儿童哲学（与伦理教育）专题研究，即小论文的撰写；

（七）"儿童哲学营"的举办及带领。

课程进行方式基本上有四种：

（一）讲授：教师讲授基本知识背景，包括儿童哲学的哲学与教育学背景介

① 陈鸿铭：《探究团体》，硕士学位论文，台湾辅仁大学哲学研究所，1991。

② *Thinking*, vol. 18, No.2, pp.19—23.

绍以及儿童哲学与伦理教育的关系；

（二）分享与讨论：教师带领团体讨论；

（三）研究与报告：教师指导分组研究报告，完成儿童哲学（与伦理教育）教材赏析与评论五篇或五本以及小论文一篇；

（四）实习：儿童团体的讨论带领与实习，即"儿童哲学营"的举办及带领。

因应课程设计，对修课学生亦有课程要求，意即根据什么来评鉴学生的学习成效。课程要求归纳如下：

（一）例行听讲与团体讨论参与：鼓励学生尽量出席，一学期缺席不可超过三次；

（二）推荐适当教材：期中以小组为单位，推荐适当教材五篇或五本，并对教材进行赏析与评论的工作（上交给老师纸本及电子档，并须上网与其他组、其他同学分享）；期中考试周的课堂上每组仅须发表其中的两篇或两本。

（三）专题研究/小论文撰写：第一学期每小组须提供专题研究，于期末口头发表并撰写小论文一篇。① 此专题研究/小论文必须在撰写过程中至少与老师讨论三次：第一次关于方向主题之设定；第二次关于大纲、参考书目之拟定；第三次关于内容、发表之具体呈现。"论文成果发表会"的具体实施说明如下：

1. 发表前（一周以前）必须将大纲先行贴在"辅大基本哲学学习网"之"儿童哲学"网页的"课业讨论区"内，供大家参考。

2. 每组有一节课50分钟的时间。其中包含：（1）30分钟左右的发表时间；（2）20分钟的提问及讨论时间。

3. 欢迎使用任何辅助道具与电子器材（请预借），加强发表的精彩性以吸引观/听众兴趣。

4. 事后必须上交书面与电子报告各一份，书面报告要求与一般论文相同（须含有300—500字摘要、10个以内的关键词、随页注释、参考书目等），还须包括"各组成员工作分配"，并请以附件方式附上所搜集的相关资料。书面报告请亲自交给老师，电子档案报告既可亲自交给老师也可发邮件给老师。

（四）"儿童哲学营"的参与及实作：第二学期下旬，为了验收成果，会于

---

① 以2003学年度第一学期的专题论文研究为例，笔者预先设定三个方向，每组（全班分成3组，每组12人）各择其一：（一）图画书/绘本与儿童哲学；（二）中外童书中的妈妈/童书中的两性关系；（三）儿童哲学与伦理教育。

一次周六或周日安排半天的团体讨论带领，由学生担任种子教师，实际带领小学中、高年级学生或初中生来一场"儿童哲学与伦理教育"/"儿童哲学：理论与实务"的实验课。① 事后，老师会召开儿童哲学营的检讨会，各组还必须撰写成果报告书并上交。

（五）说故事：鼓励部分有兴趣的同学尝试每次上课初的 5 分钟说故事，笔者称之为"5 分钟说故事时间"。具体实施说明如下：

1. 是"说"既有的出版的故事书/图画书/绘本里的故事（所以请带那本书来），不是掰故事，不是照本宣科读故事，也不是评论故事或发表感想。

2. 请尽量不要使用电子器材（如音响、计算机），但可使用辅助道具（如手偶或自制道具）。

3. 采取个人自愿报名形式，因此加分也是视精彩度与认真度针对个人的学期总成绩加 1—3 分。

4. 请于发表后一天内，将发表内容贴在"辅大基本哲学学习网"之"儿童哲学"网页的"课业讨论区"内，供大家参考讨论。

（六）鼓励部分有兴趣的同学尝试为适当教材撰写"讨论手册"或"教师手册"，练习设计与安排团体讨论的进行、步骤与内容。② 这是属于个人额外加分的部分。

以一学期满分一百分为例，分数的配置如下：

1. 平时出席（缺席不可超过 3 次）　　　　　　　20%

2. 小组作业及参与　　　　　　　　　　　　　　40%

3. 小组论文发表及成果（第一学期）/

　　小组儿童哲学营的参与及实作（第二学期）　40%

4. 加分：每次上课初的"5 分钟说故事时间"　可加 1—3 分

5. 加分：撰写"讨论手册"或"教师手册"　　　可加 1—3 分

---

① 此"儿童哲学与伦理教育"/"儿童哲学：理论与实务"的实验课名为"辅仁大学哲学系第 × 届儿童哲学营"。关于"儿童哲学营"的详细情形，请见本书第九章。

② 为配合课程进度，曾有两组四人分别针对《谁大》《偷·拿》二文进行"讨论手册"或"教师手册"的撰写，于期末完成上交给教师后，由教师安排于第二学期发表分享。类于《灵灵》《哲学教室》二书，"讨论手册"或"教师手册"通常包括三个主要的部分：一是"引导观念"；二是"讨论问题"；三是"建议活动"，这又包括"计划讨论"和"练习"。

第四章　儿童哲学与探究团体

如前文，儿童哲学的目标之一，也可说是其教学方式的特点在于强调形成一个"哲学教室"，这个教室就是一个"探究团体"。而且，我们主张从思考活动的初期，即幼年时期或小学阶段就应该开始。

第一节　探究团体是什么 ①

"探究团体"（community of inquiry）是美国实用主义哲学家皮尔士提出的观念，他认为哲学探究可以依照一定的程序，以团体对话和讨论的方式合作完成，以达"共同思考"之目的。

皮尔士认为所谓"探究"就是"由怀疑到相信的过程"，亦即"人类思维进而获致观念的过程"。而整个过程如下：

不安→怀疑→寻求答案→形成假设→对照经验→消除怀疑→安定→再次不安→……

故"探究的目的在使信念固定"。人在认知学习的过程中，由于知性受到无法满足的不安状态，即困惑的刺激，进而希望寻求信念的支持，以达到令知性满足的状态，再由信念得到行动的法则。这整个过程，皮尔士称之为"探

---

① 关于"探究团体"此段的说明主要参见陈鸿铭：《探究团体》，硕士学位论文，台湾辅仁大学哲学研究所，1991。

究"。由于学习者在探究过程中扮演主体的角色，因此必须主动参与探究，主动思考，并且反省整个过程，亲自体验讨论的内容，了解议题的内涵，才能够得到儿童哲学实验计划的最大成效。换言之，即是杜威所谓的"做中学"：经由自身的实际参与，学会自我学习的方法。这也是儿童哲学强调的两个目的："为自己思考"（thinking for oneself）及"寻找自己的意义"（looking for one's own meaning）。

我们可以归纳"探究"需要"团体"的原因有三方面：

第一，基本上一个探究不能完全独立于其他探究之外，因为在探究中所使用的规则、证据常是其他探究的结果，故虽然探究活动源于自我反省及认知，但仍是不断地存在于社会中，不断地在人类彼此沟通、合作的行为上展现力量。

第二，为避免在自我反省思考的过程中因不自知的盲点或成见造成独断。

第三，借着与他人的沟通，练习参与社会的技巧。儿童哲学的教学强调思考的独立性，更强调合作性的思考，此唯有借由"讨论"一途方能达成。

儿童哲学提出探究团体的学习模式，预设了同侪之间的合作在学习上、认知上有一定的互助效果。儿童哲学也将社会生活视为学习的一项重要内容，同时也主张社会化的过程有助于儿童完成认知活动，达成学习目的。不论是皮亚杰对"认知冲突"（cognitive conflict）的解释，还是维果斯基（Lev S. Vygotsky, 1896—1934）① 对"最近发展域"（the zone of proximal development）的主张（1978），两位发展心理学者虽然在某些细节处不尽相同，但基本上都肯定个体间的合作关系确实有助于认知发展。如皮亚杰说：

> 合作是一项共同运作（co-operations）的系统：是个体与同伴间一致的

---

① 维果斯基是苏俄著名的儿童教育学家，是苏俄文化历史学派的重要代表人物。此派学者从不同的研究角度来论证人的高级心理机能，这些心理机能如言语思维、随意记忆、注意等，是随着人类文化历史的发展而发展起来的，故称为"文化历史学派"。维果斯基虽然只在世 38 年，却有五百多篇的教育论文，其教育名著《思想与语言》（英译本：*Thought and Language*，1965）于 1934 年他逝世同年出版。本书内容主要批评两位心理学家：一是瑞士的心理学家皮亚杰，一是德国的心理学家斯特恩（William Stern）。当时，两位心理学家的学说几乎统治着儿童的言语以及儿童的言语与思想的研究领域，而他们都试图从唯心论的立场出发去发展心理学，因而暴露了种种困难，无法突破。也因此，维果斯基尝试从完全不同的唯物主义的立场去研究两个问题：（一）思想与语言的发生根源；（二）确定研究出发点的基本原理。

运作，也是个体与同伴共同收获的成果。至于由冲突引起的矛盾或彼此不同的观点，反而会导致互惠的效果。

皮亚杰还具体指出：

> 共同思考可以帮助个人避免自相矛盾。一个人思考比较容易产生矛盾，但是若有同伴在一起，同伴就会随时提醒彼此刚刚说过的话，或先前承认过的命题。

然而，罗格芙（Barbara Rogoff，1990）提醒我们：

> 要达到同侪间合作的效益，必须注意下列的条件：个体必须能觉察各种不同意见；同时对其中的差异有探究的兴趣；而在探究彼此意见的差异与评判价值的过程中，必须保持彼此的主体间性（inter-subjectivity）。

经验告诉我们，合作思考或共同学习的模式，的确能够帮助儿童完成"较难达成"的，如抽象观念、不易解释的现象等的认知过程。探究团体的观念不仅有助于哲学教育的进行，也提供了一般分科教育的新面向。

第二节　儿童哲学探究团体中的师生

这样一个儿童哲学的探究团体，其实就是一种社会化的教室（socialized classroom）。因此，教师必须保有"开放"的心胸。"教师"与"学生"的角色功能也有别于传统式教育，教师不再只是知识的传授者，他们更要帮助学生设法找出问题、思考问题、解决问题。教师扮演顾问的角色而不是权威者，提供自己的经验与学生交换心得；教师并扮演引领者、引导者、调节者或促进者的角色，在学生能力不足的地方予以适当的协助，同时引导学生同侪之间进行讨论，透过个人不同的经验交流，培养学生一种全面领会知识与展望未来的能力。教师有责任做好教室内"对话"气氛、程序、内容等的引导与掌握。

探究团体透过对话的讨论方式，让学生学习"聆听他人说话与表达自己意见一样重要"的观点及培养"共同思考与共同解决问题"的责任感。这种对"群己关系"的重视，充分展现了公民伦理教育的意义。学生在对话讨论的过程中，除了可自由地表达自己的意见外，更学习了如何合理地表达自己的意见及尊重每个人均有公平的发言机会的权利。借着这种"自由""公平"及"合理"的讨论，更能增进学生的沟通技巧，为日后参与公民社会生活奠定良好的基础，其充分展现了社会教育的意义。

第三节　儿童哲学探究团体中的教室

这种教学方式在课室的安排上，有以下几点注意事项：

第一，地点要避免嘈杂。因为嘈杂的环境让人无法专注学习，也无法聆听与讨论。

第二，桌椅不可以是固定的。应现实课程的不同需求，例如小组人数，桌椅必须是可移动、可弹性调整的。

第三，空间布置宜采取圆形的或长方形的 [1] 桌椅排列方式；所有参与者形成一个圆形或长方形的沟通网，使团体成员能够舒适地、直接地、清楚地看到教室中的每一个成员，不仅方便讨论进行，也有助于发现讨论成员的非语言表达方式，如表情、动作等。

第四，在教室设备方面，需要白板或黑板一面，以方便将讨论问题写上，并让成员清楚地看到问题的呈现过程。若有完整视听设备，如音响、计算机、投影机则更佳，教师在操作上可以有更丰富多元的选择。但这不是绝对必要的。

探究团体中，包含教师在内的每位成员的发言权利和遵守规则的义务都是相同的（平等精神的展现），所以这种教学方式也可以称为"圆桌式讨论教学"。

---

[1]　事实上，只要团体成员能够直接、清楚地看到教室中的每一个成员，有时长方桌也是不错的选择。也有人主张"只坐椅子，或坐在地板上，身体不要被阻挡到"。笔者则以为，长时间坐在地板上，对许多人来说并不舒适；且如果有教材或书本的讨论，有桌子会比较好。

第四节 儿童哲学探究团体中的语言习惯

讨论为避免落入各说各话、争吵或两极化，同时借此培育孩童的民主素养，必须由教师带领学习使用一些常用语式作为讨论时的"关键语式"。[①] 例如：

> 我有意见（想法），可以现在说吗？
>
> 好的，请说。（好，请等他说完，才轮到你。）
>
> 你的意见好像很有意思，可是我不太明白，请你再说一次好吗？
>
> 我知道他的意思，我帮他说好了。
>
> 我刚刚说的，是你的意思吗？
>
> 对是对了，不过，我有一点补充。
>
> 我不赞成他的想法，不过，我的理由和他的不一样，我认为……
>
> 我认为你的想法有点怪，我想……
>
> 我只能说到这个程度，欢迎补充或修正。
>
> 按照你刚刚说的，我能不能进一步加以推论说……
>
> 我想对你的构想做点评论……
>
> 你的意见很有意思，可是，能不能提出更具体的办法呢？
>
> 你的评断可以考虑，可是，请提供一点证据，好吗？
>
> 依照你刚刚说的，你等于承认了……
>
> 我承认我错了，我现在修正……
>
> 这个问题大概没法子一下解决，我们留到以后再来讨论。

"讨论"在探究团体中不只是意见交换的历程，哲学教室讨论的目的在于朝向所提出问题的最佳解答的建构。这个最佳解答并不是由教师所提供或证成，而应由这整个哲学教室的班级成员或探究团体的所有成员，共同负起建构与评价此问题的可能回答范域的双重责任。儿童哲学不是建立在没有对的或错的回答上，而是基于以下的信念：即使最终解答难以达成一致，有些回答仍可以合理地被判定比其他的回答好，较具可辩护性。儿童哲学强调建基于会话与对话的探究历程，当参与者或成员分享他们自己的观念时，每一个个体就必须思考

---

① 参见《儿童哲学与讨论》一文，http://forum.yam.org.tw/women/backinfo/story/data/data3.htm。

许多不同的观点。许多参与者会有以下的经验：他们所认为显著的"对"，对于跟他们有不同观点的人而言，这个"对"却是不显著的。这件事似乎鼓励了同学对他者的宽容，增益了同学的观念，也促进了同学一起合作的能力。① 这就是儿童哲学探究团体的魅力所在。

① 参见 http://www.p4c.org.nz。

第五章　儿童哲学与"苏格拉底对话"*

　　"哲学教育"意味着"教哲学"这件事，也就是以哲学为教育目标或教育内容的一种教学活动。教哲学到底要不要有方法？我们知道，凡事要达到目的都要有方法，那么，似乎应该可以谈教哲学的方法；似乎也可以谈教哲学的材料或内容，也就是教材。本章主要谈教哲学的方法，不特别专注于讨论教材。传统的教学法是演讲法（lectures），纯粹由教师授课，强调授课内容（thought content）与最终成果（the end product），忽略授课历程（thought process）与学习历程（the process of learning），因此，培育出的多是被动、依赖特质的学生。要达到培育有追根究底、有渴望求知心灵（inquisitive minds）的学生的目标，只要在教学活动中多关注一点学习历程，提升学生的主动参与就可以改善。

　　"苏格拉底对话"在当代获得哲学咨商与心理治疗领域的重视，本章探究"苏格拉底对话"的理念与背景、理论根据、程序、特征与规则，尝试提出此一方法在哲学教育领域中的应用。尤其，儿童哲学与哲学咨商二课程都有强调团体讨论的面向，似乎更适于使用"苏格拉底对话"。本章附录以"何谓家人"为探讨主题，以"苏格拉底对话"为探讨方式，呈现一种哲学教育现场的可能性。

---

* 本章之主要内容，笔者曾以《苏格拉底对话在哲学教育的应用——以团体讨论为主的儿童哲学与哲学咨商为例的探讨》为题，发表于《哲学与文化月刊》第34卷第9期（400），第39—60页。现根据本书之需做了部分修改。

第一节 "苏格拉底对话"的理念与背景

苏格拉底的弟子柏拉图记载了苏格拉底早期对话当中的对话程序(《柏拉图对话录》),显示"苏格拉底对话"使得一般人为丰富及传达市民生活而进行哲学思考。这种哲学思考并非为训练专家的特别方式,而是一般人都适用的方式。

20 世纪 20 年代,德国新康德学派的哲学家雷欧纳德·尼尔森(Leonard Nelson,1882—1927)发展了他的教育哲学,尼尔森建构出"为己思考"(thinking for oneself)的概念,或者说是"自我导向学习"(self-directed learning),作为他的教育哲学的核心理念。因为对学习者而言,理性能力的发展必然带来个体自主性的成长。尼尔森看到"苏格拉底方法"或"苏格拉底对话"特别适于滋养人类探究和推理的能力,这种方法包括了学习者的"学(习)—教(导)"过程,经由合作式的团体对话方式,获得关于他们自己原有内在经验的知识,并发展出"洞察"(insights),洞察与哲学问题有关的真理。在整个过程中,学习者经由一个引导者/促进者(facilitator)的引导对话,避免侵害学习者的自我导向探究之实体。① 在柏拉图的对话篇中,多半是由苏格拉底来担任主要发言人,也是由他来主导整个对话的过程,他就是对话的引导者/促进者。尼尔森从柏拉图处深知哲学思考不可能以语言描述,仅能透过个人经验和哲学思考的自我极大的努力被理解。

这种"苏格拉底方法"或"苏格拉底对话"首先经由学者尼尔森提出,他在 1922 年以德文撰写了一篇《苏格拉底方法》的文章,于 1929 年发表,直到 1949 年才被翻译成英文,并通过费尔南多·李尔(Fernando Leal)的引介才受到重视。此篇是了解苏格拉底方法历史沿革不可或缺的文本,作者在文中呈现"苏格拉底对话"的理念,为 20 世纪以后研究"苏格拉底对话"奠定了基础。② 之后,再由他的学生赫克曼(Gustav Heckmann,1898—1996)进一步发展与

---

① Ed.,by Rene Saran and Barbara Neisser,*Enquiring Minds*:*Socratic Dialogue in Education*(Trentham Books,2004),p.1.本书编者萨兰(Saran)为英国"批判哲学促进协会"(Society for the Furtherance of the Critical Philosophy,SFCP)的董事和秘书,编者奈瑟尔(Neisser)则为德国"哲学政治协会"(Philosophical-Political Academy,PPA)的董事和副主席,他们因共同参与苏格拉底相关研讨会、翻译书籍等相识成为朋友,之后便一同分享教育问题和发展苏格拉底哲学的计划。

② Ibid,pp.121—165. Leonard Nelson,*The Socratic Method*. Fernando Leal,An Introduction to the Essay of Nelson.

介绍，将"苏格拉底对话/方法"视为一种"教—学历程"（a teaching-learning process），并且视之为一个独立自主学习的机会。① 赫克曼在第二次世界大战后的德国以教师与训练者的角色，在教与学的对话中展开"苏格拉底对话/方法"。他首要关注的是，未来的教师不但应该发展独立的人格，能称职地引导自我导向的学习，还要能帮助孩童、青年和成人发展其被诱发的理性判断能力。由于赫克曼的启发，"苏格拉底对话"的传统在德国和荷兰获得了发展，也有许多相关的出版品问世。今天，在学校和成人教育中"苏格拉底对话"已被广泛地应用。② "苏格拉底对话"现已被描述为"一种哲学思考式的合作活动"（a cooperative activity of philosophizing），此种合作活动着重于团体成员一起思考、一起成长，已实践于不同机构场合中，而且在理论及实践两方面均有进一步的发展。一个人若没有多次亲身参与或经验那过程，则很难真正理解"苏格拉底对话"的意义。③

第二节　"苏格拉底对话"的理论根据

尼尔森说得明白："苏格拉底方法是一门艺术（art），但不是教导哲学（philosophy）的艺术，而是教导如何进行哲学思考（philosophizing）的艺术；此艺术也不是教导关于哲学家知识的艺术，而是一门使学生成为哲学家的艺术。"④ 因此，在哲学教育上使用苏格拉底方法的正确理解是：以苏格拉底方法教导学生如何进行哲学思考，而不是透过苏格拉底方法知道许多哲学家的知识或理论。当然，哲学教育的主要目的也不在于让学生知道或记诵许多哲学家的知识或理论。

---

① Ed., by Rene Saran and Barbara Neisser, *Enquiring Minds*: *Socratic Dialogue in Education*（Trentham Books，2004），p.107. Gustav Heckmann, Six Pedagogical Measures and Socratic Facilitation. *Das Sokratische Gespräch. Erfahrungen in Philosophischen Hochschulseminaren*，Hannover: Hermann schroedel Verlag，1981.

② 同上，pp.167—170，175—180.

③ Ibid., pp.15—16. Dieter Krohn，*Theory and Practice of Socratic Dialogue.*

④ Ibid., p.126.

当代哲学咨询师马瑞诺夫（Lou Marinoff）指出，"苏格拉底对话"是有组织地回答某些大的或重要的问题的方法。什么是大的或重要的问题？为何是大的或重要的问题？苏格拉底认为人生的目的不在于对名利的追求，而在于"照顾你的灵魂"。所谓"灵魂"（希腊文：ψύχή, psyche；拉丁文：anima；英文：soul），即是一个人最重要的部分——生命原理（vital principle），即是一个人的真实自我（true self）。苏格拉底说过："死对我来说实在不算什么，这不是夸张，对我来说最重要的就是不做错事和坏事。"①显然，伦理道德是苏格拉底哲学的核心，因此大的或重要的问题乃关乎人生，尤其是人生价值，尤其是伦理价值的问题。因此伦理主体——人——作为苏格拉底哲学的核心，必须思考如何度过一个美善的人生，以及为何他/她的美善人生必须与他人在社会中和谐相处。

苏格拉底在知识论上反对当时辩士派的主观论和怀疑论，他认为人类的理性能力可以认识真理，而且所获得的真理也是具有客观性、普遍性的，不会因人的主观认定而有所改变。要达到这样的理想，苏格拉底提出了他的方法，并以他母亲的职业（助产士）称之为真理的"接生术"或"产婆术"。他认为他在与人对谈中和母亲使用了同样的技艺，而那些寻求与他为伴的人与孕妇有着相同的经验，他们承受着分娩的痛苦，而他的技艺既能引起痛苦也能止痛，他能将正处分娩期的心灵所孕育的某些思想引产，如同产婆使难产者顺产一般。②苏格拉底虽然曾对泰阿泰德说："我的助产术与她们（产婆）的助产术总体来说是相同的。"然而，苏格拉底关心的，不是因分娩而剧痛的身体，而是灵魂。③此方法是经由对话讨论的方式来确定真理的存在。这可从两方面来看：消极面是经由对话讨论使这些智者或辩士认识到自己的无知（elenchus）；积极面则是经由对话讨论使大家对一个主题达成普遍共识，形成共相，并建构定义。elenchus的希腊文原意是"批判性的检视"（to refute, to examine critically），苏格拉底的elenchus是一种透过问答式的对立论证来意图接近伦理真理的探索。在elenchus中，只有当回答者将某一个论题视为他自己的信念时，该论题才会被辩论；再者，只有当某一个论题的对立面或否定面可以从回答者自己的信念中推导出来

① Plato, *Apology*, 30d—31a.

② Plato, *Theaetetus*, 151b.

③ Ibid., 150c.

时，其才会被否证掉。① 一旦辩士被苏格拉底透过一系列问题诱导出他们的自相矛盾时，辩士就必须承认自己的无知以及定义之无效。这是一种逻辑上"归谬法"（reductio ad absurdum）的应用。然此法只能显示出某样事物不是什么，而不能显示出某样事物是什么；也就是说，这个方法只能揭露例如关于正义的或勇敢的无数的无效定义，而不能提出任何一个积极有效的定义。因此，以elenchus作为真理的建构是不够的。当代哲学家欲另谋他法，于是发展了积极面的所谓的"苏格拉底对话"。

根据柏拉图的说法，苏格拉底对知识的理论是：我们出生就拥有它。在《美诺篇》（Meno）中，苏格拉底引导一个从未受教育的小奴隶"发现"了一个欧几里得定律。他试图证明，在每个人的心里都埋藏着真理的种子。如果你被问一个类似"什么是正义""什么是勇敢"的难题，你可能没有办法立刻就提出清楚的定义，但是你很可能会从自己的经验中找出关于正义的例子。如果你可以提出关于某件事的例子，苏格拉底就会指出，你一定早就知道那个事物是什么，如果不是直接的，就一定是间接的。这就是尼尔森所说的"苏格拉底对话"的根据：那是可以指引你直接定义出你早就间接知道的事物的可靠方法。② 进而言之，"苏格拉底对话"则是直接对准某个东西是什么，也就是事物的"本质"。马瑞诺夫说："它（苏格拉底对话）根据个人的经验来寻求对手上那样东西直接又精确的共通性定义。它利用个人怀疑及不易赢得的共识，使你得以回答类似以下的问题：'何谓自由'或是'何谓诚实'。"③

美国的奥瓦霍塞（James C. Overholser）教授④ 多年研究如何将"苏格拉底方法"应用到心理治疗（psychotherapy）领域。他早期（1993—1994）以为"苏格拉底方法"主要包含三个主要因素：一是"有系统的提问"（systematic questioning）⑤；二是"归纳推理"（inductive reasoning）⑥；三是"普遍定义"

---

① Gregory Vlastos, *Socratic Studies*（Cambridge：Cambridge University Press，1994），p.4.

② 马瑞诺夫：《柏拉图灵丹》，吴四明译，台北方智出版社，2001，第367页。

③ 同上，第368页。

④ 奥瓦霍塞教授现为美国俄亥俄州凯斯西储大学（Case Western Reserve University）心理系教授。

⑤ James C. Overholser，*Elements of the Socratic Method：I. Systematic Questioning*，*Psychotherapy*，vol.30/Spring；1993/No.1. pp.67—74.

⑥ James C. Overholser，*Elements of the Socratic Method：II. Inductive Reasoning*，*Psychotherapy*，vol.30/Spring，1993/No.1. pp.75—85.

（universal definitions）①。到 1995、1996、1999 年又发展出包含三个因素：四是"对知识的否认"（disavowal of knowledge）②；五是"自我改善"（self-improvement）③；六是"提升日常生活的德行"（promoting virtue in everyday life）④。

"有系统的提问"是包括提问形态、提问内容以及过程主题的一种复合的相互作用（a complex interplay）。苏格拉底的提问形态强调较高阶的认知历程。苏格拉底的提问并不问案主记忆所及的事实或细节，而着重于鼓励分析、综合和评价不同的信息来源；苏格拉底的提问内容聚焦于促进案主独立解决问题的能力上；有系统提问的历程则强调治疗师和案主二者之间共同合作的相互作用。⑤"归纳推理"作为一种推理，有别于演绎推理（deductive reasoning），乃由特殊的具体事例推导出普遍的原理原则；它建立在列举的概括/普遍化（enumerative generalizations）、类比的比较（analogical comparisons）和消去的因果推理（eliminative causal reasoning）上。归纳推理可以帮助案主在他们自己与他们的问题的情绪面向之间保持距离，并扩大他们问题的概念化；也就是协助案主超越他们的个人经验，建构一个较广视野的实在性。"归纳推理"在苏格拉底方法中扮演中心角色，也是心理治疗有价值的工具。⑥"有系统的提问"与"归纳推理"的结合旨在导出一个"普遍定义"，定义对案主的知觉、描述和共同问题的理解具有一定的地位。所谓"普遍定义"意即描述了恰恰足以掌握到一个概念本质的诸特性。因此，普遍定义聚焦于最抽象的概念之复杂且混乱的本性中。普遍定义协助案主发展抽象的普遍化，抽象的普遍化可以超越时间和

① James C. Overholser, *Elements of the Socratic Method: III. Universal Definitions*, *Psychotherapy*, vol.31/Summer, 1994/No.2. pp.286—293.

② James C. Overholser, *Elements of the Socratic Method: IV. Disavowal of Knowledge*, *Psychotherapy*, vol.32/Summer, 1995/No.2. pp.283—292.

③ James C. Overholser, *Elements of the Socratic Method: V. Self-improvement*, *Psychotherapy*, vol.33/Winter, 1996/No.4. pp.549—559.

④ James C. Overholser, *Elements of the Socratic Method: VI. Promoting Virtue in Everyday Life*, *Psychotherapy*, vol.36/Summer, 1999/No.2. pp.137—145.

⑤ James C. Overholser, *Elements of the Socratic Method: I. Systematic Questioning*, *Psychotherapy*, vol.30/Spring, 1993/No.1. pp.67—74.

⑥ James C. Overholser, *Elements of the Socratic Method: II. Inductive Reasoning*, *Psychotherapy*, vol.30/Spring, 1993/No.1. pp.75—85.

跨越情境而保留相同的部分。这些宽广的定义能协助案主远离偏见的观点和预设，而开始从一个较广的视角去评价他们的经验、问题和抱负。① 所谓"对知识的否认"旨在审度大部分信息由暂时的信念和个人的意见组成而非客观事实的一种趋势；这同时鼓励了案主和治疗师保持对新经验的开放态度。"对知识的否认"在案主可化约为不适当的合理化信念，激发案主寻找新信息，促进批判性思考；"对知识的否认"表现在（精神）治疗师身上，则是在过程中提升其智性上的谦逊（intellectual modesty），确保治疗师产生真正的学习欲，且透过治疗鼓励发展共同合作的实验疗法（collaborative empiricism）。② "自我改善"建基于"自我认识"（self-knowledge）、"自我接受"（self-acceptance）和"自我调适"（self-regulation）三个普遍目标。③ 在"提升日常生活的德行"部分，苏格拉底方法主要关注五种枢德：智德（wisdom）、勇德（courage）、节德（moderation）、义德（justice）和虔敬（piety）。④

第三节　"苏格拉底对话"的程序

美国当代著名网络专栏作家罗纳德·格罗斯（Ronald Gross）在所著《苏格拉底之道》（Socrates' Way: Seven Master Keys to Using Your Mind to the Utmost）一书中说道："一场精彩的对话就像一部精彩的影片、戏剧或一场精彩的音乐会一样，都有一个开头、过程和结尾。许多对话之所以令人乏味，原因之一就是它们没有任何的程序或者过程，它们就像单调的机械运动一样始终保持着同一种模式。"⑤ "苏格拉底对话 / 方法"已被发展出一套有系统的哲学思考，其对话

① James C. Overholser, *Elements of the Socratic Method: III. Universal Definitions*, *Psychotherapy*, vol.31/Summer, 1994/No.2. pp.286—293.

② James C. Overholser, *Elements of the Socratic Method: IV. Disavowal of Knowledge*, *Psychotherapy*, vol.32/Summer, 1995/No.2. pp.283—292.

③ James C. Overholser, *Elements of the Socratic Method: V. Self-improvement*, *Psychotherapy*, vol.33/Winter, 1996/No.4. pp.549—559.

④ James C. Overholser, *Elements of the Socratic Method: VI. Promoting Virtue in Everyday Life*, *Psychotherapy*, vol.36/Summer, 1999/No.2. pp.137—145.

⑤ 罗纳德·格罗斯：《苏格拉底之道》，徐弢、李思凡译，北京大学出版社，2005，第 155 页。

模式通常含有下列几个程序 ①：

第一，决定回答的问题 X：

此建立在指导者 / 促进者于对话前的准备。苏格拉底说过："我接近真理的方法是提出正确的问题。"(《柏拉图对话录·普罗泰戈拉篇》) 指导者 / 促进者有义务对整个对话活动进行事先设计与管理。

第二，搜集与主题 X 相关的案例：

要每一个参与者提供他 / 她自己本身关于 X 的具体经验。由于苏格拉底预设的真理来自经验，此举让学生 / 学习者更有效地将理论与经验做一联结。

第三，选定一个案例：

由团体选定一个适当案例，作为之后彼此对话的分析与讨论、辩论之基础。所谓"适当案例的判准"有五项：(1) 取自某个参与者自己个别经验的案例；假设的或"一般普遍的"案例 (如"对我而言它是经常发生的……") 并不适合。(2) 案例不要太复杂；简单的通常是最好的。案例呈现出连续的事件，而团体可以集中在一个事件上是最好的。(3) 案例须与对话主题相关，并且能引发其他参与者的兴趣，进而全体参与者必须都能够设身处地融入与提供案例者相同的情境。(4) 案例必须是已经结束的经验。如果参与者仍陷在这种经验中，则并不适合。如果尚未有决定，将会是一种冒险，因为团体成员可能会去批判或提供假设的想法。(5) 提供案例的参与者必须愿意完整地提供所有相关事实与信息，如此，其他参与者才能完整地了解案例，并把握其与核心问题的关联。② 此举让学生 / 学习者根据兴趣和各项判准自主且民主地学习选取适当案例。

第四，制定一个普遍定义：

团体一起将这个案例分解成最小的部分或多个步骤，然后去找 X 的位置，一旦每个人都同意 X 是在什么时候发生的，那么我们就可以开始决定什么是 X。重点在于，如果我们可以掌握某事的实际经验，那么我们就可以辨识出那件事情。参与者所提供的有意义的陈述，可以记录在简表上或黑板上，以方便全体人员浏览对话的主要内容。此举让学生 / 学习者学习如何从个例中找出普遍共同的要素，形构普遍定义。

---

① 笔者基本上根据《柏拉图对话录》，Rene Saran 和 Barbara Neisser 主编之 *Enquiring Minds：Socratic Dialogue in Education*（p.171），马瑞诺夫著、吴四明译之《柏拉图灵丹》(第 369—370 页) 三书所言整理而出。

② Ed., by Rene Saran and Barbara Neisser, *Enquiring Minds：Socratic Dialogue in Education*（Trentham Books，2004），p.173.

第五，检视并修正定义：

苏格拉底说："说真话是我一贯坚持的原则。"(《柏拉图对话录·申辩篇》)参与者可以回到自己的个人经验，看看是否符合所获得的定义，并尝试使用尚未提出的反例来驳斥所制定的这个定义。这是"苏格拉底对话"中唯一允许假设性情况出现的时候。如果我们发现这个定义会被推翻的话，就应该据此再加以修正使之更为精练。

"苏格拉底对话"模式让我们的信念面对来自外在与内在的、一次又一次彻底且持续的冲击。苏格拉底从事的是"真正的教导"，其中心思想是"质疑公认的意见，检验信念，反驳教条，考验知识以及控诉无知"。他让那些想和他对话的人进入自己灵魂的深处，创造他们自己肯定生命的道德标准。通过彼此谈话的诘难，从个别上升到一般的寻求真知识（真理）的方法。①

第四节　"苏格拉底对话"的特征

如果以为在一个"苏格拉底对话"中我们将会发现绝对真理，这是个天真的想法。②据赫克曼的学生克罗恩（Dieter Krohn）的说法，"苏格拉底对话"具有不可或缺的四个特征：

一、始于具体且持续与具体经验接触

洞察唯有在一个"苏格拉底对话"的所有面向均联结每一个陈述与个人经验时获得，这意味着"苏格拉底对话"乃是关心整个人——即"全人"(the whole person)的一个历程(process)。

二、参与者之间的充分理解

这并非只是口头上的达成一致，每个人必须清楚地理解他/她自己具体经验

---

① 刘蓝芳：《苏格拉底对话之教育意涵》，硕士学位论文，台湾政治大学教育学系教育哲学组，2006。

② Ed., by Rene Saran and Barbara Neisser, *Enquiring Minds*: *Socratic Dialogue in Education*（Trentham Books，2004），p.21.

之所以在过程中被检验的意义。但以个别的个人经验作为例子有其限制，必须能意识到此并超越它。

三、坚持次要的问题（subsidiary question）直到被回答为止

为了达到此目标，团体成员被要求在过程中带来更大的承诺，且在理性能力中得到自信。这意味着，一方面，当面临工作困难时不可轻言放弃；另一方面，为了转向次要的问题，要能够冷静地接受在对话中有段时间会有另一个不同的进展。

四、努力达成共识

此点需要每个人都能诚实地检视他人的思想，且诚实地对待自己的陈述。当每个人都能诚实且能开放自己和他人的感觉和想法时，"努力达成共识"即会发生，而非"共识本身"必然发生。

这四个"苏格拉底对话"不可或缺的特征之稳固建立，告诉了我们对话参与者许多关于任务与行为要注意之事，尤其重要的一点在于自主的思维（the autonomy in thinking），唯有在致力于认识自己心灵的历程中方可获得哲学洞察，外在的影响一点也不会激励独立思考本身。①

第五节 "苏格拉底对话"的规则

"苏格拉底对话"既有其程序、特征，亦有其规则，针对不同对象有不同规则：有参与者的规则和引导者/促进者的规则。现整理如下：

一、参与者的规则

（一）每位参与者所给予的案例必须建基在他/她实际的经验上，不是他/她读到或听到的。

---

① Ed., by Rene Saran and Barbara Neisser, *Enquiring Minds: Socratic Dialogue in Education*（Trentham Books, 2004）, pp.23—24. Dieter Krohn, *Theory and Practice of Socratic Dialogue*.

（二）思考和询问必须诚实，即只有对谈话有真的疑问时，才应该表达出来。

（三）全体参与者有义务尽可能清晰简洁地表达他们的思想，使每位参与成员能建基于他人先前对话中所提供的观念。

（四）此即是说，每位参与者都必须仔细聆听所有谈话；这也意味着每位参与者应主动参与，因此每个人的观念都可被编入合作思考的历程中。

（五）参与者不要只专注于自己的想法，必须尽可能地努力去了解其他参与者，如果必要则要求澄清。

（六）如果有任何人对问题或讨论失焦时，应该寻求他人的协助，以澄清团体目前的进度。

（七）为了阐明陈述，摘要陈述应该建基于具体经验的基础上。这就是为什么真实生活案例一直在对话期间被要求以及持续被提及回到这个点上的原因。

（八）探究相关问题时，只要参与者掌握到冲突性的观点，或如果他们还没有达到澄清，探究都必须继续下去。①

二、引导者 / 促进者的规则

（一）引导者 / 促进者的主要任务是，协助接合澄清过程，以达成真正的共识。共识唯有在对立的观点已被解决，且论证和反证都已被充分考虑之后才可能达成，引导者必须确保这个结果。

（二）引导者 / 促进者不可操纵讨论往某个特定的方向，也不可在问题的内容上表明立场。

（三）引导者 / 促进者应确保对话规则之维护，例如注意个别参与者不要支配或时常打断对话，却要他人保持静默。②

第六节　"苏格拉底对话"在儿童哲学可有的应用

"苏格拉底对话"作为一种有系统的对话模式，如何应用到哲学教育领域？奥瓦霍塞教授曾指出，"苏格拉底对话 / 方法"在教学中的要素（elements of

---

① Ed., by Rene Saran and Barbara Neisser, *Enquiring Minds: Socratic Dialogue in Education*（Trentham Books, 2004）, pp.171—172.

② Ibid., p.172.

the socratic method in teaching）有八项，可用"SOCRATIC"八个字母代表，其中包含"有系统的提问"（S：systematic questioning）、"客观且批判的思考"（O：objective and critical thinking）、"合作研究"（C：collaborative investigation）、"理性的问题解决"（R：rational problem-solving）、"积极主动的参与"（A：active participation）、"经验证的假设"（T：tested hypotheses）、"归纳推理"（I：inductive reasoning）、"综合概括"（C：comprehensive generalities）等。① 基于此，笔者以为强调团体讨论的"儿童哲学"与"哲学咨询"两课程都适用。

儿童哲学是 20 世纪 70 年代由美国哥伦比亚大学哲学教授李普曼所创始。哲学咨询的风潮始于 1981 年的欧洲，创始者是德国的阿肯巴哈（Gerd Achenbach），90 年代开始在北美地区发展；现在在荷兰、加拿大、挪威、澳大利亚、法国、瑞士、以色列、英国、美国等许多国家，陆续有所谓的"哲学咨询师"（philosophical counselors）、"专业学会"（professional associations）及"认证课程"（certification programs）出现。"苏格拉底对话/方法"则早于二十世纪二三十年代发轫，从时间、年代上来考察，儿童哲学与哲学咨询都有受到"苏格拉底对话/方法"的影响之可能。

首先，所谓的"儿童哲学"（philosophy for children）基本上是一项以儿童为对象的哲学教育计划，或可说是儿童的哲学训练。儿童哲学的目标之一，也可说是其教学方式的特点在于强调形成一个哲学教室，这个教室是一个"探究团体"（community of inquiry）。② "探究团体"是美国实用主义哲学家皮尔士提出的观念，他认为哲学探究可以依照一定的程序，以团体对话和讨论的方式合作完成，以达"共同思考"之目的。③ 由此，我们可以看出"儿童哲学"与"苏格拉底对话"有极为相同的理念，以至于它们有极高的兼容性。

"儿童哲学"基本上就是以团体讨论为主的课程设计，儿童哲学团体讨论的理想人数是 10—15 人，与"苏格拉底对话"5—10 人大体吻合。儿童哲学在教材的要求上，虽以儿童惯用及熟悉的日常生活语汇编写成的趣味哲学小说为主，但在

---

① James C. Overholser，Socrates in the Classroom，*College Teaching*，Vol.40，1992. http://www.questia.com/PM.qst?a=o&se=gglsc&d=94304734.

② 潘小慧：《"儿童哲学与伦理教育"之理论与实践——以〈偷·拿〉一文为例的伦理思考》，《哲学论集》2004 年第 37 期，第 175—206 页。

③ 潘小慧：《以儿童哲学的探究团体模式作为多元社会中的品德培育方案》，载张秀雄、邓毓浩主编《多元文化与民主公民教育》，台北公民与道德教育学会，2006，第 255—276 页（370）。

讨论过程中总会涉及概念的澄清，因此团体形成一个有共识的"定义"便是相当重要的一环。此时，即可将"苏格拉底对话"法穿插纳入。例如在哲学小说《灵灵》①一书的第三章，主人翁灵灵和好友尹珊、好友妹妹尹妮谈到"家里的人"（即"家人"），并展开了一场对话，于是"何谓家人"就成为有趣且重要的关键。此时，"苏格拉底对话"法即可适时引入，帮助团体成员形成普遍概念，以达成共识。

儿童哲学家约翰逊曾说："儿童哲学的探讨，就如苏格拉底一样，一位从事哲学研究的教师，必须不厌其烦地忠告学生成为知识的冒险家，鼓励学生为自己做思考，帮学生去验证假设，和协助学生找寻更多可了解的解决问题的方法。"②儿童哲学的教师就像是"苏格拉底对话"中的引导者或促进者，是团体讨论中的引领者或引导者，也是探究团体的成员之一。

总之，"儿童哲学"与"苏格拉底对话"有相似的目标与理念、相似的团体讨论结构，这些都有助于鼓励学生成为一个积极的参与者，但同时并不意味着教师在教学上应该转而成为一个消极被动的角色。教师除了应该作为一个催化剂（catalyst）外，更应该帮助学生实现智识上潜能的提升。唯一不同的是，"儿童哲学"已发展出了许多具体教材；而"苏格拉底对话"并不注重具体教材的开发，它强调的是对话与学习历程所激荡出的高质量的自我导向学习。

至于"哲学咨询"（philosophical counseling），笔者曾将它界定为："一个受过训练的哲学人借由哲学的方式，如借助哲学经典/文本、哲学概念、哲学理论、哲学家或哲学方法，帮助个体克服他/她个人所可能面临的成长障碍，以达到个人能力的最适当发展的过程。"因此，哲学咨询既可助人，亦可自助。③早在20世纪70年代，"苏格拉底对话"在心理治疗的许多形式上即是一有用的技术④，也被学者［如亚伦·贝克（Aaron Beck）、阿尔伯特·艾利斯（Albert Ellis）］引来作为其认知治疗方法的部分。哲学咨询虽不同于心理咨询，然作

---

① 李普曼：《灵灵》，杨茂秀译，台北财团法人毛毛虫儿童哲学基金会，2003，第18—20页。

② Tony W. Johnson, *Philosophy for children*: *An approach to critical thinking*（Phil Delta Kappa Educational Foundation, Bloomington, Indiana, 1984）, p.25.

③ 潘小慧：《哲学咨询的意义与价值：以"对话"为核心的探讨》，《哲学与文化月刊》2004年第31卷第1期（356），第23—39页。

④ James C. Overholser,（1987）. Facilitating Autonomy in Passive-Dependent Persons: An Integrative Model. *Journal of Contemporary Psychotherapy*, 17, 250—269. James C. Overholser,（1988）. Clinical Utility of the Socratic Method. In C. Stout（Ed.）*Annals of Clinical Research*（pp.1—7）. Des Plaines, IL: Forest Institute.

为一种咨询，在实际操作上仍须借助咨询辅导已有的成果。哲学咨询按人数规模可以分成个人咨询（一对一）和团体咨询（一对多）；团体咨询一开始即将"苏格拉底对话"作为操作的典范模式。"苏格拉底对话"应用于哲学咨询已是流行的事实。

第七节 "苏格拉底对话"的限制、意义与价值

"苏格拉底对话／方法"虽在很多方面有许多助益，然而亦有其限制：当案主似乎并不能从一种认知探索的历程中获益时，有系统的提问并不适用。例如年幼的儿童还小，只能具体思维，以至于无法感受领会"苏格拉底对话"的复杂性；同样地，精神异常、痴呆或其他器官性脑症候群的病人也没有抽象能力去受益；由于强调口语的互动，"苏格拉底对话"也不适用于听力受损的人以及与咨询师（或引导者／促进者）的主要语言不同的案主，因为当与案主对谈时，来自不同的文化背景常会导致许多不必要的混乱。[①] 对同样强调对话、团体讨论的"儿童哲学"与"哲学咨询"来说，"苏格拉底对话／方法"的限制也同样是它们的限制。以儿童哲学为例，从上述提及之"年幼的儿童还小，只能具体思维，以至于无法感受领会'苏格拉底对话'的复杂性"来看，"苏格拉底对话／方法"的确对年龄较小的孩子并不适合；还好，孩子会渐渐长大，"苏格拉底对话／方法"仍对儿童哲学探究团体的运作有助益。

有限制的事实，一点也不会减损"苏格拉底对话／方法"作为哲学教育的一种方法的意义与价值。事实上，并不存在任何一个一体适用的教学法。这个启示在于，基于不同的教育目的以及为了因材施教，我们还必须针对不同的教育目标与对象需求开发更多适合的教育方法。两千多年来中西哲学的理论绝对是人类的宝贵资产，如何亲近这些宝贵资产？如何介绍推广这些宝贵资产？既不是靠记忆，也不是靠背诵，更不是靠讲师滔滔不绝的单向传输。"苏格拉底对话／方法"的意义与价值在于，强调学习历程的主动性与积极性，让人们相信自己，相信对话伙伴的他者，相信彼此的真诚合作，依据一定的程序，经由受过训练的引导者／促进者的适当指导，即可达成共识，获得真理。一旦如此，这

---

① James C. Overholser，*Elements of the Socratic Method*：*I. Systematic Questioning*，*Psychotherapy*，vol.30/Spring，1993/No.1. pp.67—74.

个获得的真理，即牢固地属于"我"的，而非外在于"我"的。所有学习的意义就都回归至最原始的初衷，就是"我"对万事万物的本根究为何的求知精神。"我"因此会是一个爱智之人。

【附录】"苏格拉底对话"法实作——何谓"家人"

地点：辅仁大学文华楼 306 教室

参与成员：辅仁大学哲学系硕士在职班一、二年级同学；分成三组进行，每组 9—10 人

指导者：潘小慧老师

以下为第二组的讨论记录

【主题】以"家人"为主题的探讨

【对话步骤】

1. 决定回答的问题（生活中重要的事）

2. 具体的（过去）经验

3. 抉择——选一个案例

4. 普遍定义（合乎我们的经验）

5. 检视（提反例）

6. 修正定义

7. 确定定义

【第二组成员】

1. 陈尚勇、林雅惠、李德芳、蔡晓娟、郑绍明、赵薇珊、吕燕翎、刘宜君、高家甄（依出场顺序）①

2. 组长：刘宜君

3. 记录：刘宜君

4. 关键词提列：李德芳

5. 行动研究：全组成员

【过程】

一、决定回答的问题（生活中重要的事）

① 为顾及当事人隐私，所有的真实姓名已经笔者变造。此讨论记录亦经全组成员同意引用刊出。

"家人"，由老师决定。

二、具体的（过去）经验（仅将个人的具体经验简要记录，依出场顺序排）

1. 陈尚勇

例子：一起看旧日生活影像，家人共同回忆。

家人是：与我一起生活、一起走过生命、共同拥有美好回忆的人。

2. 林雅惠

例子：大弟媳与家人不合，不照顾父亲，父亲去世后，家人不再相聚。

家人是：一张蜘蛛网（见图1），父母在网中间，牵动联结网络的8个子女，家人最后变成像朋友，朋友反而像家人一样的互相关怀，虽然家人互动少，但仍是家人。

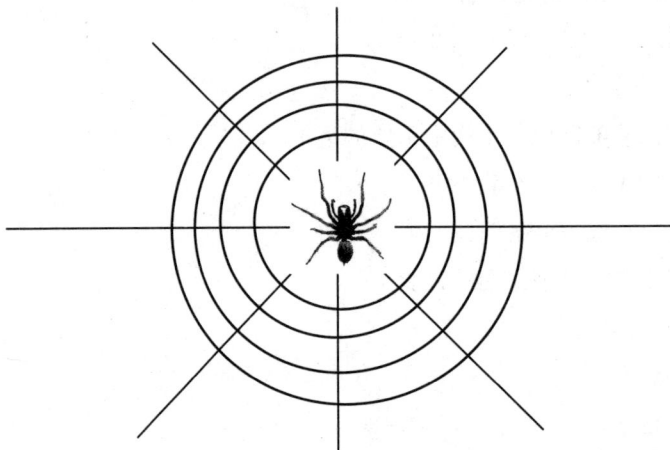

图1　蜘蛛网

3. 李德芳

例子：外甥不同住，会不定时来看外婆及我这个阿姨，这个从小看着他长大，现在虽然交了女朋友的大男生，仍然是我的家人。

家人是：不住在一起，情感联系仍深厚的亲人。

4. 蔡晓娟

例子：干爹、干妈是我在台北的家人，照顾我的衣食住行，我可以向他们诉说自己的心情，他们也无私地照顾我，不独亲其亲，不独子其子。

家人是：有依赖的感觉，彼此关怀、包容、信任的感觉。

5. 郑绍明

例子：2004年母亲来台北看离家多年的我及兄弟姐妹，还带来了家乡的土特产。三天后在送她回去时，看到她一个人站在月台上，感伤的情愁不自觉升起。

家人是：愿意无私为你付出。

6. 赵薇珊

例子：大学外宿三年，每天打电话报平安，一日打电话回家，家中无人接听，许久后仍一样，因此紧张联络住附近的奶奶及舅妈，即使是半夜他们仍去家里关心一下，看是不是有紧急事件。

家人是：互相关怀彼此、平安。

7. 吕燕翎

例子：爸爸很胖，生活机能有些不良，需要子女照顾，兄弟姐妹因此会安排好分工时间表及定时打电话关心。

家人是：互相分工合作，彼此照顾。

8. 刘宜君

例子：母亲在我十岁时守寡，一人养育我们姐弟三人。大学时我一人北上，在台北成家立业，但仍觉得南部是我的家人住的地方。而多年前弟弟因为女友缘故，和家人关系决裂，甚至大打出手，几乎断了亲情，虽然如此，但现在弟弟也成家立业，与家人的关系重新建立。

家人是：情感紧密相连，即使曾有激烈的争吵，仍然可以无私地包容。

9. 高家甄

例子：我在台北时生活在阿姨家，阿姨是我在台北的家人，住在阿姨家，与阿姨像姐妹一样。

家人是：广义而言是无私的照顾。

三、抉择——选一个案例

决定：选择蔡晓娟的例子，因为这是唯一一个没有血缘关系的例子。

在此，补充蔡晓娟的自述：

小时候常常会有这个作文题目："我的家人"，而内容无外乎我的爸爸、妈妈，还有长我一岁的哥哥，他们是一个……这样……这样……的人。在我小小的心灵世界中，家人就是同住在一个屋檐下、有着密不可分的血缘关系之人，回到家中自然会相见的人；直到高中时期北上求学到现在独自一人在台北工作，也一直在寻找台北的家人。

当小慧老师要我们以"家人"为主题并以自身经验为例时，我便开始思考谁在台北照顾着我，首先排除我在南部的家人，并不是我们感情不睦，而是我想以在台北生活的经验来检视何谓家人，于是我想起我的干爹和干妈。八年前认识了张爸爸张妈妈，那是一对小孩不在身旁的夫妻，乐观善良的性格加上奇妙的缘分，他们和我就成了超越年龄的无话不谈的朋友，最后更收我为干女儿。平常每周我们最少一起吃次饭、聊聊天。他们常说："你一个人在台北三餐都随便吃吃，过来和我们一起吃饭不用客气，吃饭多点人热闹些。"虽然他们用很轻松的语气说这段话，但我可以感受到他们对我的关心与照顾。在我遇到伤心、挫折、困惑或迷惘的时候，我总是可以很坦白、很信任地告诉他们我所遇到的问题，而他们给我的安慰与回应总是让我惊喜于，看事情的角度可以如此不同与具有包容性，慢慢地，他们也成为我情感和情绪上的依赖和出口。有一次，连续的教课与上课加上学生比赛的压力使我累到想发脾气，我只是打了一通电话给张妈妈撒娇诉说连日的辛苦，心里便得到了平静与慰藉。

虽然我的家人在高雄，血浓于水的亲情是无须证明的，但和张爸爸张妈妈这段特殊的缘分，让我在台北更感受到不独亲其亲、不独子其子的爱。不同于传统保守的感情表现，拥抱、体谅、沟通、分享、包容……让幸运的我在台北也能享受家人的关怀。

后记：本组为了检视所定义的家人是否为普遍定义，于是使用电话访问的方式询问亲朋好友，在先不告知主题的方式下，听到本组的定义时会想起谁？本人特意挑选一位朋友，他长期在外地工作不住家里，当他听到此定义时，一开始表示在他生命中目前并无此人，但在仔细思考后他认为有一同事符合此定义，我再进一步追问那像什么样的情感，他回答：像兄弟。当我说明此为家人之定义时，他却回答：我和家里人的感情不好。此一案例印证了本组并没有将家人之定义设定为须具有血缘关系之人，是一更符合普遍性的定义。

讨论：

1. 有关"家人"的关键词：

彼此是有感觉、是一种情感纠葛、是否应有血缘关系、是否应有利害关系、因为地缘等时空因素、合乎期望的、是有缘分的、有教诲、没有负担、关怀、理解、照顾、付出、依赖、认同、持续、情感的累积。

2. 关键词筛选：

情感、愿意付出、爱、包容（比理解更好）、归属感（包含：认同）、关怀。

四、普遍定义（合乎我们的经验）

无论是否有血缘关系或是否同住而有深厚情感、愿意付出，能关怀、包容，有归属感的关系。

五、检视（提反例）

这个定义合乎我们每个人的经验，而反例：

1. 如果是兄弟姐妹，而没有情感是不是家人？

答：不是。

2. 爱人及情人感情深厚，是不是家人？

答：不是。

3. 没有住在一起的血亲，是不是家人？

答：不是。

4. 住在一起的血亲却没有感情，不能包容，是不是家人？

答：不是。

六、修正定义

1. 厘清：亲戚、亲人、家人之关系（见图2）。

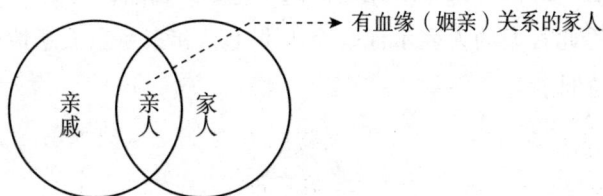

图2　关系图

2. "关系"并非人，应修改。

七、确定定义

彼此情感紧密，愿意付出，能关怀、包容，且产生归属感的人。

【各组分享】

第一组：认同对方为理所当然的身体、心灵陪伴之责任与情感对象。

第二组：彼此情感紧密，愿意付出，能关怀、包容，且产生归属感的人。

第三组：互相照顾，不求回报，曾经共同生活经验、愿意投注情感的人。

【再次修订】

定义：类＋种差

种差＋类概念，考虑什么是家人的本质。

1. 重新厘清：亲戚、家人之差别，在本组的定义中家人的集合概念见图3。

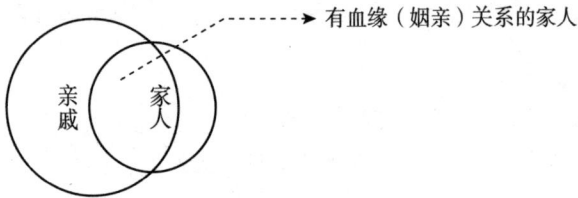

有血缘（姻亲）关系的家人

图3　家人的集合概念

2. 讨论后的定义：经过讨论我们仍维持原来的定义，并且以此做行动研究，结果显示这样的定义具普遍性。因此本组定义为：

家人是"彼此情感紧密，愿意付出，能关怀、包容，且产生归属感的人"。

3. 行动研究（问答）：

调查方法。分两种方式：一为随机对辅大学生做调查；二为由组员各自对朋友做调查。

结果：13位对主题不知情的受访者的答案如下：

母亲、表姐、配偶（太太或先生3人）、夫妻（2人）、家人（4人）、女朋友、同事（回答此答案的人表示他一个人北上，和家乡亲人感情很淡，有这样感觉的只有一位同事）。

第六章　儿童哲学的应用（一）：伦理教育

——以《偷·拿》一文为例

　　"如何经营教室的良好思考环境"是儿童哲学关心的问题之一。在儿童哲学教室中，为使团体成员能够直接、清楚地看到每位成员，包括面部表情和肢体语言等，在教室布置上，通常采取圆形的桌椅排列方式。所有的参与者（包括老师和儿童）团围而坐，先共同阅读哲学小说中的一段情节，然后儿童提出自己感兴趣的主题或在情节中任何想要讨论的问题（包括意义含糊的语词、不清楚的概念和可争辩的观点等），老师将问题写下，请儿童指认有无错误，再进行讨论。讨论通常由"澄清问题"开始，借着对问题的澄清可以帮助每个人了解问题所在，也可以帮助提问者确认困惑之处。基本上，儿童哲学的探讨活动就在不断澄清问题与发问中进行[1]。类于此，"儿童哲学与伦理教育"/"儿童哲学：理论与实务"课程也做了设计，全班三四十人分成三组进行团体讨论[2]。以下则以笔者已有多次实践经验[3]之《偷·拿》一文为例，呈现其实践层面。

第一节　《偷·拿》一文[4]的内容

　　大熊提着水桶带着铲子，蹲在门口穿鞋。

---

[1]　陈鸿铭：《探究团体》，硕士学位论文，台湾辅仁大学哲学研究所，1991。

[2]　儿童哲学团体讨论的理想人数是10—15人，人太多则无法让每个人都畅所欲言，失去讨论的意义。

[3]　《偷·拿》一文笔者曾带领运用至小学生、大学生、硕士生以及小学和初中的校长、老师、家长等各类不同族群人身上进行团体讨论。

[4]　邱惠瑛：《猫人》，台北财团法人毛毛虫儿童哲学基金会，2001，第62—65页。

"唉！大熊，去哪儿？"

"到后山挖土种菊花。"

"我也去。"小熊边穿球鞋边说。

大熊不停地挖，地上出现一个小土洼。

小熊帮忙把土拨进水桶里面。

风轻轻吹在他们鼻尖上。

"唉！大熊，你是小偷吗？"小熊突然抬头问。

"当然不是。"大熊皱皱眉，很快地回答。

"怎么这么问？"大熊看着小熊。

"唔……这些土是谁的？"小熊想了一会儿说。

"我不知道。"大熊耸耸肩。

"不知道怎么可以挖？"小熊认真地问。

"只挖一点点，没关系的啦！"大熊转头看远方，不看小熊。

"如果挖很多，算不算小偷？"小熊把身体挪到大熊的正前方，继续问。

"挖很多？恐怕不太好吧！"大熊含含糊糊地说。

"那算不算小偷？"小熊又问。

"嗯……"

大熊想了又想。

"我不是小偷，我只是拿一点点土而已。"大熊又把脸撇到另一边，不再看小熊。

"是不是拿很多叫偷，拿很少叫拿？"小熊偏着头，固执地问。

"别说啦！走吧！快下雨了。"

大熊拉着小熊。

匆匆忙忙地走回家。

大熊和小熊一起去逛超级市场。

大熊选了一把菠菜、一盒牛肉、一袋橘子。

小熊选了一盒果冻、一包饼干、一条口香糖。

小熊把果冻、饼干放进买菜的手推车里。

口香糖塞进口袋。

"唉！怎么把口香糖放进口袋里？"大熊问。

"为什么不行？"

"要付钱的呀！"大熊急急地说，眼睛不停地四处张望。

"只有一点点，没关系的啦！"小熊把手插在口袋里，牢牢地按住。

"这样你就变成小偷了。"大熊压低声音严厉地说。

"我不是小偷，我只是拿一点点东西而已。"

小熊张大眼睛，不解地看着大熊。

第二节　流　程

（一）阅读《偷·拿》一文。（以小组为单位轮流阅读文章，每人朗读一小段。或者，采取角色扮演的方式，由一人负责当"大熊"，一人负责当"小熊"，一人负责"旁白"。）（约2分钟）

（二）提问题并记录。（由各组主持人或教师将问题写在白板上，事后誊写于纸张上，交给授课老师存档。）（约5分钟）

（三）小组讨论。（约20分钟）

（四）小组报告与分享。（每组5分钟，共15分钟）

（五）全体讨论与分享。（约15分钟）

第三节　问题汇总

不管年龄、身份、性别，通常一定会提的问题是：

1. "何谓'偷'？何谓'拿'？"（即如何定义偷、拿？这涉及伦理价值观、法律规范以及是否事先告知等情况）

2. "偷、拿有何不同？"

3. "是否拿很多叫偷，拿很少叫拿？多、少的定义与界限怎么确定？"

也会衍生：

4. "偷东西是不是一定会受到法律的制裁？"

5. "为什么不用'借'的？"

6. "什么是'取'？"

7. "考试作弊算偷吗？"

8. "大熊和小熊，到底谁偷谁拿？"

其次，也会关心：

9. "大自然的资源使用（国有地）与偷拿有什么关系？"

10. 于是产生"后山的土是谁的？后山是公有还是私有"的问题。

是不是只有实物才有偷和拿的问题？于是曾有一组初中、小学校长还提过：

11. "为什么外遇叫作偷人"的成人版问题。

有些人关心文中的两位主角，会问：

12. "大熊和小熊是什么关系？"

13. "大熊和小熊是人还是熊？" ①

14. "为何用熊当主角？"

15. "熊穿鞋吗？熊吃口香糖吗？熊为什么会说话？"

16. "小熊几岁？几岁算小熊？几岁算大熊？"

17. "大熊和小熊的性别为何？"

18. "为何小熊会有比较、类推的想法？"

19. "小熊真的搞不懂吗？"

20. "心虚时，为什么不敢看对方？回答含糊不清是不是心虚？"

21. "如果你是大熊，你会怎么回答小熊？"

第四节　讨论记录示例

以下选辑哲学系"宝贝蛋"组 2003 年 10 月 2 日的讨论记录 ②：

阅读《偷·拿》这个故事后，"宝贝蛋"的成员分成三方面进行讨论：

（一）何谓"偷"？"偷"的定义是什么？

（二）"偷"和"拿"的分界是出现在什么情况下？

（三）故事中可以教导我们什么呢？

---

① 据称，同学们之所以提出这个问题是基于保护动物的心理，因为知道"熊绝不可以吃口香糖，否则会噎到"这项事实，唯恐会误导小朋友去动物园时，喂熊吃口香糖。

② 转载于"辅大基本哲学学习网儿童哲学课程讨论区"之《10 月 2 日"宝贝蛋"组的讨论记录》，2003.10.13，www.fjweb.fju.edu.tw/philosophy。

讨论后得到的结论整理如下：

（一）"偷"在故事中呈现的，或许是在"数量"上的界分，所以才会有"只挖一点点，没有关系的啦"一说，或是"我不是小偷，我只是拿一点点土而已"；另外一个看法则是"不告而取"，偷东西这件事，是由于行为而起，"偷"是拿走不属于自己之物，却没有让所有者知道，有别于当面向所有者夺取的"抢"。

（二）从"偷"的定义，呈现出另一个问题，也就是"所有权"的观念。大熊为什么说他只是"拿"一点点土呢？推敲结果或许是因为大熊取土的后山也许不是私人土地，而是一块公共土地（公共财产）。大熊为什么不说是"借"呢？因为他不打算还，或者是他并不需要还。因为公共资源人人皆有权使用之。① 当然这也引起了另一个问题，是否公共资源人人都可以一点点地取用呢？那么一个人去盗采大量的砂石，和一万个人每个人都只拿一点点的沙土，两者相较之下，所得的结果不都算是破坏了公共资源吗？那么一个人只取一点东西就不算是偷或盗吗？乍看之下，难道偷和盗的定义就是以数量区分的？

针对上面再次论及定义的问题，我们认为，由于结果都是涉及资源被消耗到稀少、殆尽或缺乏，因此并不是拿了不属于自己的东西才称之为"偷"。所谓物以稀为贵，就像在泰山② 烤肉和在阳明山上烤肉所触及的刑责是不一样的，这是因为阳明山上特有（稀少）的资源是重点保护对象，所以就产生不一样的管理方式。如此说来，在阳明山烤肉会遭到处罚，是不是去泰山烤肉就没关系了呢？

这里涉及另一个"惩罚"的观念。其实关于为什么不应该在山中烤肉，是为了避免造成森林大火而破坏了自然生态。那么难道对于"偷"的界定关键在于有没有惩罚性（偷偷地到阳明山上烤肉）？所以，故事中，小熊在超级市场把口香糖放进口袋而不付钱，大熊担心他的原因也许是：怕被店家捉到而要罚钱或送警局！

---

① 此处或许可参阅洛克（John Locke，1632—1704）所著《政府论次讲》中关于私有财产来源的解释。原初社会大自然的一切资源都是无主物，为全人类以及所有动物共享，只有在个人付出劳力加工之后，才归他所有。例如一块枯木棍为人捡拾，经过他精心雕琢，成为一支精致的拐杖，这时此拐杖便成为他个人的私有物。

② 指位于台湾省新北市泰山区的一座海拔一百多米的山。

综合以上，我们想到了约束力量的分别，也就是说涉及的是"人为法"① 和"自然法"的区分。为什么故事中，是以拟人化的熊为主角而不是人呢？明明"熊"这个动物在使用自然资源时不会涉及违法的观念，所以我们认为这是要对比出不同法则的相异点。所谓偷的行为涉及所有权的问题，这是在文明之下才有分别，试问在森林中的小猴子吃树上的苹果和果农反映台湾猕猴波及他们生计，这两者对猴子而言是没有区别的，差别只是发生在人的身上。

为什么大熊在后山和小熊在超级市场都只拿了一点点的东西，却衍生出拿和偷两种不同的想法？超级市场是人类文明下的一种产物，而后山（除非是依照人类规划土地经过买卖交易而有的私人土地），通常都属于公共的。在文明产物下所要遵循的是人为法 ②，它是一种法律性的约束力量；而公共资源则是遵循着自然法，所谓的自然法是以生态的自然平衡为准则，以不破坏自然为前提，即可享受着使用自然的权利。

这就可以说明为什么盗采砂石是违法的，而大熊在后山拿一点点土可以不算是偷。因为盗采砂石所挖走的土，已经牵涉到破坏生态平衡的问题，所以在文明的法则下，是触及人为法的；而大熊则是要接受自然法的衡量。

这就是一个维系生态平衡的例子，其实人为法会被提出，就是因为人们发现，人的欲望比自然资源的供给大得多，而我们只有一个地球，为了要与她生生不息地互依互存，我们必须用理智来克制过多的欲望，以免我们因为欲望而破坏了自然法则造成失衡。因此，在人类世界中就有了人为法的规定，也有了"偷"和"拿"的区分。

（三）这个故事除了对"偷"和"拿"问题的思考之外，还有什么是要告诉我们的呢？

我们发现，小熊因为有了问题意识，所以会突然地抬头问："唉！大熊，你是小偷吗？"面对这样的疑问，我们应该尽可能地告诉询问者（作者按：尤其是孩子、儿童），并使他了解，而不应该模糊不清地带过，否则很可能会造成如小熊一样的误解。道德感的培养是需要清楚明白的。古者有云："勿以恶小而为之，勿以善小而不为。"

---

① 网站上的原文是"人文法"。圣托马斯将法律区分为四种，分别是永恒法（Eternal Law）、自然法（Natural Law）、神圣法（Divine Law）与人为法（Human Law）。据此，笔者将"人文法"修正为"人为法"。

② 同上注。以下三处均据此而修改。

另外，在超级市场里，大熊和小熊所购买的东西，可以大略分为自然食品：菠菜、牛肉、橘子（大熊所要买的）；以及小熊挑的果冻、饼干、口香糖等人工加工食品。这也是教导我们认识食品的不同来源。

以上方式，正是儿童哲学的第一种应用，也就是应用于伦理教育。

第七章 儿童哲学的应用（二）：多元文化教育

近来热门的国际新闻之一是：法国已经有超过三百座的城市发生暴动。为了形容这些"暴民"，法国媒体小心翼翼地拣字删词，避开伊斯兰教徒、少数民族之类的形容词，选择了"青年"这个名词；无意间，却正好切中要害地指出整件事情的关键：青年贫穷化。① 有的媒体则直接用"移民怒火点燃巴黎"作为标题，指出其中的种族与就业、贫富差距的问题。在中国台湾地区，我们看到从"外籍新娘""外籍配偶"到"新移民女性"的名称演变；获悉日前以闽南文化为主的高雄前镇小学和以客家文化为主的竹东上馆小学缔结为姊妹校，未来将有学童互访的机会之消息②。这些都与多元文化的概念相关。文化霸权或文化沙文主义的心态是要不得的，正如撒可努③ 的表哥、香兰教会的戴牧师所说："文化不是用来比较的，而是站在同一个平台上，相互欣赏。"④ 这于我心有戚戚焉！

本章在如上背景下，首先，述及多元文化教育与多元社会的现实性；其次，说明多元文化（教育）的哲学基础；接着，介绍儿童哲学教材中的多元文化议题；再者，基于对性别平等教育的重视与建立相互尊重两性的和谐社会，以"尊重差异：颠覆传统之性别刻板印象"的课程设计为例加以说明；最后，提议以儿童哲学的探究团体模式作为多元社会中的品德培育的一种方案之可能性与可行性。笔者于 2004 学年第一学期指导大学学生撰写儿童哲学小论文时，其中

---

① 胡晴舫：《穷酸的草莓》，《中国时报》2005 年 11 月 9 日。

② 请参见 2005 年 11 月 8 日出版的《国语日报》。

③ 电影《山猪·飞鼠·撒可努》的男主角，也是同名原著的作者。撒可努曾荣获 2000 年巫永福文学奖及第一届中华汽车原住民文学奖的首奖，此书不仅为各大读书会推荐的优良读物，而且还是美国哈佛大学应用中文系之指定教材。

④ 请参见 2005 年 11 月 8 日出版的《国语日报》第 14 版的"生命教育"。

一组"明星柑仔店"以"颠覆传统之性别、刻板印象"为题所进行的部分问卷调查结果，名为"问卷——7—11 岁小朋友对于性别刻板印象之调查"（见本章附录）。该问卷现在看来，还是觉得十分可贵，它记录了哲学系学生除了抽象思维之外的学术方法与历练。

第一节　多元文化教育与多元社会

2005 年 12 月台湾师范大学教育学院举办的"多元文化与民主公民资质"学术研讨会计划书将研讨会的背景说得好：

> 当社会发展愈趋民主，社会体系的成员在观念、价值或生活方式上，自然愈会产生差异，而此差异往往反映在族群、宗教、职业、性别、区域等方面，因此，促进文化的多元发展、社会价值的兼容并蓄，遂为社会进展的动力。

早在两千五百年前，孔子就指出："君子和而不同，小人同而不和。"（《论语·子路篇》第 23 章）文化多元或多元文化已经是历史发展中的事实或现实，它是不可避免的趋势，我们应该理性面对而非情绪抗拒。

在中国台湾地区，1993 年以前的课程，对多元文化是排斥的；1993 年的课程标准则以添加的方式纳入多元文化课程；至 1998 年的课程纲要则强调多元文化要融入各学习领域，认同多元文化的价值并鼓励它的存在，换言之，多元文化将是九年一贯课程中重要的核心概念。而在美国，多元文化教育（multicultural education）是晚近的一个重要教育改革运动，学者班克斯（James A. Banks，1989，1994）以为：多元文化教育是一种追求自由的教育，对于目前纷扰不安及种族问题日益严重的世界，是一种必然的趋势。[①] 这种自由教育，必须通过概念的形成、教育的改革、教学实施三方面来达成。以概念而言，多元文化教育主张人类不分种族、宗教、社会经济地位、年龄、性别，都享有共同的权利与义务，都应受到应有的尊重。以教育改革而言，上至教育政策的制

---

① 　郑瑞娟：《多元文化教师的信念及任务》，《地方教育辅导通讯》2002 年第 6 期。

定，下至学校制度与结构，都应追求各族群受教育的机会均等。以教学而言，课程的设计与实施，教师理念的配合，亦能达到促进各族群和谐的目标。综上所述，多元文化教育即是通过政策的制定、学校教育的实施来促进各族群教育机会的均等及和谐相处。

至于多元文化教育的目标，根据多位学者（Banks，1989，1994；Gollnick，1994；Hilton，1994；Kincheloc & Steinberg，1997）的见解，可以归纳为以下四点：

（一）拉近平等、公正的民主理想和社会实践之间的距离，减少因种族、性别和社会经济地位的不同所造成的差别待遇。

（二）促使每个来自不同社会阶层、种族、文化和性别团体的学生都能够享有公平的学习机会。

（三）使学生认识并珍惜自己的文化特质和历史成就，并建立自我的价值感。可以说，多元文化教育的核心即是对己文化的文化自尊和对他文化的文化尊重。

（四）帮助所有学生尊重其他族群，协助弱势族群学生，促进全人类的社会公平与机会均等。

第二节　多元文化（教育）的哲学基础

为什么要强调多元文化？为什么要主张多元文化教育？多元文化/多元文化教育的哲学基础在于对"人"的理解：人是"位格"（person，persona），根据波伊修斯（Manlius Severinus Boethius，480—525）的说法，位格是"理性本性的个别实体"；根据托马斯的说法，位格是"整个本性中最完美之物"（Person signifies what is most perfect in all nature：that is，a subsistent individual of a rational nature），使得人有无可比拟的尊严，以完成人生的目的；也如德国启蒙时期最伟大的哲学家康德（Immanuel Kant，1724—1804）所言："不论对待自己或他人的人性，都要当成目的，绝对不能只是当成手段。"因此，人永远只能是目的，而非工具或手段，尊敬人是一个具有理性、可以从事道德实践的有尊严的存有者。于是，才有所谓对每个人获致其美善生活的同等机会的关注，此即平等主义的正义原则，可以此作为多元文化/多元文化教育的哲学理论基础。

21 世纪的世界正逐步走向全球化，对于多元文化，除了要引导学生认识自己的文化外，还要学习如何与不同文化相处，彼此学习、融通，以更宽广的视野面对各种挑战、冲突与难题。因此，多元文化课程在课程改革中如何生根成为重要的课题。从伦理学和伦理教育的角度看多元社会中的品德培育，传统德行伦理学"成为一个好人"的核心命题必须转化为"成为一个（多元社会中的）好公民"或"成为一个具有（多元社会中的）公民德行的人/公民"；换言之，在现今的多元社会中，问"一个人是不是个好公民"比问"一个人是不是个好人"来得更为贴切。① 人，不仅作为一个个体而独存，更是在人际网络中与其他诸存有互动而存在，哲学家宣称人是政治的动物也罢，宣称人是社会的动物也罢，人在现今社会更是个"公民"。"公民"（citizenship）的真意在于其作为一个"共同体"或"社群"（community）的成员资格（membership）。没有社群或国家"共同体"意识，就没有所谓的"公民"资格。公民与社群国家的关系是建立在作为社群国家共同体成员资格的公民权利义务关系之上。"文化公民权"的第一层意义在于保障每一位国民对于文化教育资源的享用权利（accessibility），发展其"文化质能"（资质与能力）。偏远地区和弱势族群（性别、阶级、族群）的文化教育需求应获得特别照顾，让每一位国人，只要他们愿意，即可以与其他人一样享有平等机会去接触和拥有共同的文化资源资产，累积其文化资本。文化公民权的第二层意义是指国民有参与（participation）创造中国文明和保护各类型文化资源资产的义务。② 但也别忘了，身处"地球村"，我们不仅是一个国家公民，也是一个世界公民。

我们多元文化教育的目标是：让所有的孩子像孔子所描绘的"君子"般——"学会和谐地共同生活"。多元文化应怎么教？并无特定的多元文化教学方式，多元文化的教学重在对"差异"的看法，不是排斥的，而是理解、欢迎的。它强调要提供一个安全的环境，让学生在其中自在地学习，发表想法，与人沟通；它鼓励各种不同文化发声，造就一个多音交响的场域；它同时也关心社会的议题，对于各种现象进行讨论，形成解决之道，具体付诸改革的行动（陈美如）。在教学方式上，学者陈美如曾为文指出，"合作探究式的教学，将是

① 这并不意味着"成为一个好人"已经没有时代意义，而是指出诠释"一个好人"的脉络意义。

② 陈其南：《公民国家意识之建立》，《传统艺术月刊》2004 年第 46 期。

实施多元文化课程与教学的最佳取向”①。班克斯也提出多元文化合作探究教学的主要向度，应包括内容的整合、知识建构的历程、偏见的降低、公平的教学、学校文化和社会结构的授权等。②本章也基于笔者多年从事儿童哲学理论与实务的经验，提议不妨以儿童哲学的探究团体模式作为多元文化教育所欲形构的多元社会中的品德培育的一种方案。

第三节 儿童哲学教材中的多元文化议题

不同文化会发展出不同的儿童哲学；同理，不同文化也应发展出不同的多元文化教育。

在多元文化教育方面，以第一部儿童哲学小说《哲学教室》为例，其第三章中有一段故事涉及种族、性别的议题，现摘录如下：

> 两个纠察队的男生站在教室门口，像是一对门神似的，又高又胖。他们看见黄妩娟走过来，老早互相丢个眼色，微笑一下，决定作弄一下黄妩娟，只留一点空隙给黄妩娟通过。他们想作弄她，也许因为她是女生，也许因为她既是女生又是少数民族。不过，黄妩娟才不理他们那一套，她用力把他们推开，大步地走进教室，正好刘老师走过来，看见黄妩娟用力推人，便大声地责备她。
>
> 黄妩娟没有说什么，不过，出乎大家的意料之外，她一跃而跳上桌子，踩着同学的课桌，绕了教室一周。然后回到自己的座位上，静静地坐下来，一句话也没讲。

该书第十四章中还有一段故事涉及“富裕—贫穷”“文明—野蛮”的对比，

① 陈美如：《多元文化课程与教学——合作探究式教学的实际》，“新世纪中小学课程改革与创新教学学术研讨会实施计划”，1999，http://www.nknu.edu.tw/~edu/new-eduweb/08Learning/learning%20thesis/learning%20thesis-4/item4-article24. htm。

② Banks，J. A.（ed.）*Multicultural education transformative knowledge & action historical and contemporary perspective*，337. New York：Teachers College，Columbia University，1996.

现摘录如下：

> 李莎拿起桌上的一个木雕，说："这个雕像很不错，是哪儿来的？"
>
> "从尼日利亚来的，我舅舅去过那儿，是他带回来送我们的，我也想去，有一天我会去。"
>
> "那儿恐怕很落后吧！"
>
> "喔！他们很穷，"黄妩娟很快地回答，"可是，他们不像我们自认为进步的民族，有这么多层出不穷的问题。但是，如果说他们是野蛮民族，我却不同意。我解释给你听。"黄妩娟的脸有点红，她继续说下去："在先进的国家，如日本……不论多好的日子，多好的年头，总有许多人吃不饱、穿不暖；不论日子多么不好，年头多坏，总有许多人，不但有吃有喝，而且过得很奢华。可是，我舅舅说，非洲西部不是如此。闹饥荒时，没有人吃得饱；丰年时，没有人挨饿。所以，你说说看，到底谁是野蛮人，谁是文明人？"
>
> 李莎沉默了。黄妩娟对这些事的强烈感受，给她深刻的印象。李莎想多了解一点，特别是她的信念。可惜黄妩娟已经察觉到，突然变了态度，冷淡了许多。李莎知道，她是不会再谈论她自己了。黄妩娟很少邀请不太熟悉的朋友去她家，也很少谈论她自己或是她的看法。李莎知道自己没有权利侵入她的私生活，她决定换个话题。

如果有较长的或较定期的讨论课程，且以《哲学教室》为固定教材者，这两段故事都适合作为多元文化教育的讨论教材（因为这涉及对故事中角色的认识与了解，如对黄妩娟这个女生的背景与性格的认识）。

第四节　以"尊重差异：颠覆传统之性别刻板印象"的课程为例的教材设计

多元文化中包括性别议题，此节以性别议题为例。我们知道，扩充多元文化知识与理解的教学，重在多元文化知识的认识与了解，为学生开启认识多元文化的窗口，其中一种教学的方式可由教师提供多元文化的材料供学生阅读。①
除了前文已提及的《哲学教室》中的相关内容可作为讨论教材外，以下再推荐
几个故事作为阅读与讨论的文本。

【故事一】

　　"男生是医生，女生是护士。"幼儿园的孩子坚持着说。老师对小孩子
具有如此冥顽不化的刻板印象感到颇为惊讶，于是安排 22 名幼儿园的孩子
到附近医院实地考察。到了医院，老师介绍幼儿园的孩子认识一位女医生
和一位男护士，讨论医生和护士的工作，并一起参观医院。

　　回到园里，老师对着孩子说："现在你们已经看到男生能当护士，女生
能当医生了吧！"

　　"不对！男生还是不能当护士，女生还是不能当医生！"幼儿园的孩子
仍然坚持着说。

　　"你们是什么意思呢？"老师困惑着，"老师带你们在医院里不是看到了
男护士和女医生了吗？你们不是也和他们说过话了吗？"

　　"是啊！不过他们是骗子，他们骗我们的！"小孩齐声回答说。

（黄政杰，1995，译自 Sadker, et al., 1989，第 106 页）

故事一的对话是一则令人诧异又有趣的实际案例，在生活中我们也不难见
到关于性别刻板印象的问题存在。

随着时代的前进，我们发现事实上并非所有的童书都局限在两性的刻板印
象之中，有越来越多的童书正在颠覆这些传统的印象，教育我们和我们的下一
代应该以一个正常的态度去面对这些差异，而不是排斥与批评。我们搜集了坊
间现有的童书，在为数颇多的书单中，我们列举了七本较具指标性的图画书 / 绘
本作为模板，从这些书中可以清楚地看到对于两性之间的刻板议题，创作者是
如何尝试颠覆并且给予一种新的诠释的。较遗憾的是，这七本具代表性者，都
是国外的作品，我们中国的创作者仍须努力，以回应前文所提"不同文化也应
发展出不同的多元文化教育"之呼吁。

此七本图画书 / 绘本是：

---

① 若是高年级学生，可由教师定主题，由学生进行资料的搜集与整理，形成书面报告
并与同学分享。

（一）《灰王子》（文、图／巴贝柯尔，译／郭恩惠，台北格林文化事业股份有限公司，2001年9月）。

故事简介：

灰王子一点也不像是王子。他满脸雀斑，又瘦又小，总是浑身脏兮兮。他有三个高大、强壮、毛发又多的哥哥。他们常常嘲笑灰王子长得丑。当他们带着公主女朋友到迪斯科王宫跳舞时，灰王子就得留在家里打扫房间。他常常许愿能和哥哥们一样强壮。

有一天，一个脏兮兮的小仙女从烟囱上掉了下来，并且告诉灰王子她可以帮他实现愿望。但她是个糊涂的小仙女，竟然把他变成了一只毛茸茸的大猴子，灰王子自己却浑然不知。于是他高兴地去参加舞会，但他太大了进不去。

正当他要去公交车站时，看见了一个漂亮的公主，有钱又美丽的班妮公主，公主看见他吓了一跳。就在这个时候正好到了12点，王子的魔法消失了，所以公主以为是王子救了他。这个时候灰王子匆匆跑走，裤子掉下来了都不知道呢！于是公主只好寻找能穿下这条裤子的人。最后她找到了灰王子，并且向他求婚，两人从此过着豪华又幸福的生活。

本书所要颠覆者：

故事男主角灰王子，就像灰姑娘一样，每天只能在家做家务，而眼睁睁地看着哥哥们去玩。虽然是这样，但他在做家务时是快乐的，只是希望能和哥哥们一样英俊。故事女主角是勇敢大方的班妮公主，最后她大胆地向灰王子求婚。

谁说男生就应该雄壮威武，女生应该温柔可爱呢？这本绘本打破了人们对传统性别的刻板印象，作者把传统"灰姑娘"的角色改为男性，书中的灰王子又瘦又小、胆小害羞，然而善良的他在经历了一连串事件后，赢得了美丽公主的求婚，从此过着幸福快乐的生活。大多数的绘本，抑或是多数人心中的想法，总认为男生就是要勇敢、强壮，而女生应该温柔、受男生保护。这样的想法其实落伍了。在多元的社会里，我们都扮演着多种角色，而这些角色在不同时间、不同地点都会有所不同。男生也会有悲伤、软弱的时候，为什么就不能真实地表达出来呢？而女生也不尽然是弱者，要受男生保护。我们应该学习正确而平衡的新性别平等教育，不该将男女生的角色都贴上标签。每个人都是独特的个体，不应只因为生物性的性别而自我局限或受到无谓的限制，也就是我们不应先入为主地存有性别刻板印象。

其他角色的观点：

传统：灰王子的三个哥哥。他们认为灰王子长得很丑，认为应该像他们一样高大、强壮、毛发又多才是英俊。这就像一般人的想法，认为男生不应瘦弱。

颠覆：班妮公主。她不因为灰王子长得瘦小就排斥他；相反，她认为灰王子替她赶走了毛茸茸的大猴子很勇敢，并且希望找到王子并向他求婚。这有别于一般人的想法，认为一定要高大挺拔才是理想的"白马王子"！

中性：糊涂的小仙女。在书中她并没有很强烈的表态，只是希望替灰王子达成他的愿望。

（二）《朱家故事》（文、图 / 安东尼·布朗，译 / 汉声杂志，台北英文汉声出版有限公司，1991 年 4 月）。

故事简介：

每天早上，朱太太都要为朱先生以及两个小孩——小吉和小利张罗早餐，接着在他们出门后便开始清洗早饭留下的碗盘，铺好每个人的床，清扫每个房间的地毯，然后才出门上班。等到两个小孩和朱先生回家后，总会大声叫："快点！晚饭好了没有？"他们一吃完饭，朱太太就开始洗碗、洗衣、烫衣服，然后再准备明天的饭菜。

有一天傍晚，当朱先生和小孩回家后，却不见朱太太的踪影，接着在壁炉上找到了一封信，上面写着："你们是猪！"当然，他们得自己做饭，这一做不仅花了几个小时，而且难吃极了。就这样三天过去了……他们从不洗碗盘，也从不洗衣服，很快，他们家就像个猪圈一样。有一天晚上，家里实在没有东西吃了，就在他们搜寻有无可以吃的残渣碎屑时，朱太太走进门了。

"求求你留下来吧！"他们哀求着。于是朱太太留了下来。朱先生帮忙洗碗盘，小吉和小利铺床，朱先生还烫了衣服。他们全都帮忙做饭。他们发现大家一起动手做家务真开心。

故事主角：

朱太太。她每天都要为了家中的大小事忙碌，并且还要上班。可是朱先生和两个小孩却将之视为理所当然，从来不帮忙分摊家务。终于有一天，朱太太因为受不了而离开了家。

本书所要颠覆者：

在故事的最后，朱先生和两个小孩都帮忙做家务，并且发现其实这样是很快乐的。看完了这个故事，应该不少人会心有戚戚焉，因为这好像正是大多数人家中的情形——妈妈每天都好忙喔！

但这本书却颠覆了传统"男主外、女主内"的刻板观念。在现今社会里，双薪家庭是普遍可见的，甚至占了大多数。但是女性仍然被赋予"女生应该做家务"或者是"君子远庖厨"（后人解为"男生不进厨房"，又扩大解释为"男生不做家务"，这其实是错误的）。这样的观念实在可怕，并且对女性极为不公平。家务不只是妈妈或女性的责任，既然每个家人都是家中的一分子，那么家务就应该是大家的责任与义务，而不应存有"我是'帮妈妈'做家务"的想法。

（三）《奥利佛是个娘娘腔》（文、图/汤米·狄咆勒，译、导读/余治莹，台北三之三文化事业股份有限公司，2001年4月）。

故事简介：

大家都说奥利佛·巴顿是个娘娘腔。他不喜欢男孩子常玩的游戏。连他的爸爸都说："奥利佛，不要老是娘娘腔的，到外面去玩篮球、足球或是棒球，什么球都可以。"但是他什么球都不想玩，他的球技很差，同学也不想让他加入。奥利佛的妈妈希望他多少动一动，不要老是闷在家里，于是和爸爸一起送他到李老师的教室去上舞蹈课，毕竟奥利佛喜欢跳舞，而爸爸也觉得这样子至少奥利佛有去外面运动。他真的很喜欢跳踢踏舞，一遍又一遍地练习着，但是学校里的男孩子们还是嘲笑奥利佛，他们认为跳舞是女孩子的事，还在学校的墙壁上写着"奥利佛是个娘娘腔"。

有一天，电影院要举办才艺比赛，李老师帮奥利佛编舞步，而妈妈做了一套表演服装给他，奥利佛好兴奋！班上的老师在比赛前的那个星期五告诉全班这个好消息，并希望同学们都去帮他加油打气，但是班上的男同学都小声地说："哼！娘娘腔。"虽然比赛结束后得到第一名的并不是奥利佛，但是他真的表演得很好，获得了很多的掌声，爸爸、妈妈和李老师也都颇以他为荣。隔天，学校的墙壁上出现的不再是"奥利佛是娘娘腔"，而是"奥利佛是个大明星"！

故事主角：

奥利佛，男生，兴趣以及喜好都和传统的男生形象不太一样，喜欢散步、跳绳、看书、画图、玩纸偶娃娃、变装演戏以及跳舞。

本书所要颠覆者：

以男生或是女生该玩什么、该喜欢什么来作为性别正常与否的划分标准其实对于孩子来说是不公平的。书中强调应该要让儿童适性发展，不要拘泥于性别的刻板印象才是对孩子最好的帮助及成长。

身边人物的态度及看法：

爸爸：原本不能接受自己的儿子不像他所认为正常的男孩子一样，玩一些较户外、活泼点儿的游戏，整天老是窝在家中自己和自己玩，就像女孩似的。

虽然后来让孩子去学跳舞，但可以明显感觉到是处于半妥协状态。最后彻底转变了心态，以他的孩子为荣。

妈妈：对妈妈的着墨不多，不过从书中可以感受到妈妈认为孩子的健康成长最为重要，对于孩子的兴趣与喜好她都没有太多的干涉。

老师们（学校老师和舞蹈班的李老师）：持正向的态度面对孩子。

学校的男同学以及女同学：男同学对于兴趣与喜好都和他们不一样的奥利佛相当排斥，直觉地认为他是女生那一国的，但却又明明是男生，所以以一种极度不屑的轻蔑口吻来称呼奥利佛是个娘娘腔，由此可知男生有歧视女生的倾向；而女孩子们对被欺负的奥利佛路见不平，拔刀相助，或许是基于"我们是同一国"的心态。

（四）《彼得王子和泰迪熊》（文、图／大卫、麦基，译／柯倩华，台北和英出版社，2003 年 6 月）。

故事简介：

彼得王子要过生日啰！国王和王后问了问王子的意见，请他选一样喜欢的生日礼物好让他们可以送他。"王子喜欢的是威武的银剑对吧？送你一把银剑当生日礼物好吗？""才不呢！国王大人，我要的是只泰迪熊！""王子的王冠好像太旧了点对吧？选个你喜欢的王冠样式让我送你作为生日礼物吧！""才不要呢！王后大人，我要的是只泰迪熊！"不管国王还有王后要彼得王子从白马、宝座、盔甲还是游行用马车之中选一个当作生日礼物，彼得王子都坚定又大声地说他要的是一只泰迪熊，这真的让国王和王后很伤脑筋！不过他们还是尊重了彼得的意见，送了一只沉甸甸的泰迪熊给他——因为那是一只纯金的泰迪熊……

故事主角：

彼得王子，对于马车和王冠以及盔甲之类的"属于英勇王子的玩具"一点儿兴趣也没有，只是单纯、执着地想要一只可以抱抱的泰迪熊。

本书所要颠覆者：

针对"王子"这个角色而言，并不是只有"白马王子、威武强壮、剑术高强"这些形容词才属于王子，或者只有王子才可以用。该故事要颠覆的主要是关于角色的扮演问题以及提出"玩具本身并没有性别之分"的观念。身为国王和王后，通常总是会忽略自己比较柔性的父母亲角色，这本绘本也借着尾段将国王和王后的刚硬线条反转了。

身边人物的态度以及看法：

国王爸爸和王后妈妈：当然很不能接受宝贝儿子想要的是柔软又可爱，且一点儿都不昂贵的泰迪熊！不过在不管怎么问得到的答案都一样的状况下，也只好妥协地送了个兼具王子阳刚形象又不违背王子心愿的生日礼物——纯金打造的泰迪熊。或许身为父母的他们还是无法理解为何彼得想要的是一只泰迪熊，不过这是他们跨越僵硬的感情表达界线的第一步！

（五）《顽皮公主不出嫁》（文、图／巴贝柯尔，译／吴燕凰，台北格林文化事业有限公司，2002 年 12 月）。

故事简介：

史玛蒂公主喜欢做个单身贵族，从来就没想过要结婚。按照往例，有许多王子来向她求婚，国王和王后也都希望她可以好好地打扮一下自己，别再每天和心爱的怪物宠物鬼混。史玛蒂公主于是出了许多的难题给那些求婚者，宣布谁能够完成任务，她就会嫁给谁。当然没有任何一位王子能够通过考验，直到史瓦斯王子的出现。史瓦斯王子通过了所有的考验，这令公主很讶异，不过为了信守承诺，史玛蒂公主还是很大方地亲了史瓦斯王子一下。这一亲可不得了啦！史瓦斯王子变成了一只超级大的癞蛤蟆！这把史瓦斯王子气得转头就走，所有听过史瓦斯王子遭遇的人再也不敢去向史玛蒂公主求婚了，公主从此之后过着幸福快乐的日子啰！

故事主角：

史玛蒂公主，聪明、自信、有主见，不在乎世俗的眼光，喜欢一个人生活，觉得自由自在、无拘无束的生活才是她真正想要的。她既不依赖男人，也不依赖爱情；喜欢的宠物和普通人不太一样，像是大恐龙、鳄鱼，还有一些大大小小的怪物。

本书所要颠覆者：

谁说公主一定要穿着蓬蓬裙礼服，安安静静地坐在宝座上微笑？史玛蒂公主所颠覆的角色明确地告诉我们，公主也可以有平民化的生活，还有最根本的——谁说女生不可以去赛车和赛马，不可以喜欢长得有点可怕的宠物，以及不可以做所有看似男生才会做的事？

身边人物的态度以及看法：

国王和王后：很受不了不端庄贤淑的公主，但是也仅限于口头上的训诫，并没有实际限制宝贝女儿的行动。

众求婚者和史瓦斯王子：都是因为史玛蒂公主的富有和美丽才去求婚的，而且一遇失败就觉得没面子，垂头丧气地跑掉了。

另两本作品（六）（七），我们特别提出列为"故事二"与"故事三"。

【故事二】《萨琪到底有没有小鸡鸡？》（文 / 提利·勒南，图 / 戴尔飞，译 / 谢蕙心，台北米奇巴克有限公司，2002 年 6 月）

故事简介：

在萨琪还没有来到马克思的班上之前，马克思认为世界上的人是分成两种的——"有小鸡鸡的"和"没有小鸡鸡的"，还认为女生就是比男生缺少了某样东西。但在萨琪来到班上之后，马克思的想法产生了很大的冲击。因为萨琪画的不是小花而是长毛象，也会踢足球、爬树，有男生的脚踏车，连打架都赢马克思。于是马克思认为萨琪一定是"有小鸡鸡的女生"。他展开了调查，无论是从厕所的门下偷看，或者是到萨琪家过夜，但都一无所获，无法证实萨琪到底有没有小鸡鸡。

正当他快要放弃时，有一次他和家人以及萨琪的家人来到了海边，他终于可以看见萨琪到底有没有小鸡鸡。结果当然出乎马克思的意料，他惊讶地看着萨琪说："你没有小鸡鸡？"萨琪回答："没有！但是我有小妞妞。"从此之后，马克思的认知改变了，他将这个世界分成——"有小鸡鸡的人"和"有小妞妞的人"，并且认为女生其实什么都不缺。

本书所要颠覆者：

一如书中所见，萨琪是一个很活泼的女孩，她并不像马克思所想的一样，是个只会画画小花的人。她可以和男生玩在一起，并且做得比他们都还要好。性别刻板印象的产生其实与生活环境是息息相关的，我们常可以听见不论是长辈也好，或者是朋友也罢，有时总会不经意地说出"男儿有泪不轻弹"或者"你是女生耶！又不是男生，不可以这样"的话语，这里面多半预设了我们对于男女生的认知是有根本区别的。而这些常影响了我们，或者已内化成观念人格的一部分而不自知。由此来看，与我们生活最密切的家长以及老师，在言教或者身教上都要多加留心。就如萨琪的父母和老师一样，虽然在书中他们并没有很明确的表达，但是我们可以看出，他们对于萨琪的这些行为，并没有觉得有任何不妥，所以也不会去禁止她，甚至于老师还在课堂上赞扬萨琪画长毛象画得很好呢！而他们并不会以为："为什么女孩子会画长毛象呢？是不是有什么问题？"孩子的举动都是很自然的，有时反而是大人们的介入干涉限制了他们。我们应该重视每一个人独一无二的个别性，而非将自己的立场强加于他人身上，应让孩子们适性发展，过他们想要的生活，只要没有涉及不义或不法又有何妨呢？无论是男孩还是女孩，只要是自己感兴趣的，都可以做得很好！这是作者所要传达给我们的想法。

【故事三】《威廉的洋娃娃》(文/夏洛特·佐罗托,图/威廉·潘讷·杜·波瓦,译/杨清芬,台北远流出版事业股份有限公司,1998年12月)

故事简介:

威廉想要一个洋娃娃的原因很单纯,只是想要搂着它、抱着它,带它去公园玩。但是哥哥和隔壁的邻居都嘲笑他是"变态""娘娘腔"。爸爸虽然知道威廉喜欢的是洋娃娃,却买了篮球和电动火车给威廉。威廉也玩它们,但他的心里还是想要和隔壁的南希一样的洋娃娃。直到奶奶来了之后,他终于得到了心目中的礼物,但是爸爸不太同意奶奶让威廉玩洋娃娃。奶奶告诉爸爸:"这样子小威廉长大后就懂得怎么做个好爸爸啦!"

故事主角:

羡慕隔壁的南希有美美的洋娃娃可以玩的威廉,温柔细心、体贴内向、不太说话,和邻居男孩以及哥哥不太有互动。

本书中所要颠覆者:

小男孩喜欢玩洋娃娃真的不太好吗?那女生玩机器人又该怎么说?在这本童书中,透过奶奶的温柔话语,一针见血地说出了核心重点——男孩玩洋娃娃并不是一件不好的事,还可以学着如何扮演照顾者角色。不论威廉日后是不是个好爸爸,男孩一直被赋予着外向、刚强的刻板性别印象也在此绘本中有了一个完全不同的面貌。

身边人物的态度以及看法:

邻居男孩、哥哥:对威廉想要有个洋娃娃这件事非常地反感,觉得一个男生怎么可能会想玩洋娃娃呢?因此不喜欢和威廉玩,并且嘲笑他。

爸爸:也认为小男孩不应该玩洋娃娃这么女性化的玩具,但毕竟身为爸爸,所以并没有直接口头上表达意见,而是想借着别的玩具引开威廉对于洋娃娃的执着。

奶奶:全书中唯一出现的女性家人,取代了妈妈的地位,给予威廉较为温柔体贴的关怀以及情感,并不认为洋娃娃不适合威廉。

【流程】(以40分钟一节课为例)

(一)阅读教材一种或多种。教师可以用说故事或带领阅读或轮流阅读的方式,也可以让学生用角色扮演的方式,也可同步制作简报(PPT),帮助学生理解与把握。(约5—8分钟)

(二)提问题并记录。阅读过后鼓励学生提出自己感兴趣的主题或在情节中任何想要讨论的问题(包括意义含糊的语词、不清楚的概念和可争辩的观点

等），主持人或教师将问题写在白板或黑板上，请学生指认有无错误，然后才进行讨论。（约 10 分钟）

（三）讨论与分享。讨论通常由"澄清问题"开始，借着问题的澄清可以帮助每个人了解问题所在，也可以帮助提问者确认困惑之处。基本上，儿童哲学的探讨活动就在不断澄清问题与发问中进行。（约 20 分钟）

（四）教师总结。（约 2 分钟）

第五节　多元社会中品德培育的展望

道德／伦理性是人天生即有的。在伦理教育上，我们不主张强加或灌输，而应启发与引导；除了言辞的教诲与道德认知之发展和提升外（言教），更注重身体力行与潜移默化（身教）。多元文化教育作为伦理教育的一环，原本就不是一蹴而就的，它需要长期的努力与耕耘，方能将多元文化概念与知识内化而为观念，进一步作为行动的指导原则。面对多元文化课程的理想与教学实践，教师应有的认知与行动将牵动多元文化社会实践的可能性。因此，多元文化教师本身的培训与养成十分重要与迫切。教育主管单位也应积极主动地提供及规划培育课程和机会。

本章所提议的儿童哲学的探究团体模式所构成的"哲学教室"，除了具有可以造就一个好的思考者（总是正确思考）的意义外，更重要的是可以使这一好的思考者朝向过一个美善生活（即有德行的伦理生活）。事实上，这种探究团体也是一种很好的哲学团体咨询模式。[①] 在由多元文化教育所构成的多元社会急需品德培育的现今，此种模式的教育方式值得一试，甚至开发推广！这正是儿童哲学的第二种应用。

[①] Peter Raabe, *Philosophical Counseling: Theory and Practice*, London: Praeger, 2001. 可参见第三部分之"实践"部分列举的四种个案研究，其中第四种个案即为"儿童咨询"，内容为"死亡的秘密"，属于生命教育、生命伦理的范围。Raabe 所描述的儿童咨询方式即借鉴了儿童哲学的探究团体模式。

【附录】问卷——7—11 岁小朋友对于性别刻板印象之调查 ①

一、设计理念

1. 目的：借由问卷调查，实地了解 7—11 岁小朋友对于性别是否有刻板印象。

2. 内容：本问卷共分为四大部分。

（1）物品

借由 20 种物品图片（如棒球、化妆品、布偶、小汽车等）的直接表达，让小朋友能以直觉回答，以维持想法的原始性。

（2）职业

借由 19 种不同的职业（如医生、教师、科学家等），欲了解小朋友对于职业是否有性别刻板印象。此部分不以图像展现，是因为图像中会涉及性别因素，故以文字展现，希望不影响小朋友的想法，以维持问卷之真实性。

（3）家庭背景

此部分欲了解现今小朋友的家庭状况，想得知家庭背景是否会影响小朋友对于性别刻板印象的想法。问卷提供数种家庭事务的选项（如赚钱、煮饭、修东西等），从中分析小朋友的家庭状况。

（4）绘本影响力

欲调查绘本对于小朋友是否具有影响力。此部分主要研究小朋友看完绘本后，想法是否有前后差异。所采用的绘本为《威廉的洋娃娃》。先请小朋友在听故事前，回答对于性别和玩具的原始想法；之后由老师说故事；最后再请小朋友回答问题，从回答问题的前后状况可分析绘本对于小朋友的影响。

3. 对象：此次受访者为 7—11 岁上小学的小朋友，分二年级与四年级进行，共 33 位，如表 1 所示。

表 1　受访者对象

年　龄	男	女
7—9 岁（小二）	11	10
10—11 岁（小四）	7	5

---

① 由当时修课的林慧萍、周美吟、洪晬婷、黄毓慧、潘文琪（以上为"哲四爱"）及曾玉华、杨雅智、黄慧芳（以上为"哲四智"）等八位女同学完成。

4. 方式：为提升小朋友的作答兴趣与意愿，本问卷主要以着色方式进行。第一、二大题采用涂色方式，若小朋友觉得此项适合男生，涂蓝色；适合女生，涂粉红色；若两者皆可，则涂紫色。而第三大题作答方式为：是爸爸做，涂蓝色；妈妈做，涂粉红色；爸爸妈妈一起做，则涂紫色。第四大题采用开放式回答，请小朋友以文字表达想法；为使小朋友能明确地表达自我想法，在开放问题前设选项勾选，以帮助回答并厘清问题。

二、结果分析

1. 7—9岁（男11位，女10位）

（1）物品（见表2）

表2 7—9岁小朋友对性别与物品的看法

男				女				总比例			
适合男	适合女	皆可	无效	适合男	适合女	皆可	无效	适合男	适合女	皆可	无效
布偶 2	9	0	0	布偶 0	5	5	0	布偶 2	14	5	0
机器人 10	1	0	0	机器人 7	0	3	0	机器人 17	1	3	0
扮家家酒 0	10	1	0	扮家家酒 0	7	3	0	扮家家酒 0	17	4	0
打棒球 10	1	0	0	打棒球 8	0	2	0	打棒球 18	1	2	0
厨房 3	3	5	0	厨房 0	0	9	1	厨房 3	3	14	1
弹琴 2	3	6	0	弹琴 0	0	10	0	弹琴 2	3	16	0
牛仔裤 3	2	6	0	牛仔裤 0	0	10	0	牛仔裤 3	2	16	0
积木 4	2	5	0	积木 1	0	9	0	积木 5	2	14	0
围巾 0	7	4	0	围巾 0	1	9	0	围巾 0	8	13	0
小汽车 7	2	2	0	小汽车 5	1	4	0	小汽车 12	3	6	0
电动玩具 9	1	1	0	电动玩具 2	0	8	0	电动玩具 11	1	9	0
芭比娃娃 0	11	0	0	芭比娃娃 0	9	1	0	芭比娃娃 0	20	1	0
项链 0	10	1	0	项链 0	7	1	1	项链 1	17	2	1
领带 11	0	0	0	领带 10	0	0	0	领带 21	0	0	0
化妆品 0	11	0	0	化妆品 1	9	0	0	化妆品 1	20	0	0
画画 1	4	5	1	画画 0	0	10	0	画画 1	4	15	1
哭 2	5	4	0	哭 0	1	9	0	哭 2	6	13	0
钓鱼 7				钓鱼				钓鱼 8	0	13	0
长发 0	10	1	0	长发 0	10	0	0	长发 0	20	1	0
功课好 1	4	6	0	功课好 0	0	10	0	功课好 1	4	16	0

男生——人数在男女取向超过半数（超过 5），加底色标明。

女生——人数在男女取向超过半数（超过 5），加底色标明。

总比例——人数在男女取向超过半数（超过 10），加底色标明。

a. 男生对于物品的性别取向，大致呈现极端值（10 或 11），并且分布较为零散，显示男生对于物品的性别取向较为明显。

b. 女生对于物品的性别取向分布较为集中，其中在"皆可"部分较为明显，显示女生对于物品的看法大多采取男女皆可态度，无太明显的性别取向。

c. 整体而言，男女生对于某物品的看法基本上有相同之处，如芭比娃娃、领带、化妆品和长发均呈现极端值（20 或 21），表示男女对于此类物品有直接的性别取向。

（2）职业（见表 3）

表3　7—9岁小朋友对性别与职业的看法

男				女				总比例			
男生当	女生当	男女皆可	无效		男生当	女生当	男女皆可	无效		男生当	女生当	男女皆可	无效

	男生当	女生当	男女皆可	无效		男生当	女生当	男女皆可	无效		男生当	女生当	男女皆可	无效
老师	3	3	4	1	老师	0	2	0	8	老师	3	5	4	9
工人	8	1	2	0	工人	8	0	2	0	工人	16	1	4	0
厨师	3	1	6	1	厨师	2	0	8	0	厨师	5	1	14	1
园丁	3	3	5	0	园丁	0	3	6	1	园丁	3	6	11	1
大老板	7	1	3	0	大老板	2	0	8	0	大老板	9	1	11	0
公交车司机	8	0	3	0	公交车司机	3	0	7	0	公交车司机	11	0	10	0
秘书	5	2	3	1	秘书	0	2	8	0	秘书	5	4	11	1
科学家	4	2	5	0	科学家	1	0	9	0	科学家	5	2	14	0
律师	5	2	4	0	律师	1	1	8	0	律师	6	3	12	0
音乐家	2	2	6	1	音乐家	0	0	10	0	音乐家	2	2	16	1
运动员	5	2	4	0	运动员	0	0	10	0	运动员	5	2	14	0
画家	3	1	7	0	画家	0	0	10	0	画家	3	1	17	0
消防员	8	0	1	2	消防员	8	1	1	0	消防员	16	1	2	2
警察	4	1	5	1	警察	3	0	7	0	警察	7	1	12	1
模特儿	1	6	3	1	模特儿	1	6	3	0	模特儿	2	12	6	1
农人	5	2	3	0	农人	1	0	9	1	农人	6	2	11	2
军人	7	0	3	1	军人	1	1	7	1	军人	8	1	10	2
护士	1	7	2	1	护士	0	7	2	0	护士	1	14	4	2
医生	8	0	3	0	医生	5	0	4	1	医生	13	0	7	1

男生——人数在男女取向超过半数（超过5），加底色标明。

女生——人数在男女取向超过半数（超过5），加底色标明。

总比例——人数在男女取向超过半数（超过10），加底色标明。

a. 男生对于职业的性别取向分布零散，并且选项较多，显示男生对于职业有较直接的性别取向。

b. 女生对于职业的性别取向分布较为集中，并且在"皆可"部分较为明显，显示女生对于职业的性别取向大多采取男女皆可态度，无太明显的性别取向。

c. 整体而言，除部分职业选项有较集中的性别取向（如工人、消防员、医生、护士）外，男女生对于职业的性别取向大致上呈现"男女皆可"的程度较高。

（3）家庭背景（见表4）

表4　7—9岁小朋友眼中的父母

	男					女					总比例		
	爸爸做	妈妈做	都有	无效		爸爸做	妈妈做	都有	无效		爸爸做	妈妈做	都有	无效
赚钱	4	3	4	0	赚钱	2	0	8	0	赚钱	6	3	12	0
教我功课	0	5	5	1	教我功课	0	2	5	0	教我功课	0	7	10	1
修东西	10	0	1	0	修东西	7	1	2	0	修东西	17	1	3	0
接送	3	1	6	1	接送	0	3	7	0	接送	3	4	13	1
处罚我	4	1	5	1	处罚我	0	2	8	0	处罚我	4	3	13	1
说故事	0	5	3	3	说故事	1	2	6	0	说故事	1	7	9	3
陪我玩	6	2	2	1	陪我玩	1	2	7	0	陪我玩	7	4	9	1
洗碗	2	2	6	1	洗碗	1	2	7	0	洗碗	3	4	13	1
拖地	3	4	4	0	拖地	0	4	6	0	拖地	3	8	10	0
洗衣	2	5	4	0	洗衣	1	5	4	0	洗衣	3	10	8	0
煮饭	1	5	5	0	煮饭	0	5	5	0	煮饭	1	10	10	0

男生——人数在男女取向超过半数（超过5），加底色标明。

女生——人数在男女取向超过半数（超过5），加底色标明。

总比例——人数在男女取向超过半数（超过10），加底色标明。

a. 普遍而言，男生女生对家庭背景的性别取向大致相同，其中"修东西"几乎都是爸爸负责；此外，值得一提的是，在"教我功课"这一项，爸爸皆为0，家中的爸爸较少教小朋友功课，这是个蛮有趣的现象！

b. 整体而论，7—9 岁小朋友的家庭结构多为双薪家庭，同时父母对于家务的分配基本上是相当平均的，两者相互协助，除"教功课""修东西""洗衣""煮饭"外，较无过于集中的现象，和传统家庭不尽相同。

（4）绘本影响力

就绘本影响力而言，主要想从对问题的回答中得知小朋友的想法是否会随着故事而有所改变。结果见表 5、图 1、图 2、图 3：

表 5　看完绘本想法的改变 1

	男	女	总计
不奇怪—不奇怪	3	8	11
很奇怪—很奇怪	5	1	6
很奇怪—不奇怪	2	0	2
不奇怪—很奇怪	1	1	2

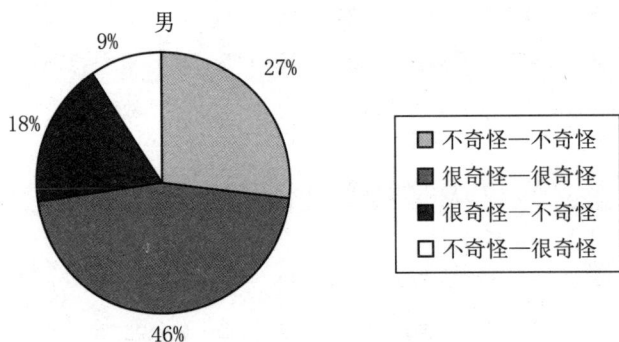

图 1　绘本对男生的影响 1

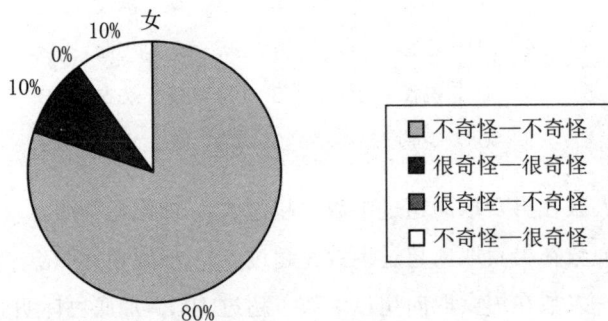

图 2　绘本对女生的影响 1

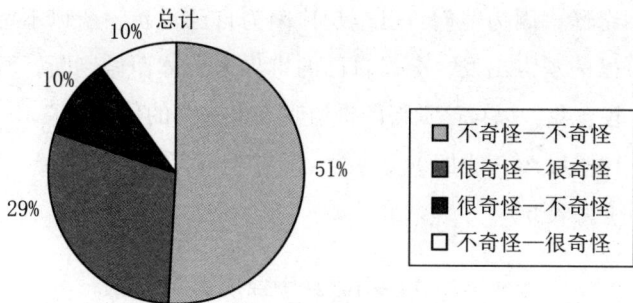

图 3 绘本对男生和女生的影响 1

a. 就男生而言，46% 的男生维持原本想法，原先觉得很奇怪，后来一样觉得很奇怪；原先觉得不奇怪，后来也觉得不奇怪居次，占 27%；想法前后有改变的人数占少部分，约 18%；想法前后有矛盾之处占 9%。

b. 就女生而言，80% 的女生本来就觉得不奇怪，看完故事后也觉得不奇怪；10% 原先觉得很奇怪，后来依然觉得很奇怪；想法前后改变的占 0%；想法前后矛盾的占 10%。

c. 其中，结果令我们较为疑惑的在于本来觉得不奇怪的，但在看完故事后觉得奇怪，其想法前后有所出入，有矛盾现象，也许是另有想法，这是我们需要继续努力研究探讨的。

d. 整体而论，绝大部分小朋友的想法前后一致（不奇怪—不奇怪、奇怪—奇怪），占 80%；仅 10% 的小朋友的想法有了改变。

e. 7—9 岁的小朋友对于男生玩洋娃娃和女生玩机器人有着许多不同的想法，大致可归类如下：

① "玩具只要好玩就好，没有规定！"——这类小朋友对于玩具的认知很明确，玩具就是要给人玩的，每个人都可以玩，没有分别。

② "男生玩洋娃娃很没面子！" "男生就是要玩机器人！"——会这样表示的多为男生，他们视许多事为理所当然，认为很多事情一定就是这样，是理所当然、不容置疑的；同时从话语中显示，说话者很重视外在的眼光，很在意外界是如何看待自我的，由于语气中带点霸气与权威感，不免让人觉得有点 "小"男子主义！

③ "洋娃娃有男的也有女的！"——这类小朋友虽然觉得每个人都可以玩洋娃娃，但对于玩具还是有着性别取向的，因为他们已将洋娃娃分成男生和女生，所注目的主体并非在洋娃娃，而是 "男" 或 "女" 的洋娃娃。

④ "不奇怪！因为我也会玩！"——这类小朋友回答得很有趣，他们觉得男

生玩洋娃娃不奇怪，因为他们自己也玩！因为自己也玩，所以不奇怪！基本上小朋友会从自己的观点出发，会以自己的世界为主体而做判断，所以在性别的取向上，会比较自我，以自己觉得的价值观为最崇高的价值意义。

2. 年龄：10—11岁（小四）

（1）物品（见表6）

表6 10—11岁小朋友对性别与物品的看法

男（7人）					女（5人）					总比例（12人）				
物品类别	适合男	适合女	皆可	未作答	物品类别	适合男	适合女	皆可	未作答	物品类别	适合男	适合女	皆可	未作答
布偶	0	2	5	0	布偶	0	0	5	0	布偶	0	2	10	0
机器人	2	0	5	0	机器人	1	0	4	0	机器人	3	0	9	0
扮家家酒	0	4	3	0	扮家家酒	0	1	4	0	扮家家酒	0	5	7	0
打棒球	4	0	3	0	打棒球	1	0	4	0	打棒球	5	0	7	0
厨房	0	0	7	0	厨房	0	0	5	0	厨房	0	0	12	0
弹钢琴	0	0	7	0	弹钢琴	0	0	5	0	弹钢琴	0	0	12	0
牛仔裤	2	0	5	0	牛仔裤	0	0	5	0	牛仔裤	2	0	10	0
积木	2	1	4	0	积木	0	0	5	0	积木	2	1	9	0
围巾	0	2	5	0	围巾	0	1	4	0	围巾	0	3	9	0
小汽车	3	0	4	0	小汽车	0	0	5	0	小汽车	3	0	9	0
电动玩具	0	0	7	0	电动玩具	0	0	5	0	电动玩具	0	0	12	0
芭比娃娃	0	5	2	0	芭比娃娃	0	1	4	0	芭比娃娃	0	6	6	0
项链	0	5	2	0	项链	0	1	4	0	项链	0	6	6	0
领带	2	0	5	0	领带	2	0	3	0	领带	4	0	8	0
化妆品	0	4	3	0	化妆品	0	1	4	0	化妆品	0	5	7	0
画画	0	0	7	0	画画	0	0	5	0	画画	0	0	12	0
哭	0	1	4	2	哭	0	1	4	0	哭	0	2	8	2
钓鱼	2	0	5	0	钓鱼	1	0	4	0	钓鱼	3	0	9	0
长头发	0	4	3	0	长头发	0	1	4	0	长头发	0	5	7	0
功课好	1	0	6	0	功课好	0	0	5	0	功课好	1	0	11	0

"加底色部分"代表该选项超过相对应性别总人数之半数以上，例如左栏男生的选项里，"扮家家酒"一项占男生总人数7名当中的4名，表示采样的结果里有过半的小四男生认为"扮家家酒"是适合"女生"玩的。其他以此类比。

而从此表当中可窥见，小四女生对于以上物品的性别定位倾向较同年纪男生不太明显，5名女生几乎一致认为这些物品男女生"皆可"玩或使用，即女生也可以玩"电动玩具""小汽车"，男生也可以抱"芭比娃娃"、玩"扮家家酒"等；相较于男生对某些类别仍抱持相当程度上的"坚持原则"（如"扮家家酒""芭比娃娃""项链""长头发""化妆品"等适合女生，"打棒球"则适合男生），女生可谓较开明与包容许多。

（2）职业（见表7）

表7 10—11岁小朋友对性别与职业的看法

男（7人）				女（5人）				总比例（12人）			
职业类别	适合男	适合女	皆可	未作答	职业类别	适合男	适合女	皆可	未作答	职业类别	适合男	适合女	皆可	未作答
医生	2	0	5	0	医生	0	0	5	0	医生	2	0	10	0
老师	0	0	7	0	老师	0	0	5	0	老师	0	0	12	0
工人	4	0	3	0	工人	1	0	4	0	工人	5	0	7	0
厨师	1	0	6	0	厨师	0	0	5	0	厨师	1	0	11	0
园丁	2	0	5	0	园丁	1	0	4	0	园丁	3	0	9	0
大老板	1	0	6	0	大老板	0	0	5	0	大老板	1	0	11	0
公交车司机	0	0	7	0	公交车司机	2	0	3	0	公交车司机	2	0	10	0
秘书	1	0	6	0	秘书	0	0	5	0	秘书	1	0	11	0
科学家	1	0	6	0	科学家	1	0	4	0	科学家	2	0	10	0
律师	1	0	6	0	律师	0	0	5	0	律师	1	0	11	0
音乐家	0	0	7	0	音乐家	0	0	5	0	音乐家	0	0	12	0
运动员	1	0	6	0	运动员	0	0	5	0	运动员	1	0	11	0
画家	1	0	6	0	画家	0	0	5	0	画家	1	0	11	0
消防员	2	0	5	0	消防员	1	0	4	0	消防员	3	0	9	0

（续表）

男（7人）				女（5人）				总比例（12人）			
警察	1	0	6	0	警察	0	0	5	0	警察	1	0	11	0

男（7人）				女（5人）				总比例（12人）			
警察 1 0 6 0	警察 0 0 5 0	警察 1 0 11 0

男（7人）				女（5人）				总比例（12人）			
警察 1	0	6	0	警察 0	0	5	0	警察 1	0	11	0
模特儿 0	2	5	0	模特儿 0	1	4	0	模特儿 0	3	9	0
农人 1	0	6	0	农人 1	0	4	0	农人 2	0	10	0
军人 3	0	4	0	军人 2	0	3	0	军人 5	0	7	0
护士 0	2	5	0	护士 0	0	5	0	护士 0	2	10	0

就职业类别而言，小四男生与女生的看法均普遍倾向"男生女生皆可"，想法较为一致。唯有少数如"工人"选项，男生有一半以上认为适合男生当，在整体表现中亦逼近半数；"军人"也是在整体小四学生眼光中占近乎半数的另一职业选项，因此特别提出说明。

（3）家庭背景（见表8）

表8　10—11岁小朋友眼中的父母

男（7人）					女（5人）					总比例（12人）				
家务类别	爸爸做	妈妈做	都有	其他	家务类别	爸爸做	妈妈做	都有	其他	家务类别	爸爸做	妈妈做	都有	其他
赚钱	1	0	6	0	赚钱	0	0	5	0	赚钱	1	0	11	0
煮饭	0	3	4	0	煮饭	0	0	5	0	煮饭	0	3	9	0
教我功课	1	2	4	0	教我功课	0	0	5	0	教我功课	1	2	9	0
修东西	3	1	3	0	修东西	2	0	3	0	修东西	5	1	6	0
接送我上下学	1	1	5	0	接送我上下学	0	0	5	0	接送我上下学	1	1	10	0
处罚我	0	0	7	0	处罚我	0	0	5	0	处罚我	0	0	12	0
说故事	1	2	4	0	说故事	0	0	5	0	说故事	1	2	9	0
和我玩	2	1	3	0	和我玩	0	0	5	0	和我玩	2	1	8	0
洗碗	0	3	4	0	洗碗	0	0	5	0	洗碗	0	3	9	0
拖地	1	3	3	0	拖地	0	0	5	0	拖地	1	3	8	0
洗衣服	0	3	4	0	洗衣服	0	0	5	0	洗衣服	0	3	9	0

而就这些小朋友观察其父母在家分担的家务方面，严格说来虽均未过半，但仔细观察仍可发现男女生有所差别，例如男生当中"煮饭""洗碗""拖地""洗衣服"

等选项是妈妈做的比例较女生为高；"修东西"则男女生大多认为是爸爸做的。

（4）绘本影响力（见表9、图4、图5、图6）

a. 小四男生对于第一题"你觉得男生玩洋娃娃会不会很奇怪"，有4位小朋友回答"不奇怪"，其中普遍倾向"男女都可以玩（指洋娃娃）""因为个人风格、个性"或是"看个人喜好"，也有另类答案如"有些人是变性"（但这位小朋友应属投"奇怪"之一票才合乎逻辑，因变性事实上代表已改变为女性）；而有3位小朋友认为"很奇怪"，因为"洋娃娃是女生玩的""一般的男生不大会玩洋娃娃"或"（玩洋娃娃）不符合男生的风格"，显示仍有近半的男生思想较为传统，认为男孩子就应该"有男孩子的样子"。

b. 对第二题"你觉得女生玩机器人会不会很奇怪"，男生里回答"不奇怪"的比例攀升至5位；回答"很奇怪"的仅有2位，这两位的答案分别为"机器人是男生玩的"以及"这样（女生玩机器人）感觉很暴力"，同时这两位小朋友也是属于第一题中认为男生玩洋娃娃"很奇怪"之一员。而在回答"不奇怪"的原因里，普遍与之前认为男生玩洋娃娃不奇怪的理由一致，除了一位认为"她（那位女生）有问题"。只有一位小朋友在面对主角是女生时改变了答案，从选择男生的"很奇怪"到不认为女生这么做奇怪，也就是"不奇怪"，可以看出男生在看待自己和异性的要求上仍有所不同，对自己较保守，而较能认同女生的改变。

表9　看完绘本想法的改变2

	男	女	总计
不奇怪—不奇怪	3	4	7
很奇怪—很奇怪	1	0	1
很奇怪—不奇怪	2	0	2
不奇怪—很奇怪	1	0	1

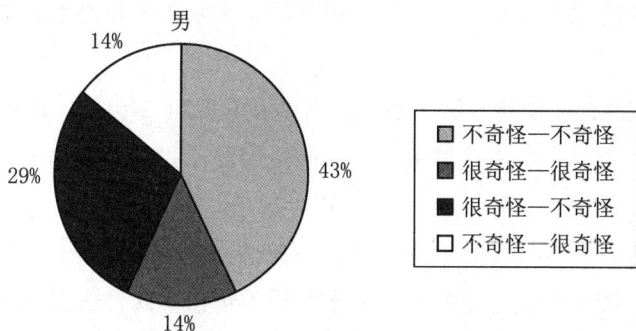

图4　绘本对男生的影响2

女

—0%
—0%
—0%

☐ 不奇怪—不奇怪
■ 很奇怪—很奇怪
■ 很奇怪—不奇怪
☐ 不奇怪—很奇怪

100%

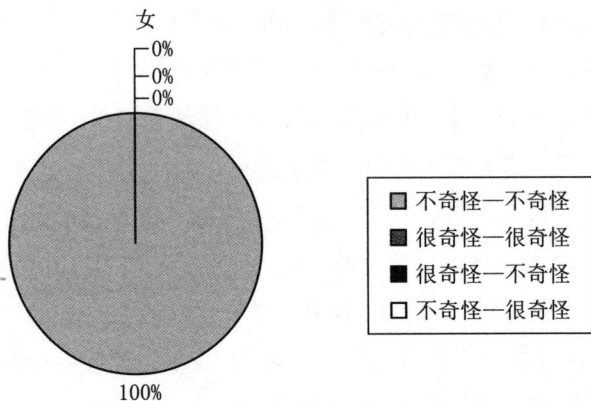

图 5　绘本对女生的影响 2

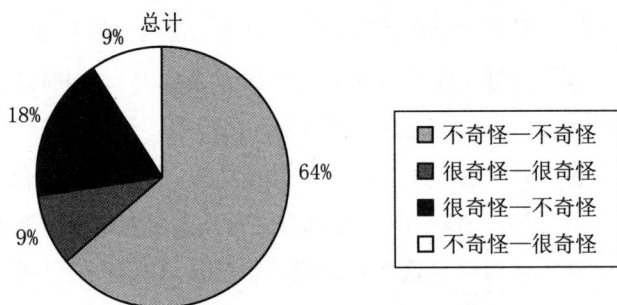

总计

9%

18%

9%

64%

☐ 不奇怪—不奇怪
■ 很奇怪—很奇怪
■ 很奇怪—不奇怪
☐ 不奇怪—很奇怪

图 6　绘本对男生和女生的影响 2

（1）就男生而言，43%的男生维持原本想法，即原先觉得不奇怪，后来一样觉得不奇怪；原先觉得很奇怪，后来觉得不奇怪，想法前后有改变的人数占29%；原先觉得很奇怪，后来还是觉得很奇怪的占14%；原先觉得不奇怪，后来觉得很奇怪的也占14%。数据显示，大多数男生原先就认为不奇怪，故之后也觉得不奇怪；而想法改变的人也表示有受绘本影响。

（2）除一个小朋友没作答外，全部女生的想法都没改变，即原先觉得不奇怪，后来也维持原先的想法。由于小朋友的想法基本上和绘本立场相同，故不会左右其想法。

（3）我们在此小学四年级小朋友数据中有发现和二年级小朋友相同的状况，即原先觉得不奇怪，后来觉得很奇怪。此一问题让我们思考许久，也是一个蛮值得探讨的问题。

（4）整体而言，64%的小朋友维持原想法并占多数；18%的小朋友想法前后改变居次，即原先觉得很奇怪，后来觉得不奇怪，此代表着其想法可能有受绘本影响，才让其想法前后改变。综合来说，小学四年级小朋友对以上三个问题一致认为"不奇怪"，觉得机器人和洋娃娃是"男生女生都可以玩"的，有的甚至现身说法，提出"我弟弟有时候会玩我的娃娃"和"我自己也有玩弟弟的玩具"等，也有认为"个人有个人的兴趣，而且又不会影响到什么""玩具就是玩具，要玩什么都可以，不一定要有分别"的颇为成熟的看法，因此她们看完故事后的感受当然也不认为威廉很奇怪，而说他"跟我们大家都是一样的"。值得一提的是，有位小女生在听完这本故事后说出了"不管是洋娃娃、机器人还是小汽车等玩具，男生、女生都能玩，因为我们要做到男女平等"，其中提到了"男女平等"的字眼，我们认为可能跟其所受之教育有关。

三、小二和小四的比较

（1）物品（见表 10、表 11、图 7、图 8）

表 10　7—9 岁小朋友对性别与物品的看法

总比例 (21 人)			
物品类别	适合男	适合女	皆可	未作答
布偶	2	14	5	0
机器人	17	1	3	0
扮家家酒	0	17	4	0
打棒球	18	1	2	0
厨房	3	3	14	1
弹钢琴	2	3	16	0
牛仔裤	3	2	16	0
积木	5	2	14	0
围巾	0	8	13	0
小汽车	12	3	6	0
电动玩具	11	1	9	0
芭比娃娃	0	20	1	0
项链	1	17	2	1
领带	21	0	0	0
化妆品	1	20	0	0
画画	1	4	15	1
哭	2	6	13	0
钓鱼	8	0	13	0
长头发	0	20	1	0
功课好	1	4	16	0

表 11　10—11 岁小朋友对性别与物品的看法

总比例(12 人)			
物品类别	适合男	适合女	皆可	未作答
布偶	0	2	10	0
机器人	3	0	9	0
扮家家酒	0	5	7	0
打棒球	5	0	7	0
厨房	0	0	12	0
弹钢琴	0	0	12	0
牛仔裤	2	0	10	0
积木	2	1	9	0
围巾	0	3	9	0
小汽车	3	0	9	0
电动玩具	0	0	12	0
芭比娃娃	0	6	6	0
项链	0	6	6	0
领带	4	0	8	0
化妆品	0	5	7	0
画画	0	9	12	0
哭	0	2	8	2
钓鱼	3	0	9	0
长头发	0	5	7	0
功课好	1	0	11	0

由表 10、表 11 可以发现，小二学生对于物品的性别直观印象远远深于小四学生，重复者仅有"芭比娃娃"与"项链"两项；且普遍而论，小二的数据悬殊度亦大于小四学生许多：小二的图（图 7）曲线尖锐而对立，小四的图（图 8）则较平滑而分明。

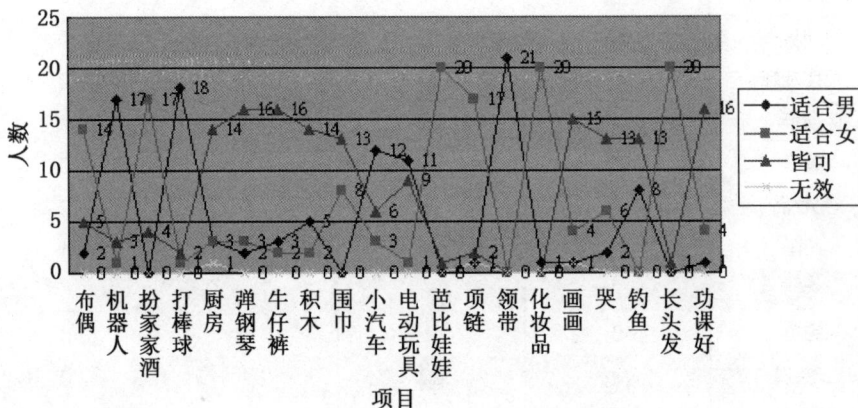

图 7　7—9 岁小朋友对性别与物品的看法

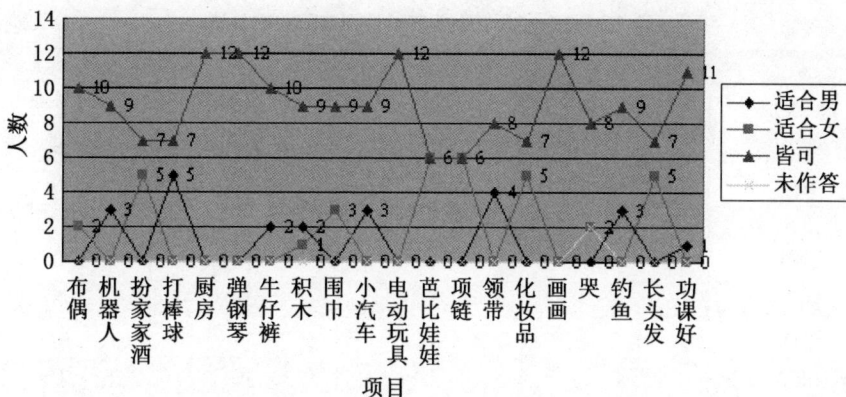

图 8　10—11 岁小朋友对性别与物品的看法

（2）职业（见表 12、表 13、图 9、图 10）

表 12　7—9 岁小朋友对性别与职业的看法

总比例（21 人）			
职业类别	男生当	女生当	男女皆可	未作答
医生	13	0	7	0
老师	3	5	4	9
工人	16	1	4	0
厨师	5	1	14	1
园丁	3	6	11	1
大老板	9	1	11	0
公交车司机	11	0	10	0
秘书	5	4	11	1
科学家	5	2	14	0
律师	6	3	12	0
音乐家	2	2	16	1
运动员	5	2	14	0
画家	3	1	17	0
消防员	16	1	2	2
警察	7	1	12	1
模特儿	2	12	6	1
农人	6	2	11	2
军人	8	1	10	2
护士	1	14	4	2

表13　10—11岁小朋友对性别与职业的看法

总比例 (12人)			
职业类别	适合男	适合女	皆可	未作答
医生	2	0	10	0
老师	0	0	12	0
工人	5	0	7	0
厨师	1	0	11	0
园丁	3	0	9	0
大老板	1	0	11	0
公交车司机	2	0	10	0
秘书	1	0	11	0
科学家	2	0	10	0
律师	1	0	11	0
音乐家	0	0	12	0
运动员	1	0	11	0
画家	1	0	11	0
消防员	3	0	9	0
警察	1	0	11	0
模特儿	0	3	9	0
农人	2	0	10	0
军人	5	0	7	0
护士	0	2	10	0

　　从表12、表13可知，小二学生对于职业选项也较小四分明，尤其在"医生""工人""公交车司机""消防员""模特儿""护士"等职业方面，过半数认为医生一定是男生或适合男生，护士一定是女生或适合女生，其他亦是如此，刻板印象非常显著。图9、图10更能清楚呈现其对比情形。

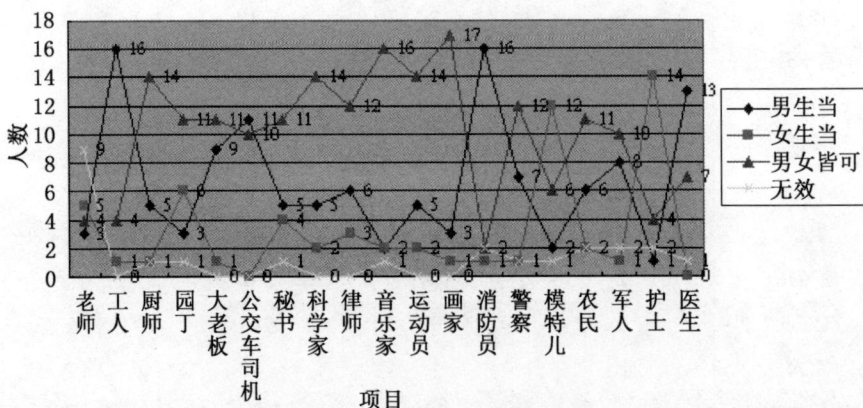

图9　7—9岁小朋友对性别与职业的看法

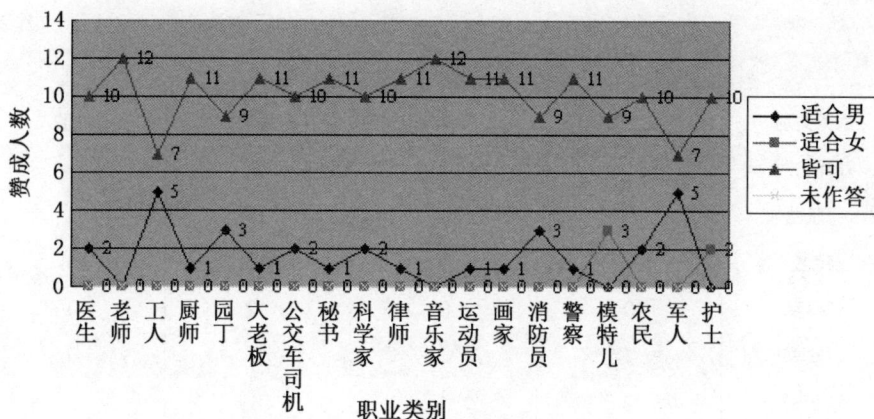

图10　10—11岁小朋友对性别与职业的看法

（3）家庭背景（见表14、表15）

表14　7—9岁小朋友眼中的父母

总比例（21人）			
家务类别	爸爸做	妈妈做	都有	其他
赚钱	6	3	12	0
煮饭	1	10	10	0
教我功课	0	7	10	1
修东西	17	1	3	0
接送我上下学	3	4	13	1
处罚我	4	3	13	1
说故事	1	7	9	3
陪我玩	7	4	9	1
洗碗	3	4	13	1
拖地	3	8	10	0
洗衣服	3	10	8	0

表15　10—11岁小朋友眼中的父母

总比例（12人）			
家务类别	爸爸做	妈妈做	都有	其他
赚钱	1	0	11	0
煮饭	0	3	9	0

（续表）

总比例（12人）				
家务类别	爸爸做	妈妈做	都有	其他
教我功课	1	2	9	0
修东西	5	1	6	0
接送我上下学	1	1	10	0
处罚我	0	0	12	0
说故事	1	2	9	0
陪我玩	2	1	8	0
洗碗	0	3	9	0
拖地	1	3	8	0
洗衣服	0	3	9	0

而从这些小二和小四的家庭背景来看，除了"修东西"一项具有很明显的指标性外（小二里有极高的比例指向爸爸，而此项也是小四里"爸爸做"指数最高的一个），其余都由父母双方分摊者为多，可见现在的家庭家务分工得较为普遍，可能跟现代父母都出去工作有关。

（4）绘本影响力（见表16）

表16　看完绘本想法的改变3

	7—9岁	10—11岁	总计
不奇怪——不奇怪	11	7	18
很奇怪——很奇怪	6	1	7
很奇怪——不奇怪	2	2	4
不奇怪——很奇怪	2	1	3

从问卷的整体来看（即小学二年级和小学四年级总和），我们可以发现，其实大多数的小朋友原先对性别无太多刻板印象，觉得男生玩洋娃娃不奇怪，故看绘本时在想法和认知上无太多冲突；29%的小朋友则是维持原想法，不太能接受这样的改变，还是觉得很奇怪，此绘本的观念可能无法让小朋友吸收；有10%的小朋友是原先不觉得奇怪。

四、综合分析

1. 总体结果超出预期

这份问卷是由慧芳与文琪设计，交请昕婷、慧芳、雅智以及玉华安亲班或亲戚家的小朋友们合力协助完成的。而在当初思考的过程中，虽然无法预期小朋友们会答出怎样的结果来，但其实在每一个问题的设计上，仍然普遍预设这群7—11岁的小朋友们会有较为鲜明以及刻板的性别观念，比如看到"厨房"的图片会直觉联想到"妈妈"，所以涂"粉红色"等。但在回收问卷统计的过程当中我们发现，小朋友们对此选项的反应竟普遍选择了"男女皆可"，尤其是小四更是清一色涂上"紫色"，令我们大为吃惊！另外像"功课好"当初也被预设为是"女生的专利"，但后来发现结果也并非我们所想。其实类似的例子还有很多，尽管二年级的性别刻板印象较四年级来得突出，但就"弹钢琴""戴围巾""画画""爱哭"等选项也并不如预期的倾向适合"女生"；职业的选项就更不用说了，仅少数几个二年级小朋友有较鲜明的意识之外，"秘书""运动员"等亦不如我们所设想会看到"适合女生"以及"适合男生"的结果。因此总体来说，这份针对7—11岁小朋友对于性别刻板印象问卷的调查结果并不如预期明显，也即是代表刻板印象在当代已很薄弱了。

2. 与年龄层有关

通过此次问卷发现，小学二年级的小朋友和小学四年级的小朋友在回答方式上有相当大的差别，后者不管在表达上还是想法上跟前者都有明显的差异。就像小学四年级的小朋友会使用完整句子表达自己想说的话，让人清楚明了；而小学二年级的小朋友仅用形容词或两三个字表达，所以在语意上常使人误解。虽然这种差异是可想而知的，然而，还是让我们在分析上有着蛮多的趣味。此外，在想法部分，比较明显的是小学四年级小朋友说的话让我们非常惊奇，比如一位小朋友说："因为男女要平等！"才10岁的小朋友竟然会说出这么成熟的话。虽然平等的议题在现今社会一直是话题，但能让孩子认知则又是另一回事，认知结构成熟度的发展是一明显事实，有些孩子进展得较快，故在想法上比较早熟。然而，根据我们的推想，也有一部分可能是因为教育的关系，现今小学四年级的社会课本已涉及许多当前社会的议题，也许是因为这类接触让他们提早有了这样的概念。又者，小朋友常会对一些词语朗朗上口，但实际上认知方面则是片面的，也未成熟化。但不管如何，至少这也代表了现今小朋友对于男女之间的差异或是平等议题有了一些概念性的了解。

3. 男生女生大不同

从这份问卷我们也可以清楚观察到除了年龄层有别之外，男女生也大不相同。在各类问题当中（指"物品"和"职业"两项），我们都可以轻而易举地发现针对某一类别，男生表态适合男与女的比例明显比同年龄的女生高出许多；

即使针对某一单品，例如"芭比娃娃"，小四的女生5位当中就有4位认为男生女生都可以玩，而小四的男生里7位却有5位认为只有女生才可以玩，于是发现"女生所认知的男生"与"男生自己认为的男生"其实很不相同。由以上可以初步得出结论，女生的特质、成熟度、包容性、接受差异度等较男生都相对为高（以同年纪比较）。女生的上述特质，在成长发育的过程中，很容易在思想上比同年龄男生提早进入到下个阶段，使其适应环境能力较强，也揭示出其和男生大大不同的特色。

4. 家庭结构的影响

在受访的33位小朋友当中，就有23位生活在双薪家庭，而也许正是因为这个缘故，其父母才会较有机会在家务上分工，也才直接影响了小朋友们在这份问卷中体现出的价值观（意为导致刻板印象的结果不明显，"紫色"区块明显偏多）。而在大部分小朋友普遍涂紫色的同时，我们也观察到在问卷上"红、蓝色"较分明的，几乎都跟其家务分工当中妈妈普遍仍做些"煮饭""洗衣""拖地""洗碗"等传统认为是妈妈应该包办的家务相吻合，因此可以大胆推测家庭作为孩子第一个接触的场所，其父母身教对孩子着实有相当深远和直接的影响。

5. 绘本的影响力

之所以做这个问卷调查，除了调查现今小朋友对于性别刻板印象的状况外，还有一个重要的目标：调查绘本对儿童是否具有影响力？我们可以从以上数据端详一二。其中，原来觉得不奇怪，后来觉得很奇怪，这样的想法一直为我们所讨论，思考小朋友的逻辑与推想其可能的用意，因为其想法在我们看来是矛盾的，但是，我们依然相信其具有指标性意义，因为仍有少部分小朋友有这样的想法，此现象就不只是个例，可成为一普遍现象加以探讨。然而，对我们来说，目前仍然需要一段时间来寻求答案。10%的小朋友在想法上会有改变，即本来觉得奇怪，后来觉得不奇怪，我们推想，其实小朋友有可能是受到绘本观念的影响，才让他们在想法认知上有了明显的改变，而且是快速的转变，然而，其实这其中也可能有着许多的问题存在，如小朋友根本是乱写等。但排除这样的可能，基本上所有问卷都是有效问卷，且都具指标性探究的意义。因此，我们可以得出这样一个结论：虽然绘本对于孩童想法的影响力从数据上不明显，但综观而言，教育乃是一潜移默化的过程，也许无法马上奏效，但仍有改变孩童想法的可能，即使这种改变并不快速或具体，然而对于儿童思维有影响是毋庸置疑的，故我们认为绘本对于孩童而言还是具有一定影响力的。

五、实行的困难

此次问卷由于时间略显仓促，在设计上可能不够周延，因此在实行时也产生了许多突发问题，经检讨后，大致如下，可作为以后设计时的改进方向：

1. 问卷采样数不足，说服力不够

此次问卷调查的总人数为 33 人，其中小二 21 人，小四 12 人，且在男女比例上也不是非常平均，故在数据分析上或是结论上略显说服力不足，很难从少部分的现象中发现普遍的事实。故建议下次在设计问卷时，若时间充裕，要有足够的采样数。

2. 关于内容设计

此次问卷由于在实行上遇上些困难，故在内容设计上可从以下几点探讨，以使整体内容更周延与富包容性：

（1）关于物品的图示不明显，让人容易会错意

如"哭"这一项，有一些小友可能把它解读为惊吓、害怕等，和原意相距甚远，虽有提醒小朋友可向老师发问，但若能更清楚明显，将会有助于问卷之原始与真实性。

（2）职业类别不清楚

在进行小二小朋友的调查时，小朋友普遍对于如"工人""园丁"等职业不了解，经老师说明后，才大致能回答。然而，在事后讨论发现，若经由老师解说与诠释，有时也会左右小朋友的想法，虽然老师并非完全主观的，但多少会对小朋友的想法产生一定的影响。

（3）家庭背景部分

此次在家庭背景部分预设的都是较典型家庭（即爸爸妈妈同住），而忽略了现今社会普遍存在的其他家庭结构（如单亲家庭），此部分对于小朋友的想法具有一定程度的影响，故在设计时，可以再多询问如家中成员、爸爸妈妈同住与否等问题，这样分析时才会更贴近事实。

（4）关于开放性问题

此次设计一些开放性问题是想了解小朋友的想法，让他们用自己的语言来陈述他们的世界，以使调查更真切；然而，在调查进行中发现，小朋友普遍排斥对开放性问题的作答，有些小朋友甚至写到快哭出来了，也许是对文字的驾驭能力不足使他们产生了抗拒感，若没能适时发现，将会减损问卷的真实性，此为下次问卷设计时所要留意的。

（5）问卷内容量

此次问卷内容所花费时间约为 20 分钟，但由于小朋友比较难集中注意力，两页的问卷对他们来说似乎有点多，会造成负担与压力，且到最后容易导致乱写，故下次可采两段式、分两次施测，次数多但量少，也许会有较好的效果。

3. 关于采样数据

此次由于我们所做的样本数不多，因而在采样上基本全都采取现成数据，然而，在分析的过程中我们会发现，小朋友似乎有乱写乱涂的迹象；但是，我们很难去判断小朋友到底有没有想法，即使是乱涂，应该也有想法在。由于受访对象是小朋友，我们很在意每一种想法的真实性，因为似乎都可以透露出什么信息，故此次所有数据皆采用。但是，实际上这样的数据若过多，有时也会造成一种困扰，甚至阻碍问卷调查的进行，故在采用时还是可多加考虑，最好能制定出一个判准。

第八章 儿童哲学的应用（三）：思考教育

——以《谁大》一文为例

虽然笔者的儿童哲学课程以结合伦理教育与多元文化教育的推广为主轴，但是别忘了哲学的"爱智"特性，是奠基于基础逻辑之上的真理追寻，伦理教育与多元文化教育亦必须建构于正确的思考之上，故亦鼓励同学发展儿童哲学的思考教育面向。本章即以课堂上的团体讨论教材之一《谁大》一文作为范例，鼓励同学发展出一适于儿童哲学之讨论计划，并付诸实践。

大纲

（一）教材名称：《谁大》①。

（二）学生年龄：新北市新庄区裕民小学四年级学生。

（三）讨论时间：2 小时。

（四）讨论场地：辅仁大学文华楼三楼地板教室 ②（LI 302）。

（五）讨论人数：13 人。

（六）主题（关键字）：大。

（七）设计概念：借由阅读文章、讨论问题的方式，启发、刺激学生思考的能力。且在讨论的过程中，让学生学习表达、聆听、分享……使学生发现一些新的想法，提出新的问题，并帮助他们厘清概念。最终目的是透过互动的过程，帮助学生形成哲学思考的基础及"正确"的价值观。

（八）讨论目标：由具体概念引导至抽象概念。

---

① 邱惠瑛：《猫人》，台北财团法人毛毛虫儿童哲学基金会，2001，第44—47页。

② 在现有场地的限制下，讨论教室的布置可以采取"围圈圈坐地板"的方式，让每个讨论者都能看见彼此的动作、表情，且在最轻松、自然的状态下进行最舒服、开心的讨论。参见本书第四章第三节。

1. 描述、分别"大、小"。

2. 了解"大"的概念。

3. 比较实际年龄（chronological age，简称 CA）与心智年龄（mental age，简称 MA）的不同。

4. 了解整体与部分的关系。

（九）流程：

1. 阅读《谁大》一文。

阅读方式：以戏剧呈现；小纸偶戏配搭 PPT 字幕。

2. 故事引导。

请学生分享阅读《谁大》的心得。在分享的过程中，主持人 [1] 针对学生所分享的内容或是他们感兴趣的主题，以"渐进"的方式，慢慢引导至预设讨论的问题中。

3. 问题讨论。

含预设问题的讨论、经验分享及其他延伸问题的讨论。

4. 总结。

主持人可归纳一小结论；学生填写学习单。

第一节 《谁大》一文的内容

阿潘和阿比，坐在院子的大树下，吃饼干。

"阿潘，我们两个谁大？"

"当然我大。"

"咕……为什么？"

"我七岁你五岁，当然我大。"

"我知道七岁比五岁大，可是——你真的比我大吗？"

"你在说什么？"

"我是说，你真的是七岁吗？"

"我当然是真的七岁，别忘了我已经小学一年级了。"

---

[1] 指本次讨论活动中带领问题讨论者。（在不同的讨论活动中，可以有不同的带领问题讨论者，可以是老师、家长或其他人，但希望是受过哲学训练者。）

"不是啦！我是说你全部都七岁了吗？"

"什么全部都七岁，七岁就七岁，还有什么全部都七岁。"

"哎呀！我的意思是说，你全身都七岁了吗？"

"我当然全身都七岁了。"

"可是，你昨天才剪指甲呀！"

"那又怎么样？"

"我敢打赌，你新长出来的指甲，一定还没七岁，嗯！恐怕比阿得还小呢！"

阿潘偏着头，想了一会儿。

"可是，我七岁了呀！"

"你不是全身都七岁。"

"你是说，我有些是七岁，有些不是七岁？"

"嗯！"

"那——我就不一定比你大啰！"

"是啊！像——牙齿，你的牙齿，有些是掉了还没长的，有些是掉了新长出来的。我的牙齿呢，都是已经长出来好久的。"

"你的意思是说，有的牙齿我的大，有的牙齿你的大？"

"嗯！"

"还有头发，是不是有时候我比较大，有时候你比较大？"

"是啊，阿潘你真聪明。"

"唔……可是你、我，还有阿得，到底谁是真正的哥哥？"

"不一定啦！有时是你，有时是我，有时是阿得。"

"嘎！阿得？"

"是啊！阿得的头发出生到现在都还没剪过哩！"

"噢！算了，你还是叫我阿潘，我叫你阿比好了。"

"好吧！反正七岁不一定全部都比五岁大。"

妈妈抱着一篮洗过的衣服，走出来。

"阿潘、阿比，去把弟弟抱出来晒太阳。"

"哪个弟弟？"阿比问。

"你们只有一个弟弟。"

阿潘看了阿比一眼。

"妈……你常说'说话要说清楚'，到底是哪个弟弟？"

"你们是怎么搞的，我说你们的弟弟，当然是阿潘的弟弟，也是你——阿比的弟弟，听清楚，他叫阿得。"妈妈有些大声地说。

"喔！你早说是阿得不就好了。"

第二节　问题讨论

此部分的进行，在于帮助学生思考、厘清概念（包括意义含糊的语词、不清楚的概念和可争辩的观点等），在文章阅读过后，学生提出自己感兴趣的主题或是情节中任何想要讨论的问题，主持人将问题写下，并向学生确认问题是否有误，然后才进行讨论。

讨论通常由"澄清问题"开始，借着对问题的澄清，可以帮助每个人由各个不同的角度切入，进行更多的思考、讨论。①

一、问题讨论的建议步骤

1. 先请学生针对问题表达自己的想法，分享经验。

2. 主持人邀请其他学生回应先前一个学生的看法。（如果是你……）

3. 在"定义"问题上，主持人应在学生讨论到一个段落时，做适度的解答。

二、问题设计

■ "大、小"——关键句："阿潘，我们两个谁大？"

1. 什么东西有"大小"？

讨论方式：

（1）请学生列举什么东西"有"大小，并描述例子中"大、小"的事物。②

a. 动物→恐龙跟狮子哪个大？

b. 数字→7和6哪个大？

c. 年龄→爷爷跟爸爸哪个大？

---

① 潘小慧：《"儿童哲学与伦理教育"之理论与实践》，台湾辅仁大学第一届哲学系建系理论与学术实践研讨会，2003，第82—83页。

② 可准备实际的物品帮助学生做比较。例如：不一样大小的三角板、动物的图片……

d. 交通工具→卡车跟汽车哪个大？

……

（2）进行【动一动】一①。

（3）"大小"之定义，可参考【想一想】一②。

【动一动】一

a. 请学生画出自己认为"最大""最小"的东西。

b. 请学生分享自己的图画。

c. 主持人可以问问学生：还有没有比这些"更大""更小"的东西？

* 准备用具：图画纸、彩色笔。

■ 七岁真的比五岁大吗？

2. 实际年龄与心智年龄的关系。③

● 实际年龄的讨论

讨论方式：

（1）请学生针对自己身体上的各个部分，找出哪些是"新的"，哪些是"旧的"。如文章中所提及的：刚剪完、新长出来的指甲比较新，没有七岁。

（2）数一数自己身上的东西，整理出"新的"有几样，"旧的"有几样。

（3）小归纳：看看身上"旧的"东西较多的学生，是不是团体中年纪最大的一个？

3. 什么时候"自己做"？什么时候"还太小"？

● 心智年龄的讨论

讨论方式：

（1）请学生分享平常和家人、同学相处的情形。

（2）想想自己身旁有没有这样的人：年纪比自己大，但他们的行为、想法却像小孩子一样……仿佛比自己年纪小。

---

① 本教案所设计的"辅助活动"，能让学生在"问答"的固有形式讨论外，借着一些小活动、小游戏，更深入地参与到讨论中，从而让学生可以经由不同形式的体验，去了解明白所讨论的问题。

② 本教案解说名词、厘清概念……的补充教材；详见本章【附录】中的"教案附件"之【想一想】一。

③ 可参考本章【附录】中的"教案附件"之【想一想】二。

（3）根据上述情形，试问：这样的人是否真的比自己大？

（4）归纳：实际年龄不一定与心智年龄成正比（这样的人好像没有比自己大）。

（5）关于"儿童发展"，可参见【想一想】三①。

4. 整体与部分的关系。②

关键句："你不是全身都七岁。"

讨论方式：

（1）由主持人先行举例，带出整体与部分之间的关系，并请学生自由举例。

a. 一个家，有爸爸、妈妈、兄弟姊妹和自己。

b. 一个人，有头、身体和四肢。

……

（2）由主持人举例，说明缺少部分的整体，是否仍为整体；可请学生自由举例。

a. 少了一片花瓣的花，还是一朵花吗？

b. 缺了一个轮子的汽车，还是一部车吗？

c. 身体有缺陷或是受伤的人，还是一个完整的人吗？

d. 少了一根竹棒的筷子，还是筷子吗？

……

（3）搭配【动一动】二。

【动一动】二

a. 主持人可运用纸娃娃、花、玩具车等道具，说明它们是由哪些部分所组成。

b. 撕下一片花瓣，或是拿下玩具车的一个轮子……比较这些少了一个部分的东西，是否还是完整的？是否还可被称作花或车子？

c. 额外活动："小蜗牛""小公鸡"带动唱。以小蜗牛、小公鸡的身体结构介绍整体与部分的关系。例如：小蜗牛是一个"整体"，其"部分"则为身体、壳、角、眼睛。

* 准备用具：纸娃娃、花、玩具车、竹筷。

---

① 此部分的设计，主要是针对主持人的参考资料，如一些定义上、观念上的专业知识、概念厘清……使主持人在阅读教案时，也能在非自身专业领域的问题上有一些基本的观念。此部分纯粹提供给主持人参考，不建议在讨论问题时过多地介绍。

② 可参考本章【附录】中的"教案附件"之【想一想】四。

三、经验分享

1. 在大树下，可以做什么？

2. 拔牙齿、剪头发的经验。

3. 与家人之间的关系。例如：兄弟姊妹相处的情形、趣事等。

4. 家人或是朋友同学都怎么称呼自己？喜欢他们这么称呼自己吗？喜欢自己的名字吗？

第三节　学员反馈

在学习单的设计上，我们分成三个部分：第一部分是针对本次活动的讨论，做一小小的归纳总结；第二部分，是询问小朋友对于本次各个活动设计的想法；第三部分是小朋友的心得分享。以下我们抽取四份回答呈现。

■ **第一部分问题：你对大小的想法有没有不一样呢？什么是大？什么是小？**

1. 有，大家的友情最大，指甲最小。

2. 房子大，家具小。

3. 地球大，台湾小。

4. 一样，海底大，虫小。

■ **第二部分问题：今天大大小小的活动中，你最喜欢哪一个呢？**

（选项：画画、讨论、跳舞游戏、都喜欢。）

→本题回答，大多为"都喜欢"。

■ **如果下次还有类似的活动，你愿意来吗？**

（选项：好、不一定、不要。）

→本题回答，大多为"好"。

■ **第三部分问题：有没有想说的话呢？可以写在下面。**

1. 我觉得今天很好玩。

2. 谢谢。

3. 可以再办一次吗？

4. 今天很好玩。Thank you。祝大哥哥、大姐姐考试顺利。

第四节　活动检讨

一、活动流程

1. 签到

突发状况较多，如小朋友带弟弟妹妹来，名字更动，或是临时新增其他的小朋友……造成铭牌数目不够。

改进建议：可预备多份铭牌，并同时由带领同学说明状况。

2. 相见欢

（1）一开始的自我介绍与图画分享皆属静态活动，小朋友因害羞与陌生而不想说话，反应并不是非常热烈，这对于之后的讨论模式会有些许影响。

改进建议："相见欢"活动可设计成动态游戏，让小朋友在活动中放开心胸，以增进互动与信任，同时能活络气氛，为之后讨论活动建立较好的讨论模式。

（2）"相见欢"时间有点长，易让人分散注意力。

改进建议：尽量设计简单且吸引小朋友目光的活动，时间不宜太长。

（3）小朋友普遍不敢发言。

改进建议：本组当时的处理方法是采取"按铃"制度，即小朋友可以用手"按"身旁的大哥哥、大姐姐，请他们当"发声筒"；把自己的想法小声地告诉他们，请他们代为发言。

3. 讨论

（1）文本呈现：小偶戏的呈现方式似乎没有达到预期的效果。由于纸偶过小，加上动作表现不大，较难区分角色的不同，只能仰赖声音的表现。其次，小偶戏与 PPT 的配合与时间拿捏可做调整。

改进建议：可以让大家讨论一下呈现感觉，评估其是否简单易懂，或者是否能呈现出文本原味。

（2）有什么东西有"大小"？小朋友的回答较为表面具体，但未清楚说明想法与理由，且鲜少有抽象的例子出现。

改进建议：下次可由主持人进一步询问原因，或由小队辅（队辅即团队辅导人员，后同）从旁协助。在叙述问题时，可能还需更明确的叙述方式或更多样的例子。

（3）画"小"：小朋友易受影响，不论是因为布景还是身旁同学，所画出来的相似度较高。

改进建议：在布景的设计上要多做考量；或是设计其他可以达到相同目的的活动。

（4）比比看谁身上"旧的"或"新的"东西比较多：在这个问题的设计上，原是要营造出一种矛盾的结论（因为身上"旧的"东西比较多的人，不一定年纪比较大），但很可惜的是，在实际讨论的过程中，讨论的方向似乎有一点儿被引导成一种"比赛"，小朋友的答案有不实夸大的情形出现。另外，主持人应在讨论的最后做一小总结，厘清问题中所产生的矛盾。

改进建议：问题的设计讨论方向可再做修正。

（5）什么时候"自己做"？什么时候"还太小"？小朋友都举生活中实际的例子来回答，很生活化，这是很好的突破，不过还是会出现过多相似的答案。

改进建议：主持人可多举些例子，或采用其他解决方式。

（6）整体与部分：小朋友的回答，普遍较之前来得更为活泼、有创意，也比较能进入状况。另外，小朋友对游戏活动的反应比较大，有助于帮助理解问题。

改进建议：可以在讨论此问题前，先进行整体与部分的游戏，这样既能帮助厘清问题，又能活络气氛。

（7）补充：①小朋友回答时，宜准备白板或其他可供书写的大道具，以方便在讨论中进行比较，加强大家对每个答案的印象，帮助每个想法的原始呈现。②主持人应在每个问题讨论结束后做一小总结，厘清观念并引出问题的主要概念。

4. 休息时间

（1）由于本组活动教室是地板教室，不能在教室内吃东西，有些小朋友虽很开心地拿到糖果，但不能吃。

改进建议：可在教室外面摆些椅子。

（2）休息时间，教室是否要安排工作人员留守？是否要处理后续作业？

5. 反馈分享

（1）礼物及感谢状因实到人数与报到人数有出入，故不足。

改进建议：可多备几份礼物及感谢状，让每个有参与的小朋友都能留做纪念。

（2）学习单的问题设计可再精准一点，使小朋友更易于了解。

改进建议：主持人可在小朋友填写学习单之前，先统一说明学习单的内容。也可设计"家长版"的分享单，分享旁听活动的感觉与建议。

二、活动整体

1. 教案

（1）教材选择：本组这次活动所采用的教案为《谁大》。对于四年级的小朋友来说，这样的一篇文章，或许不是很容易理解。毕竟，文章的故事性比较弱，内容也有点抽象，似乎不太能吸引小朋友的注意力。在文章阅读结束之后，小朋友很难在第一时间分享读完文章后的感受；在之后的讨论中，也不太容易与文章的内容做联结。

改进建议：在教材的选择上，可以依据小朋友的年龄多加考虑、讨论；也可以使用图书画，依其故事内容，选一个中心主题进行讨论。

（2）教案设计：在实际的活动中，我们发现小朋友的回答与之前设计教案时所预期的回答有落差。可能是教案的设计不适合四年级的小朋友；也可能需要修正教案的设计方向。

改进建议：应多站在小朋友的立场，去推想他们喜欢什么样的讨论模式。尽量以活泼的活动去导入真正要讨论的问题，这样对小朋友来说可能会更有趣些。

2. 布景

由于本组设定以"海底世界"作为这次活动的整体包装，故在布景等方面皆以海底世界为蓝本。当小朋友在回答问题或是画图作答时，或多或少都会受到布景的影响，从而局限了小朋友的思考范围。

改进建议：在布景上，可采用"意识形态"的布置，不以具体的图像表现，以免干扰小朋友的思考方向。

3. 发言

同一个小朋友过多发言的状况，是否会造成其他小朋友不愿说话或没有机会说话？

改进建议：主持人可视情况，请小朋友发言或不发言，但在说话语气与用法上可能要多加留意。对于如何建立讨论环境及讨论模式，可以再多加讨论。

4. 活动建档

小朋友的作品保存与说话内容记录。

改进建议：除拍照摄影外，还可以安排负责记录的工作人员记录小朋友的说话内容，帮助原始想法呈现，同时也方便主持人带领。

5. 年龄层

本次活动分三组同时进行，有两组分别为六年级、四年级的小朋友，有一组为六、四年级的混龄组。本组的小朋友虽大多为四年级的同班小朋友，但仍非所有参与者都认识彼此（包括在场的大姐姐）。

改进建议：在一开始的"相见欢"时，应尽力"破冰"，使小朋友之间能够更熟识彼此，也更熟悉每个大姐姐，使他们有归属感。

6. 时间控制

本组这次的活动时间控制还算可以，不过在时间的掌握上仍不算纯熟，且大家显得有些紧张。会场布置与器材试用也是在当天才做最后调整，故活动正式开始时，有些原定的人马并没有准时出现在工作岗位上；点心时间结束时，也无法立即将小朋友带回教室。

改进建议：在筹划时，应更缜密地规划每个细节。如果时间、场地允许的话，可以在活动开始之前从头演练一遍。

7. 家长

本组由于是在地板教室活动，故有设置"家长席"供家长们参观指教。但这样的安排，或多或少影响到小朋友发言的状况。

改进建议：是否有更好的办法，既能让家长参观，又不会影响活动的进行？

第五节　同学反馈与感想

（一）文琪

嗯……我觉得大家都很用心，无论是前置作业或当天的全程活动，虽然时间敲定得有些仓促，但我们还是做到了！

能和一群这么用心的伙伴一块努力，真的觉得很感动，也很开心，这种感觉我会永远收藏在心底，真希望大家还有机会再合作！

（二）毓慧

我觉得这次活动很有意义！能和社区结合，是现在教育中很强调的！只是头一次要跟这么多小孩相处感觉有点不容易啊！所以我觉得小学老师的确很不简单，要有自己的一套才行！

（三）昄婷

参与"第一届儿童哲学营"，感觉自己身负重任，因为这样的活动对小朋友来说不仅有意义，而且我们这些大姐姐其实也有不少收获（因为跟小朋友讨论哲学真的不是件简单的事），一定要延续下去！

另外，同组的同学都好用心，尤其是布置组的同学们更优秀！个个多才多艺、深藏不露的，而且主持人也很赞。总之，"飞天小女警"的每一个成员都是最棒的。

（四）美吟

这次的儿童哲学实习，跟我平常带领小朋友从事童军课的感觉很不一样，我发现了哲学的思考要落实在孩子身上，确实要下一番功夫。我们不仅要有平常的哲学思维训练，甚至是带活动的技巧，更要在儿童认知发展的程度上做一个儿童哲学的探讨，我们必须去吸收这些方面的知识。所以哲学性的活动可以说是很多元化的。对于未来将在儿童领域发展的我，这门课可以说给我带来了相当大的帮助。

（五）子萱

因为是第一次办，所以其实大家都是以既期待又谨慎的心情去准备这次活动的。在事前的准备工作中，我觉得大家提的构想都还不错，不过时间有点赶，布置的部分是几个同学花了两三天的时间才弄好。

（六）秌宇

这次的哲学营让我觉得，大学四年的生活画下了一个完美的句点。除了社团之外，我在系上终于也有了一个代表作，而且，第一次和这么多学妹一起合作，感觉十分不同，而我们又是第一届，这种感觉更是不同凡响。和大家一起合作的感觉非常好。从这次哲学营里，我不仅学到更多不同的观念，而且彻底和小朋友进行了"第一次的亲密接触"，也看到很多不一样的小朋友，分享了不同的观念，真是收获良多。

（七）伟玲

大家都辛苦了！我觉得我们这组很团结，大家都做好了自己分配到的工作，非常棒！虽然从知道这个活动到决定日子，时间是那么的紧迫……哇！大家都是那么的努力！希望小朋友们能学有所得，这样再辛苦都值得了！毕竟主角是他们啊！

（八）玉华

这是一次很难得的宝贵经验，除了一些行政上的作业还有补助的金额需要老师及学校的协助以外，几乎都是同学们彼此互相脑力激荡所构思出来的心血结晶。说真的，要考虑的事情还真是不少！细节小到连该送小朋友什么样的礼物他们会比较喜欢这点都要考虑进去！不过我却有一种乐在其中的感觉，总觉得和同学们一起为一份颇有困难度的报告或作业一起打拼是一件很开心的事，即使忙得焦头烂额、汗流浃背！

要预测小朋友的想法真的很困难。虽然我们每个人都曾经是小朋友，但是也许我们脱离当时太久，又也许现在小朋友的想法及观念早已和当年的我们有所不同，当自己变成了与小朋友相反立场的时候才发现小孩有时比大人还难搞……某些方面我们过于高估（像是预计他们在开场时并不会太过于沉默以及在讨论整体与部分时的接受度）；在另一些方面又太小看他们（如想象力部分）。

（九）慧芳

这次的儿童哲学营，让我无限惊奇与喜悦。从期初得知要办"儿童哲学营"开始，就充满了期待。日子过得很快，五月迅速来临，时间的飞逝让人有点措手不及，但也正考验着我们的智慧与团队默契。从教案的设计至活动流程安排，在每一次团体讨论的过程中，大家很谨慎地思考每一个环节，同时也驰骋在无边际的想象空间中，大家的脸上流露出真诚喜悦的笑容。终于到了活动当天，原本的兴奋早已被紧张所覆盖，从打开教室门的那一刹那，看着同学精心布置的背景：哇！好棒的海底世界啊！让我充满无限感动！我感到，我们即将缔造新的奇迹！小朋友的状况是如此令人难以捉摸，但也处处充满了趣味。活动进行中，我们的计划总赶不上他们的变化，但一切都还是在欢笑声中圆满地结束了。这一次的哲学营，让我真实体验了现在小朋友的心理与想法，也再次深思理想与现实之间的冲突与和谐，以及如何从中取得平衡。令人难忘与感动的，还是与团队合作的过程。谢谢珮吟有效率且细心的领导与带领，让我们很快进入了状况；谢谢"飞天小女警"所有的组员如此用心与投入，让我们增长了讨论经验！也谢谢老师，谢谢家长，谢谢小朋友，给了我们机会与鼓励，让我们每个人的意见与想法都得以充分的交流与展现，激荡出令人赞叹的火花，使伙伴们的梦想得以实现，也为我的大三生活留下了灿烂缤纷的回忆！

（十）珮吟

"儿童哲学营"对我来说，是梦想的实现。从大一开始，我就一直对"儿童哲学"很有兴趣，当时，系里还没有相关的课程，只能自己去搜集一些相关的资料，看一些额外的书。所以，当知道系里有这样一门课要开设时，心中的喜悦及期待是说不上来的。感谢小慧老师给我这样的机会，能踏进"儿童哲学"

的领域，即使只是浅尝辄止，我也觉得很开心、很满足！

从讨论到实践，这中间的差距是我期许自己在未来能克服的。这次"儿童哲学营"，本组所使用的是我和晓琪写的教案，因为是自己写的，所以会特别注意一些细节部分，也会在意实践和理论之间所产生的差距，例如当初设计的问题，在实践中能引导出多少的思考……也借着这一次实践，发现了自己所设计教案的不足。我觉得"一次的实践"对教案、对实践本身而言，都是很好的检视。

谢谢"飞天小女警"的每个组员：文琪、美吟、毓慧、昕婷、子萱、玉华、伟玲、雅智、秾宇和慧芳。你们真的太棒了！可以和你们一起合作，真的是我莫大的荣幸！从布景到颁奖，还有活动时每个人之间的默契，除了感动，真的不知道还可以说些什么。谢谢你们，补足了很多我没有想到、注意到的部分；也谢谢你们每一次的建议，我知道我们都是真心地想让这个活动变得更好！谢谢你们！

谢谢小慧老师，这么放心地让我们去尝试、去学习……若没有像你这么open-minded 的老师，我们恐怕都只能蹲在教室里，无法真正地去应用平时所学的东西。

我深信，这真的只是"第一届儿童哲学营"而已，往后的每一届"儿童哲学营"，我也都要参加，我的小孩也是！

【附录】 教案附件、学习单、本组实际活动情形

■ 教案附件
【想一想】
一、大小的定义

"大"与"小"的概念，是因着比较产生。我们单看一样物件时，无法判定它是"大"或是"小"；必须有其他的物件与之比较，才能显出它的"大"和"小"。

"大"与"小"也有不同的种类，如身高、体重、年龄……故当我们在比较两个物件的大小时，须先确立判断的内容及标准，再加以判断。①

---

① 罗伯特·福曼著：《比比看，谁大？谁小？》，台北英文汉声出版有限公司，1988，第1—8 页。

二、实际年龄与心智年龄的关系

依照普通心理学的解释，"心智年龄"是一种判定智力程度的方法（通常适用于孩童）。依据儿童智力发展程度所定的年龄，该测验的计分方式是：先确定某年龄的普通儿童应通过哪些题目，每题相当于某年龄，然后就受测的儿童实际通过的题数实际计算其智力年龄。

"心智年龄"的创始人，是法国心理学家比奈（Alfred Binet，1857—1911），他同时也是智力测验的创始人。测验心智年龄的方式，是透过"比西量表"。其内容是让受试者根据语文、算术、常识等题目进行实际的作业，从作业的结果来判断智力的高低。

"比西量表"以一个大规模的抽样建立一基本的模板，针对每一个年龄的人给予大致上的智力标准。各年龄的人在智力量表上通过配合该年龄的题目层次和题目数测试，即代表他的心智年龄。也就是说：今天有一份题目，当你去做的时候，可以透过你做对的程度来发现你的心智年龄：做对的越多，心智年龄也就越高。

心智年龄（MA）跟实际年龄（CA）相比，如果MA高于CA则代表智能优秀，如果MA低于CA就是智能不足。

另一种测量心智年龄的方式，是通过"比率智商"。"比率智商"显示个人智力的相对水平，用于测个人的智力。

三、儿童发展 [1]

儿童的发展阶段与特性

在儿童发展阶段中，关于认知理论最常被提及的是皮亚杰的认知发展理论，他对于不同阶段儿童的认知及行为做了清楚的叙述，并指出不是所有的儿童都具有相同的特质。

1. **第一个阶段：出生至两岁，为感觉运动期（sensor motor stage）**

这个阶段的思想，都是直接接触的感觉经验与运动行为，在语言发展上未成熟。

2. **第二个阶段：两岁至七岁，为前运算期（preoperational thought stage）**

这个阶段的儿童形成符号的能力渐强，开始运用不同的符号来呈现自己所经历的事物。

3. **第三个阶段：七岁至十二岁，为具体运算思维期（concrete operational stage）**

这个阶段的儿童对事物的了解不仅仅只是状态，而且能思考事物如何变化，

---

[1] John L. Phillips, Jr.：《皮亚杰式儿童心理学与应用》，台北心理出版社，1996。

此时他们也变得较为讲理，亦学会许多概念技巧，开始会做逻辑思考。

4. 第四个阶段：十二岁以上，为形式运算期（formal operational stage）

孩童在这个阶段已能了解抽象的概念，且能把握住其内在的意义及本质。

四、整体与部分的关系

什么叫作整体？什么叫作部分？

"整体"是由事物各内在要素相互联系构成的有机统一体及其发展的全过程。"部分"是指组成事物有机统一体的各个方面、要素及其发展过程的某一个阶段。

对于整体和部分的定义，我们可以从空间和时间的角度去理解。"整体"从空间的角度看，是事物内在各要素相互联系构成的有机统一体；从时间角度看，是事物发展的全过程。"部分"从空间角度看，是有机统一体的各个方面、要素；从时间角度看，则是事物发展全过程的某一个阶段。

整体和部分的关系如何？

1. 整体和部分的区别

（1）整体和部分的区别首先在于，在同一事物中，整体和部分有严格的界限。整体是由部分构成的，它不能同时又是部分。部分是整体中的不同"元件"，它不能同时又是整体，二者不能混淆。例如，班级是一个整体，组成这个班集体的是学生，但班级与学生不能混淆。

（2）二者的地位和功能不同：整体处于统帅地位，部分处于从属地位。

① 整体具有部分根本没有的功能

构成整体的部分在单独存在时，只具有其自身的功能。当许多部分按照有序性构成整体时，就会产生部分没有的新的整体的功能。例如：氢气、氧气化合成水，而"水"具有氢和氧所没有的性质。

② 整体的功能大于各个部分功能之和

当各部分以有序、合理、优化的结构形成整体时，整体的功能就会大于各部分功能之和。例如：亚里士多德曾说过："整体大于各部分功能之和。"

③ 整体功能小于各部分功能之和

当部分以无序、欠佳的结构形成整体时，各部分原有的性能得不到发挥，力量削弱，甚至相互抵消，使整体功能小于各部分功能之和。

2. 整体和部分的联系

（1）二者不可分割

整体离不开部分，没有部分就没有整体；部分也离不开整体，如人手是人体的一部分，但离开了人体的手就失去了它原有的功能，实际上已经不成其为手了。

（2）二者是相互影响的

整体的性能及其变化会影响到部分的性能状态及其变化。例如：国兴则家昌，国破则家亡。部分也制约整体，甚至在一定条件下，关键部分的性能会对整体的性能状态起决定作用。

■ **学习单**

第一届，辅仁大学哲学系儿童哲学营 2004.5

谢谢你们今天一级棒的参与 :）请帮大姐姐们回答以下的问题……一下下就好啰！谢谢！

在今天这么多的讨论后……

§ 你对大小的想法有没有不一样呢？什么是大？什么是小呢？

§ 今天大大小小的活动中，你最喜欢哪一个呢？

_____画画的时候_____讨论的时候

_____跳舞游戏的时候_____都喜欢 :）

§ 如果下次还有类似的活动，你愿意来吗？

_____好呀 :）

_____不一定耶～我要考虑……

_____不要！

§ 有没有想说的话呢？可以写在下面哟～

■ **本组实际活动情形**

① 主题（见图1、图2）：海底总动员。为了给予小朋友们一个整体性的感觉，在这次训练营活动中，本组以"海底世界"为包装。举凡布景、背景音乐、每个工作人员的名字、小朋友的铭牌等都以"海底世界"为设计概念。

图1　活动教室布景（一）

图 2　活动教室布景（二）

② 签到（见图 3、图 4）：本组分配三位工作人员负责签到事宜，其工作内容包含确认小朋友的组别、发铭牌及引导小朋友到本组活动教室。完成签到后的小朋友，直接进入活动教室，并拿到图画纸画"最大"①。

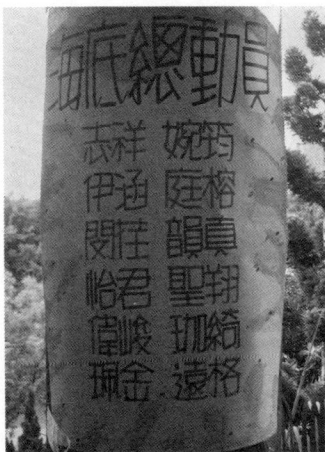

图 3　本组小朋友名单

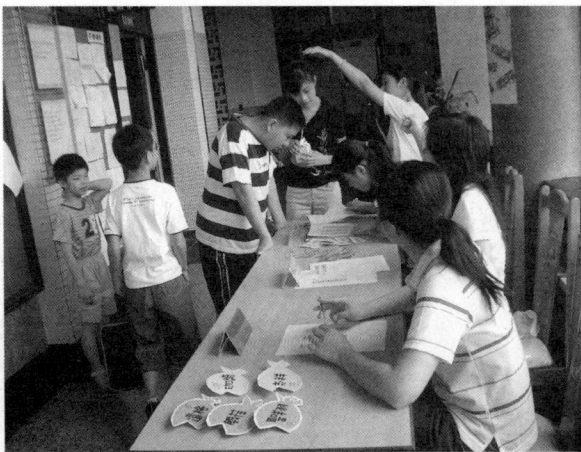

图 4　当天报到情形

③ "相见欢"（见图 5、图 6）：分成两个部分。第一个部分是由主持人开场，欢迎小朋友参与这次活动，并介绍工作人员。第二个部分则是请小朋友做自我介绍，并分享他们在签到后所画的"最大"。

① 为配合问题讨论的活动，可参考本章【动一动】一。

图5 小朋友画的"最大"

图6 小朋友分享自己的画

④ 讨论（见图7、图8）：先以小纸偶戏搭配PPT的方式呈现文章，戏剧结束后进行讨论。讨论的内容、方向在本章第二部分"教案"中已有详细说明，故不赘述。

图7 小朋友讨论现场1

图8 小朋友讨论现场2

⑤ 反馈分享：分成两个部分：一是请小朋友填写学习单[1]，借以了解小朋友在活动中实际学习、吸收的状况；二是把事先准备好的小礼物[2] 送给小朋友。

---

[1] 可参考本章【附录】之"学习单"。

[2] 本组的小礼物是：神奇彩虹笔一支、梦幻棒棒糖一根、可爱袜子一双及一张精美小奖状。

第九章　儿童哲学的实习："儿童哲学营"

首创

每年的第二学期后期，约 5 月中下旬，为了验收学习成果，笔者会于一次周六或周日上午安排半天的团体讨论带领，由同学担任种子教师，实际带领小学中、高年级小朋友或中学生来一场儿童哲学的实习或实验课，称为"辅仁大学哲学系儿童哲学营"。"辅仁大学哲学系第一届儿童哲学营"首创于 2004 年 5 月，至 2008 年 4 月已举办了四届，本书初版时正筹划第五届。

基本理念

笔者对"儿童哲学营"的基本理念是：（一）提供学生实习的机会：借由实际带领儿童团体讨论学习，亦可检验理论与教材教法的适当与否；（二）服务与推广：这个社会以及现有的教育体制能提供哲学启发的机会实在太少，借由"儿童哲学营"的举办，笔者希望让更多儿童了解哲学、亲近哲学，也让老师、家长愿意儿童接触哲学（因为我们设有观察席，也十分欢迎老师及家长莅临参观指导），让社会大众对哲学有基本的认识与尊重。

经费来源

笔者坚持此"儿童哲学营"的纯粹性，即设定此为一服务与推广性的活动，绝不牵涉任何商业行为，因此，来参与的学员一律免费，若当年经费宽松，甚至还会赠送学员实用精美的小礼物。涉及经费的部分，主要就是支援宣传海报的制作与印制、邀请函的印制与寄发、三个小组的场地布置、教材制作与印制、点心、礼物、同学午餐以及事后之成果报告书印制等。经费所需并不多，一开始笔者就设定为自筹，主要来自热心系友的慷慨赞助，这四届哲学营主要就是

仰赖陈庆锺学长 [1] 和曾盛武学长 [2] 的大力支持，在此必须特别感谢，并表达笔者由衷的敬意与谢意！二位学长虽不继续研读哲学，但爱母系、爱母校的心却是比我们犹有过之。"儿童哲学营"由于仅历时半日，学员恐意犹未尽，有些家长或小朋友希望能有更多更长的时间。凡此种种，都是未来可以再思考改进之处。本章仅就 2004—2007 年四年来的举办经验，整理呈现并分享。

第一节　儿童哲学营的目的

"儿童哲学营"是"儿童哲学与伦理教育"/"儿童哲学：理论与实务"课程的延伸，是以一独特既定的讨论模式 [3]，将学生 [4] 一个多学期以来平日上课所思考的问题、讨论的内容等提出，以小组为单位（共三组，各组分别以一份教学计划或教案的方式），带领小朋友讨论。

举办"儿童哲学营"的目的，有以下几个层面：

一、让儿童了解什么是哲学及哲学思考

以不同于学校上课的方式，使用绘本、戏剧表演、游戏等多元方式，让儿童可以轻松活泼地学习；并借由阅读文章、故事以及讨论问题的方式，启发、刺激儿童思考的能力。且在讨论的过程中，让儿童学习表达、聆听、分享……使儿童发现一些新的想法，提出新的问题，并帮助他们厘清概念。最终目的是透过师生、生生彼此互动的过程，建立儿童哲学思考的基础及"正确"的价值观。

二、训练修习儿童哲学课程的学生成为种子教师

我们除了在课堂中使用坊间现有的儿童哲学教材 [5]，让学生们进行团体讨论外，我们也鼓励部分有兴趣的同学尝试为适当教材撰写《讨论手册》或《教师

---

[1]　哲学系第 11 届毕业学长，当时为东肯企业有限公司总经理。
[2]　哲学系第 29 届毕业学长，当时为众能数位营销股份有限公司项目经理。
[3]　指平日上课时，阅读文章并进行团体讨论的模式。
[4]　指选修"儿童哲学与伦理教育"或"儿童哲学：理论与实务"课程的哲学系同学。
[5]　本课程当时使用的儿童哲学教材主要为《谁大》《偷·拿》二文以及《灵灵》《哲学教室》二书。

手册》，练习设计与安排团体讨论的进行、步骤与内容，将课堂中所学习的理论应用于实际，并评估其理论与实践之结合性。

三、推广"儿童哲学"

目前台湾地区对儿童的研究，主要偏重于心理方面，忽略了哲学方面，而实际推动儿童哲学最有力的机构，是民间团体"财团法人毛毛虫儿童哲学基金会"。笔者期待透过每年由辅仁大学哲学系举办的"儿童哲学营"，让"儿童哲学"更能与社区结合，能走出去被更多的学校师生、家长认识，并参与其中，使儿童哲学的思维方法能真正有效地帮助儿童成为良好的思考者。

第二节　儿童哲学营的对象

虽然儿童泛指 18 岁以下之孩童，儿童哲学照理也应以 18 岁以下之孩童为实施对象，但碍于人力与时空之限制，自 2004 年 5 月至 2007 年 5 月，已成功举办了四届，学员多以小学中（三年级）、高年级学生及八年级生为主要邀请对象。每年的"儿童哲学营"共分成三组，主要按照学员的年级分组。目前所举办的四届"儿童哲学营"中，学员的组成大致可分为：中年级组（指三或四年级生）、中年级混龄组（指三和四年级生）、中高年级混龄组（指三、四和五、六年级生）、高年级组（指五或六年级生）及高年级混龄组（指五、六和七、八年级生）。

面对各样的学员组成，我们也有多样的讨论方式：

一、根据不同年龄的儿童，设计不同的儿童哲学教材、讨论活动

由于年龄较小的儿童专注时间短，比较容易害羞、不敢发言，故教学计划或教案的设计应比较活泼、有趣，以丰富的肢体语言、戏剧、游戏等方式吸引儿童的注意，使儿童能更敞开心胸地讨论；教材内容也比较简单。而年龄较大的儿童则不需要太多的活动引导，可以直接进入问题讨论，故在教材内容的选择上比较注重问题的思考深度和延伸性。

二、同一份儿童哲学教材，应用在不同年龄的儿童上

虽然是使用相同的教材，但在内容上，仍会根据儿童的年龄稍做调整。这

样的应用，可以对照不同年龄的儿童对同一事件和同一问题的反应、回答的方式或是思考面向等，亦可作为日后教学计划或教案设计的评估与参考。

第三节　儿童哲学营的教材

除了一般坊间现有的儿童哲学教材外，我们也鼓励学生自定有兴趣的主题，按主题搜集坊间绘本、图画书等相关资料，结合不同哲学家的观点、思想及各家哲学理论对此一主题的探讨撰写教案。

目前在为期四届的儿童哲学营中，已讨论过的主题有：

第一届（2004 年）

（1）"海底总动员"：《谁大》——中年级组（四年级）；

（2）"宝贝蛋"：谈秘密——《灵灵》第一章——中高年级混龄组（四、六年级）；

（3）"小象帮帮"：《谁大》——高年级组（六年级）；

第二届（2005 年）

（4）"淘气村"：停·看·听——自我形象及自我价值——中年级组（三年级）；

（5）"明星柑仔店"：颠覆传统的性别刻板印象及尊重差异——中高年级混龄组（三、四、五年级）；

（6）"三年四组"："什么是心？"——《哲学教室》第六章——高年级混龄组（五、六、七年级）；

第三届（2006 年）

（7）"城门城门车轮饼"：认识伦理学里几种判断对错的方式——中年级混龄组（三、四年级）；

（8）"糖果屋"：友情之探讨——高年级混龄组（六、七、八年级）；

（9）"关东煮"：认识自己、对与错——中高年级混龄组（四、五、六年级）；

第四届（2007 年）

（10）"东森幼幼"：友情——中年级混龄组（三、四年级）；

（11）"马组"：情绪管理——高年级组（五年级）；

（12）"七彩泡泡糖"：何谓身、心、灵？——高年级混龄组（六、七、八年级）。

第四节 儿童哲学营的教师

带领学员进行哲学讨论的，是选修本系"儿童哲学与伦理教育"/"儿童哲学：理论与实务"课程的学生。这些学生皆有半年至两年以上的儿童哲学训练，平日在课堂中也分组形成探究团体，讨论儿童哲学教材。

第五节 儿童哲学营的流程

儿童哲学营的流程安排详见表1。

表1 流程安排

09:00—09:30	欢迎，报到
09:30—09:50	相见欢（队辅介绍）
09:50—10:30	第一阶段讨论
10:30—10:50	休息和茶点时间
10:50—11:30	第二阶段讨论
11:30—11:50	反馈分享（团体分享）

一、相见欢（队辅介绍）

为了能让学员在最短的时间内进入状态，我们会先组织一些动态的小活动，让学员暖暖身、认识彼此及参与活动的大哥哥大姐姐们。有时，视教案主题的需要，也会搭配比较静态的活动。

二、讨论

大致可分成"问题讨论"与"文章或故事内容分享"两部分。

（一）问题讨论

此部分的进行，在于帮助学员思考、厘清概念（包括意义含糊的语词、不清楚的概念和可争辩的观点）。在阅读文章或故事过后，学员提出自己感兴趣的主题或是情节中任何想要讨论的问题。主持人① 将问题写下，并向学员确认问题是否有误，然后才进行讨论。

---

① 讨论活动中带领问题讨论者。

讨论通常由"澄清问题"开始，借着对问题的澄清，可以帮助每个人从各个不同的角度切入，进行更多的思考、讨论。

问题讨论的建议步骤：

1. 先请学员针对问题，表达自己的想法、分享经验。

2. 主持人邀请其他学员回应先前一个学生的看法。（如果是你……）

3. 在"定义"问题上，主持人应在学生们讨论到一个段落时，做适度的解答。

（二）文章或故事内容分享

在阅读完文章或故事后，主持人可以将文章或故事内容中较有趣、贴近生活的话题拿出来与学员讨论，让学员们彼此分享，但要注意不可流于一般的聊天，而是在分享的过程中带进以下的"问题讨论"。

（三）进行方式

问题讨论与文章 / 故事内容分享是没有先后顺序的，故可视情况而定。

三、休息和茶点时间

讨论过后安排休息二十分钟，让学员的身心都暂时获得缓解放松。此外，在休息时间中，我们也贴心地备有茶点，可以让学员补充体力，继续下一阶段的脑力激荡。

四、反馈分享（团体分享）

该阶段分成两个部分：一是请学员填写学习单，借以了解学员在活动中实际学习、吸收的状况；二是颁奖，我们准备了小礼物或研习奖状赠给与会的学员，感谢并鼓励他们的全程参与。

第六节 儿童哲学营成果报告书范例

◎ 2004 年第一届儿童哲学营"小象帮帮"的成果报告

1. 使用教案名称：《谁大》。

2. 适用阶段：小学 3—6 年级学生。

3. 活动进行时间：1 个半小时至 2 小时。

4. 活动场地：LI 306 教室。

5. 人数：5—10 人。

6. 实习目的：借由戏剧来生动呈现文章内容，刺激学生发现问题。在讨论的过程中，让学生学习表达、聆听、分享……使学生产生一些新的想法，并帮助他们厘清概念。最终目的是透过互动的过程，帮助学生建立哲学思考的基础。

7. 实习目标：由具体概念引导至抽象概念。

（1）描述、分别"大、小"。

（2）了解"大"的概念。

（3）比较实际年龄与心智年龄的不同。

（4）了解整体与部分的关系。

8. 流程：

（1）相见欢。

由讨论活动的领导者带领，请参加讨论活动的小朋友与主持人，透过简单、有趣的自我介绍互相认识。

（2）戏剧观赏引导。

以戏剧方式呈现《谁大》一文。在演出的过程中，让学生寻找、发现问题。

（3）问题讨论。

由主持人带领预设问题、经验分享及其他延伸问题的讨论。

（4）竞赛活动。

将参与讨论活动的学生分成两小组竞赛，以趣味活动来配合增加对概念的了解。

（5）成果发表及总结。

主持人可针对竞赛结果给予学生鼓励，并归纳一小结论；学生填写学习单。

9. 器材需求：PPT、摄影机或数位相机（其余道具依讨论活动的进行方式而定）。

【实习活动进行流程（见表 2）】

表 2　实习活动进行流程

8:30	实习人员集合，进行准备工作。
9:00	学生报到。
9:30	第一阶段活动——《谁大》一文戏剧呈现。
9:50	主持人带领问题讨论。
10:30	休息时间。
10:50	第二阶段活动——分组对抗竞赛。
11:10	成果发表及总结。
11:30	实习活动结束。
11:40	实习活动检讨。

【问题讨论】

问题讨论进行方式

1. 先请学生针对问题表达自己的想法，分享经验；亦可由主持人提出问题，并说说自己的看法（能以 PPT 图示配合让问题较为易懂）。

2. 邀请其他学生回应主持人或先前一个学生的看法（如果是你……）。

3. 在"定义"问题上，主持人应在学生们讨论到一个段落时，做适度的解答。

问题内容

1. "大、小"——关键句："阿潘，我们两个谁大？"

2. 什么是"大"？什么是"小"？

（1）"大""小"有没有标准？例如：体积、年龄……

（2）哪些东西可以分"大、小"？哪些东西不行？什么是你看过最大或最小的东西？

（3）"大"和"小"分别给你什么样的感觉？

（4）"大"和"小"的内涵是什么？由具体至抽象概念，你想成为"大人物"还是"小人物"？

3. 小归纳。

"大"与"小"的概念，是因着比较产生。单看一样物件时，我们无法判定它是"大"或是"小"；必须要有其他的物件与之比较，才能显出它的"大"和"小"。

"大"与"小"也有不同的种类，如身高、体重、年龄……故当我们比较两个物件的大小时，须先确立判断的内容及标准，再加以判断。

4. 七岁真的比五岁大吗？——关键句："我知道七岁比五岁大，可是——你真的比我大吗？"

5. 实际年龄与心智年龄的关系。

● 实际年龄的讨论

（1）自己身上有哪些是"新的"？哪些是"旧的"？

（2）数一数谁的"新的"或"旧的"比较多？"新的"或"旧的"比较多的人是不是团体中年龄最大的呢？

● 心智年龄的讨论

（1）主持人或学生分享平常和家人、同学相处的情形。

（2）自己身旁有没有这样的人：年纪比自己大，但他们的行为、想法却像小孩子一样？仿佛比自己的年纪小。这样的人真的比自己大吗？

6. 小归纳。

实际年龄不一定与心智年龄成正比。

7. 整体与部分的关系——关键句："你不是全身都七岁。"

（1）自己身上有哪些已经是 × 岁的？（× 视班上学生的年龄而定）

（2）主持人举例带出整体与部分之间的关系，再请学生自由举例。

例如：一个家，有爸爸、妈妈、兄弟姐妹和自己……

（3）缺少部分的整体，是否仍为整体？

例如：少了一片花瓣的花，还是一朵花吗？身体有缺陷或是受伤的人，仍是一个完整的人吗？

8. 小归纳。

整体是部分的总和；整体的作用亦是部分的集合。整体缺少部分不能称之为整体，而在整体中的部分亦能发挥其作用。（例如：对于一个身体有缺陷的人，我们仍然应该给予尊重。）

经验分享

1. 拔牙齿、剪头发的趣事。

2. 与家人之间相处的情况、趣事。

3. 家人、朋友、同学都怎么称呼自己？喜欢他们这么称呼自己吗？喜欢自己的名字吗？

【竞赛活动】

1. 支援前线——"大""小"之物寻找。

2. 比腕力——是否身高较高、年纪较大的人力气就比较大？

【填写学习单】

征询意见（学习单将以手绘的方式呈现并且包括下列问题）：

○ 我觉得这一次的讨论活动课很有趣！

○ 我觉得主持人带领讨论活动的方式很活泼。

○ 我喜欢在一开始由大哥哥大姐姐安排的戏剧表演。

○ 我有提出问题或是举手说出我的想法。

○ 我想发表我的看法，可是因为太害羞，所以都来不及说……

○ 我觉得讨论活动中的问题有一点点难……

○ 我喜欢讨论活动中的经验分享环节。

○ 在竞赛活动中，我和我的队友相互合作。

○ 我觉得我有在这一次的讨论活动课程中学习到新的东西、新的想法！

○ 我还想参与类似的讨论活动课。

在这一次的讨论活动课程中有没有印象比较深刻或是感觉比较困难的部分？有没有什么话想对我们说的？有的话全部都可以写下来哟！

小朋友心得分享

——真是特别！原来头发和牙齿也有分大小呢！

——我知道有很多东西都可以比大小，但是，也有很多东西是不能比大小的啊！

——当我看到大海时，会觉得大海好宽广、好像真的很大，可是宇宙好像又更大，因为我不知道边际在哪里……

——当我们看到双胞胎时，不太能够一眼就分出谁比较大、谁比较小啊！

——我觉得有的时候光从两个人的外表真的很难分别出来谁大谁小呢！

——原来我身上的东西不一定都是 12 岁呢！

——都是 12 岁，可是 ×× 看起来好像比我大，可能是因为她比较高吧！

——我们一样都是 12 岁，可是我比较大，为什么呢？因为我比较胖！哈哈！

——我昨天才剪了指甲，那我新长出来的指甲应该只有一个月大啰！

——我的头发虽然剪掉了，但是，在我 12 岁长出来的头发应该还是 12 岁的啊！

——妹妹身上"旧的"东西比我的多三样，那妹妹好像比我大耶？

——通常小的东西会让我觉得很可爱，可是蟑螂也很小啊！我讨厌蟑螂啦！

——透过比腕力的竞赛，我了解到，不一定比较壮的人，力气就比较大喔！

——我想成为大人物，因为可以让自己受欢迎！

——有的时候不太喜欢自己的绰号，但是我的绰号却可以让大家很容易记得我！

——我喜欢同学给我取的绰号，因为我的绰号能让大家开心！

——我很喜欢自己的名字，因为我的名字是爸爸妈妈特地为我取的！

——我的妈妈虽然有的时候会对我们很凶，可是她也常常因为说话太快而闹很多笑话呢！

——活动中的戏剧表演很特别，不过有点短喔！

——经验分享环节让我和同学分享了彼此生活中的趣事！

——我有很多不同的想法，可是我太害羞了，所以都来不及举手，下次我一定会踊跃说出我的想法。

——虽然没有回答得很好，但我都有参与每一个问题的讨论喔！

——主持的大姐姐和我们分享了她们的经验，也鼓励我们说出自己的想法。

——和主持的大姐姐讨论的同时，我也有在思考有没有其他的答案。

——在分组对抗中，我和同学相互合作，也尽了全力帮我的队友加油哹!

——大哥哥大姐姐对我们很好，在活动中也都很认真。

——有些大姐姐太害羞了，如果全部的大哥哥大姐姐都能够更热烈地参与，我想活动一定会更有趣的喔!

——原本以为讨论课会很无聊，可是主持的大姐姐却让讨论变得很活泼生动呢!

——我在这一次的讨论课中有学到新的概念，很高兴能参加这一次的活动。

——如果以后有类似的讨论活动课，我还会想要参加哟!

小组成员心得分享

晓琪

理论和实践真的是有差距! 当我们为了儿童哲学实习课"卖命"时，深深了解到两者之间要结合的困难，有许多在计划当中所没有料想到的突发状况考验着我们的临场反应。在所预设的状况中，最让我们感到害怕的是，假如小朋友不给面子怎么办? 那势必会使讨论课的气氛尴尬吧。幸好，在当天，这种情况没有出现，活动出乎意料地顺利。活动进行当天，为了拉近彼此的距离，双方在一开始便做了简单的自我介绍，我们也很乐意他们称呼我们的外号。在讨论的过程中，原本以为六年级的小朋友会很难带领(因为我们都觉得六年级的小朋友会装大人)，没想到，这群可爱的六年级小朋友们给予我们的是热烈的回应，大家发表自己看法的同时也思考着问题是否还有其他答案的可能。在进行到经验分享的问题时，大家更是毫不吝惜地侃侃而谈，有稀松平常的琐事，有难过的回忆，也有好笑的糗事……看着小朋友认真参与的模样，真的有种令人欣慰的感觉! 在我们最后请小朋友填写的学习心得单中，所有小朋友对于这次的活动都给予了正面的回应(还被小朋友看出来我们刚开始有些害羞呢)，也都希望能够再参加类似的讨论活动课程。透过这次的伦理课实习，我体认到要把设计的教案真正变成活动时的困难，但是，也因为付诸实行而了解到教案其实还可以加入其他不同的点子! 还有，这年头要是没有个什么十八般武艺，老师还真的是不好当呢!

淇汝

儿童在成长的早期阶段即接触哲学是一个很值得研究与探讨的议题。经由这次的实习，我了解到生活中存在着许多儿童可以学习与接触哲学的时机，因此应当把握日常生活这个最好的学习环境来促进小朋友学习能力的提升。尤其在这次的实习当中，我们提供了使小朋友们在游戏中学习的方式，相信如此一来，不但对于学生学习效果的提升会有所帮助，同时也使我们更加感受到此次实习所赋予的意义。期许在将来还能够有机会再举行诸如此类的课程活动，使得同时在学习的双方皆能有所获益。

怡文

这次的儿童哲学营让我有非常不同的体验。在准备活动时，一度很担心我们所设计的活动会不会让小朋友觉得无聊、不喜欢，毕竟很久没有和这样年纪的小朋友接触了，也会担心不知道怎么跟小朋友相处。不过，在带活动的过程中发现，虽然他们就像我们所想的那样比较成熟，但是他们并不会就不积极参与活动；在第二阶段的游戏中，大家也都表现得很好、很活泼，最主要的是，在最后的心得分享单里，小朋友都有提到这次的活动很有趣，如果以后还有他们也会想要再来参加；他们也提到，在这次的活动中学习到一些跟哲学有关的东西。这就表示我们这次的活动算是办成功了，虽然其中也有许多需要再改进的地方，毕竟这是第一次；以后如果有机会再办的话，一定会比这一次更好。

品君

在举办儿童哲学营之前，其实我们这组很担心，因为不知道现在的小朋友是否好相处，也不晓得他们现在的想法（很担心所安排的节目内容他们会觉得无趣或是没有意义，学不到什么东西）。但在那天，我所担任的是小队辅，其实他们都很可爱，都很配合我们这些大哥哥大姐姐的活动，而且每个小朋友在参与讨论或是游戏的时候都很尽兴和投入，都很勇于发表自己的看法或是意见，而比较害羞的小朋友，我们也都会多多鼓励他发言。在节目过程中，借着活动必须有的互动，我们更了解他们心中的想法，而在刚开始给予他们"谁大谁小"的哲学观念，他们也都能够举一反三，所以小朋友的可塑性真的很高，关键在于有没有人去给予教导和发掘。在最后学习发表的时候，我觉得很感动，因为他们都给予我们很高的评价和支持，这让我们之前策划的辛苦以及那天的辛劳都值了，也让我累积了一次很特别的"户外教学活动"经验。

慧萍

首先很高兴有这个机会可以带领一群可爱的学生进行哲学的研习课程。当天的活动进行得相当顺利，并且学生们都很配合，可以说是画下完美的句号。经过这一次的教案教学，我对小学生有了更多的了解，也学习到如何与小学高年级生相处对话: 他们是不喜欢童言童语的, 所以我们在教学的过程中应以一种合乎他们年纪的互动方式去呈现。在整个哲学研讨中, 有许多孩子缺乏主动性, 这时身旁的带领者应该多多留意、鼓励他们的表现, 千万不可以忽视他们的学习机会。这次儿童哲学研习营大致上没有犯太多的错误, 但是我个人认为在几方面加以改善会使整个教案更加完美: 第一, 整个团队的互动精神——在孩子们最后的心得感想中也提到这一点——我们应着重加强互动的机会, 让每一个组员都可以与孩子们一起融入其中, 增加其热闹性与温馨气氛; 第二, 在哲学主题的讨论上也可以多发掘一些他们有切身经验的议题, 这样会使整个教案更加完善。

任苡

这是我第一次做这样的实习, 感觉蛮新鲜的, 来了一大群不认识的小朋友, 帮他们报到, 带他们进教室, 怕他们觉得无聊还想办法跟他们多聊聊。原本很怕小朋友们彼此不认识会玩得不愉快, 没想到他们彼此感情都那么好, 这让我们在活动进行的时候顺利许多。我们的活动分为戏剧表演、经验分享和游戏三个部分。虽然有些小朋友蛮害羞的, 不是很敢发表自己的意见, 但是我们也发现有些小朋友很有自己的想法, 讲出来的意见有时还是我们没想到的。我想这就是小朋友与大人不一样的地方, 他们的想法总是天马行空, 不会被现实所影响。在游戏的时候, 他们也都尽全力地想要争取胜利, 但是输了的那方也不会太过垂头丧气, 反而会说下次一定要赢。我觉得这次实习最大的收获就是了解到小朋友的想法, 也希望以后能有机会再修类似的课程。

立欣

真羡慕这群小朋友, 在这么小的时候, 就有机会可以接触如此重要、足以影响往后人生发展的学问——哲学。小小的脑袋刚接触这些新鲜的玩意儿, 也许就此开启了一个未来大思考家的小触点呢! 小朋友们很活泼, 喜欢思考, 同时也有参与感。本来以为现在的小朋友都很难伺候, 其实是偏见, 他们都很乖巧, 充满活力! 我觉得我们这组的同学、学妹都非常认真, 而且很有条理地设计问题、安排活动、照顾小朋友, 一一都贴心细心。不过我觉得之后这个训练营规划时数可以再长一些, 活动能更丰富一些, 让以后的小朋友可以早早就接触到这神秘有趣的学问, 这对我们以后的社会说不定有更大的建树呢! 另外, 我们这组的学妹们都很热衷且积极地帮我们大四同学减轻负担, 很感谢他们!

薏涵

关于这次儿童哲学的教案实施, 虽然我自己本身并没有真正带队、接触小朋友，不过我也深深体会到近代教育愈来愈重视学习者本身的自我学习与思考。今天的社会是个多元、自由、复杂、信息快速的社会，教育已不能停留在教授知识本身，重要的是教给我们自学的能力，让我们会思考、判断、建立自我价值观，从而在生活中不断地自我学习与成长。因此，我更希望能借这种活动让做家长的大人们了解，关于"一般人能学哲学吗""儿童能学哲学吗"这一类的问题。许多人有颇深的误解，误以为哲学是大思想家、哲学家、伟人甚至圣人才能有的"专利"，却不知哲学是最接近生活的、经验的，是个人整合经验、知识与思考的智慧累积。因此，小朋友或一般大人当然也拥有自己的价值观与哲学观！"儿童哲学"是一个广阔的思考空间，也是一个自由开放的想象空间。思考，是一种态度，也是一种生活方式，是每个人所独自拥有的，也是任何事物所无法取代的。若我们能更以身作则，学着建立自我的价值观，在有机会时，把这种思考模式提供给更多人参考，那么要建立更成熟客观的社会道德也是指日可待。

珮菱

参加这次哲学营之后我有种深刻的感触，那一刻仿佛倒流到自己是小学六年级的时候，那时候对哲学一点概念都没有，只知道一般人对读哲学的人都有刻板印象，他们认为读哲学的人都是思想有问题的。而我觉得哲学营对这些参与的弟弟妹妹最大的意义就是——哲学是很有趣的。我们可以把生活中遇到的事情用哲学的方法来比较、讨论，像我们这组跟小朋友谈到"大与小"的问题。我们要如何去判断一个人的大、小，一般是用年龄来比较，而将牙齿、指甲都拿来讨论大小，小朋友觉得很有趣，或许是因为他们从来没想过要拿牙齿跟指甲来比谁大谁小吧！现在的小孩子比想象中的早熟，我开始觉得自己真是老了，替他们感到高兴，因为有这种机会可以参加哲学营，启发他们从不同的角度思考事情。

祖裕

这第一届的儿童哲学营，很遗憾的，我因为去参加世新大学硕士班的第二阶段面试而无法全程参与，原先我们大四的学长、学姐是安排戏剧的，即使我不能全程出席，也参与了改编《谁大》的剧本。当天晚到的我，听学妹们说了才知道戏剧的演出不受好评，这应该归咎于我们的笑点及用意太难呢，还是现在的孩子太成熟？这次我们这组的成功全都是凭借着大家的努力，在哲学营时慧萍学妹出色的主持及控制，还有平时晓琪学妹的努力，都是我们这组的动力及支柱。借由这次哲学营的实习，我们不再只是局限于书本的教导，而是真正地去实习、运用所学。随着大环境及形态的演变，对于儿童的教导也应该随之改变，何况现今的儿童接收的信息越来越多，也越来越全面，如何让他们学习得正确、快乐，有完整的思维，对事物能有周详的考虑，是我们更应该学习及努力的方向。

佩伶

借由这次儿童哲学营的举办，我们参与了整个活动的编排与策划，这样活泼的课程安排方式是以前没有过的，除了小朋友的天真与可爱之外，我们还发现了在他们言语之间不同于我们的哲学思考方向。活动在一开始因为彼此有点陌生，跟小朋友的互动显得有点生硬，可是在之后活动的带动下，气氛渐渐活络了，最后大家在些许依依不舍之下结束了整个活动。

小杜

其实，我觉得这次的活动给我一种很不一样的感觉，在一开始老师告知我们在学期末会有这样一个活动的时候，我一直觉得这是个很艰难的任务，因为我们在课堂上所讨论的东西，一直是比较偏向于理论方面，或是比较属于我们自己的想法，对于现在的小学生的想法并没有接触到太多，所以一直到活动开始的前几分钟，我都很紧张。因为我担任小队辅的工作，是直接处在和小朋友接触的第一线。节目开始进行时，我可以感觉到他们的紧张也不亚于我们。我开始慢慢地和他们认识，主动和他们说话……慢慢地，节目进行到中间时，我跟小朋友之间的互动开始变得多了！本来以为他们应该是处于叛逆期的大小孩，其实，他们还是一群很可爱、很单纯的小朋友。这次的活动给我最大的收获，就是让我了解了要和不认识的人接触，首先要表示自己的善意。这是一次印象十分深刻的回忆！

小组成员及分工一览表详见表3。

表3　小组成员及分工一览表

成员名单	工 作 分 配
哲三爱　陈品君	队辅
哲三爱　杜佳颖	队辅
哲三爱　简任苡	报到及 PPT 制作
哲三爱　王蕙涵	报到及采买
哲三爱　黄怡文	队辅
哲三爱　简淇汝	队辅
哲三爱　林慧萍	主持人
哲三智　林晓琪	PPT 制作、采买及活动策划
哲四爱　郑立欣	戏剧演出
哲四爱　程怡芬	戏剧演出
哲四爱　罗珮菱	戏剧演出
哲四爱　谢佩伶	主持人
哲四智　陈祖裕	戏剧演出

◎ 2005 年第二届儿童哲学营"三年四组"的成果报告

主题：什么是心?

设计者：朱珮吟。

教师（教学者）：林晓琪、谢怡秦、张雅岚、朱珮吟、刘郁、彭羿嘉、谢伟婷、傅圣洁。

教学对象：高年级混龄组（小学五、六年级至初一学生）。

教材来源：本组教案以《哲学教室教师手册》第六章为主进行编写、整合。

设计理念："儿童哲学"相关课程自开课以来，不论是期中童书推荐、期末论文报告，还是第一届儿童哲学营，其内容大多从"价值观讨论"或是"生命教育[①]"出发，还谈不上真正地进入"伦理学"领域，在"哲学"的比例上也稍显薄弱。我以为"儿童哲学"不应只是厘清儿童的价值观，或是给予他们一些新的观念、想法，还应该有更多的"哲学"。

"儿童哲学"是什么？在筹划这次儿童哲学营之前，我再一次深思。如果"儿童哲学"是"philosophy for children"，是"为"儿童设计的哲学教育计划，那么我们可以带给孩子什么样的"哲学训练"？如何帮助他们培养独立思考的能力？

故本组在这次的儿童哲学营中，采用李普曼教授所著《哲学教室》[②]中的第六章作为教案文本，用意如下：

（1）因《哲学教室》本身蕴含浓厚的"哲学性"，在编写教案时，较易将问题聚焦在哲学的探讨上。

（2）本课程的目的在于"儿童哲学"的理论与实践，故本组尝试将已出版的儿童哲学讨论手册——《哲学教室教师手册》[③]上所编写的讨论内容，实践在小学高年级学生身上，借以评估其可行性。

期待在富含浓厚"哲学性"的文本下，可以与小朋友们擦出更多的火花。

教案概念说明：

■ **教案名称：**什么是"心"? [④]

---

① 如秘密、两性关系、死亡等议题讨论。

②④ 本教案内文选自《哲学教室》第六章，详情参见李普曼：《哲学教室》，杨茂秀译，
台北财团法人毛毛虫儿童哲学基金会，2002，第 65—71 页。

③ 李普曼：《哲学教室教师手册》，杨茂秀译，台北财团法人毛毛虫儿童哲学基金会，
2002。

■ **适用阶段：**小学高年级以上的学生 ①。

■ **讨论时间：**1 个半小时至 2 小时。

■ **讨论场地：**地板教室。②

■ **讨论人数：**5—8 人，最多 10 人。

■ **主题（关键字）：**心、心灵、思想、人、动物。

■ **设计概念：**

选择《哲学教室》第六章作为教案内容，是基于以下几个因素：

1. 教案本身内含的"哲学性"。

2. 除了由学生自行编写教案外，我们也参考了《哲学教室教师手册》③ 的内容，将两者合并，实际操作并评估其效果。

■ **讨论目标：**以观念引导的方式，意识性地提醒、鼓励学生思考心灵和思想的性质。④

1. **什么是心?**

2. **什么是思想?**

（1）思想的方式——"语言"或"图像"。

（2）思想的内容——"实体"或"感觉"。

（3）心灵与身体的不同——我是"我的思想"还是"我的身体"?

（4）心与脑的不同。

3. **人类与其他动物的不同。**

■ **流程：**

1. 阅读《哲学教室》第六章一文。

阅读方式：以录音故事呈现，配以 PPT 字幕。

2. 故事引导。

请学生分享阅读《哲学教室》第六章心得。在分享的过程中，主持人 ⑤ 针对学生所分享的内容或是他们感兴趣的主题，以"渐进"的方式慢慢引导至预设

---

① 约 11 岁以上。

② 讨论教室的布置，宜采取"围圈圈坐地板"的方式，从而让每个讨论者都能看见彼此的动作、表情，且在最轻松、自然的状态下进行最舒服、开心的讨论。

③ 李普曼：《哲学教室教师手册》，杨茂秀译，台北财团法人毛毛虫儿童哲学基金会，2002，第 127—146 页。

④ 同上，第 130 页。

⑤ 讨论活动中带领问题讨论者（可能是老师、家长……）。

讨论的问题中。

3. 问题讨论。

含预设问题的讨论、经验分享及其他延伸问题的讨论。

4. 总结。

主持人可归纳一小结论；学生填写学习单。

活动流程安排见表 4。

表 4　活动流程安排

09:00—09:30	签到
09:30—09:50	相见欢
09:50—10:30	讨论（一）
10:30—10:40	休息时间
10:40—11:20	讨论（二）
11:20—11:35	反馈分享

教材内容

第一部分

“有一首歌老是在我脑海里荡来荡去，”齐媛说，“我们家有那一张唱片，我哥哥总是放，大概叫作‘我的家乡’，我不太清楚。”

“哈哈，不是，是‘我家在那里’吧！”黄妩娟笑着改正她。

齐媛也笑了：“不管它叫什么，那个曲子老缠着我，不管做功课也好，睡觉也好，做什么它都不停地在脑子里钻来钻去的。我真希望能像我家的狗把身上的水甩掉般地把它从我的脑子里甩出来。”

那是星期五晚上，黄妩娟和罗桂英一同在齐媛家做功课，睡在她家。

“有时候我也有类似的经验，”罗桂英说，“我常梦见我的祖母。她病了很久，然后她死了。她死了之后我常梦见她，我老是觉得她使我梦见她，可是，实际上她已经死了，怎么能使我梦见她呢？”

“死人不能的，”黄妩娟说，“至少我不相信。”

齐媛带点怀疑地注视着黄妩娟，说：“奇怪，上回我是在一星期以前听到那张唱片的，可是从那一天之后，我的脑海就被那首歌占据了，它不断地出现。它在我心中的印象真深刻，所以，我想罗桂英常梦见她祖母，只是因为她祖母生前在她心中留下深刻印象的关系。对不对？”

罗桂英摇摇头，说："我看见月亮，因为月亮确实挂在天上，是真的月亮在那里，所以我才看见它，对不对？我听到你的声音，因为你确实正对着我讲话，所以，我想，我心中出现的一切思想，都是外界物件所引起的。"

第二部分

"笑话！"齐媛说，"有许多想象的物件，只有我们心中才有，外界根本没有。"

"举个例子好吗？譬如什么东西？"罗桂英说。

"譬如说吧——吸血鬼，或者猪八戒、孙悟空之类的。"齐媛答道。

"好，"罗桂英说，"我不相信有猪八戒、孙悟空，至于吸血鬼，我不敢说，但是孙悟空和猪八戒，是故事里的，是人编出来的，人编出来告诉我们，让我们去想的。"

"罗桂英，"黄妩娟打断她，"你不停地说你心里的东西，说什么东西在你心里，什么东西不在你心里，可是，什么是'心'啊？你怎么知道你有'心'？"

罗桂英打个呵欠，把被子底下的脚伸直，才说道："我知道我有个心，就像我有身体一样，我有一颗心。"

第三部分

黄妩娟还在坚持，人可以看到并且摸到自己的身体，但无法看见或摸到心，那看不见、摸不着的东西，怎么相信它存在呢？于是她肯定地下结论说："当你说你有心时，你说你的心，实际上是指你的脑。"

"有许多东西，你看不见，可是你确实相信它们有。"罗桂英表示反对，"例如，我去游泳，真的有个东西叫游泳吗？如果我去散步，真有个东西叫作散步吗？"

"所以，你说怎么样？"黄妩娟问。

"我认为罗桂英讲的，"齐媛忍不住也开口了，"是说思想就像我们的行为，例如游泳、散步一般。"

"对了！"罗桂英说，"那正是我的意思，我说过我有一个心，我是指我留心、留意一些东西，我留意电话，我留意我那褓褓中的妹妹，我留意我自己的事。'有一个心'只不过是'留心'而已！"

但是黄妩娟并不满意齐媛及罗桂英的讨论。"我同意，"她说，"也许心与脑不完全一样，我刚才说过，它们完全一样；不过，我现在修正我刚才的说法。"大家都笑起来了，然后黄妩娟继续说下去："我的意思是，我们看不见电流，但电却是真的，所以，为什么不可以说，人的思想只是脑中类似电流的东西？"

齐媛的妈妈走过来，告诉孩子们，不该那么晚还讲个不停。

“好——”齐媛说，“什么是心？”

齐妈妈认为她们的谈话该结束了，不过，她不愿叫齐媛难过，所以她说：“当我像你这么大的时候，我认为心是一种薄薄的、像烟一般的东西，就像我们的呼吸……”

“你是说，就像我们冷天可以看见我们的呼气一般，我们可以看见它，是不是？”齐媛插嘴。

“不，”齐妈妈回答，“我确实认为我们有心，但是，却不是看得见的。你永远看不见心，但是心是你思想、感觉、记忆、想象所在，这些东西也和心一般，是薄薄的、细细的东西。”

“喔！”齐媛说，“对了，那就是心！”

“也许吧！”齐妈妈微笑。

“不然，还会是什么呢？”齐媛想知道。

齐妈妈用手摸摸齐媛的头，说：“我真的不知道。”过了一下子，她加上：“我说不知道，不是因为太晚了，想叫你们睡觉，而不想讨论。说真的，我是不知道，不过有时候我想，心只不过是语言。”

“语言？”齐媛表示不明白。

“小孩刚开始学讲话时，他们跟别人讲话。”齐妈妈说，“但是，没有人同他们在一起时，他们还是讲，就像有人同他们在一起似的。换句话说，他们是在自言自语。往往，他们自言自语，渐渐地就没声音了，睡着了，那就叫思想。”

第四部分

“你的意思是这样子的吧！”黄妩娟说，“首先，孩子看到出现在他面前的东西，但是，等东西不在他眼前时，孩子仍然可以记得或想象那些东西。所以，思想在我们心中，就好像事物在我们记忆中的痕迹而已。是不是？”

“我的天，黄妩娟，我不知道，我从来没这么想过。”齐妈妈回答。

这时齐先生走进来，想知道究竟什么东西这么有趣，让她们半夜十二点半了还聊个不停。这么晚了，应该都睡在床上，做梦去了。

“我们在谈梦及一些念头纠缠之类的事，这些东西有时候很吓人呢！”齐媛说，“然后，我们设法要把这些搞清楚，看看到底是怎么一回事，然后我们问，当我们说‘人心’时，‘心’是什么意思？”

“让我们明天早上吃早饭时再谈，好吗？”齐先生建议。

“我知道心是什么。”罗桂英说，“心是人有，而动物没有的东西。”

实际讨论活动

在这次的教案设计中,为了抓住主要核心问题以方便引导讨论,不使讨论失焦,本组将《哲学教室》第六章全文分为四个部分,每个部分皆有一讨论主题;此外,本组事先讨论过所设计的问题,预测小朋友回答的状况,并为活动当天讨论的气氛做准备。

活动当天,由于计算机投影设备突然无法正常使用,故讨论的部分在解决了设备问题后才正式开始。因为时间上的延迟,导致部分问题无法被讨论①,着实可惜。

以下,为了说明方便,采取教案与实际讨论状况穿插的方式叙述。

第一部分:我心中出现的一切思想,都是外界物件所引起的?

——罗桂英摇摇头,说:"……我想,我心中出现的一切思想,都是外界物件所引起的。"

经验分享

1. 为什么喜欢到同学或朋友家里去过夜呢?

2. 齐媛说:"有一首歌老是在我脑海里荡来荡去。"你有过类似的经验吗?为什么有些思想老是留在脑子里,丢也丢不掉呢?

实际讨论状况

1. 小朋友先简单地分享到朋友家过夜的情形及他们都做些什么事。这个部分的讨论以女生为主,男生似乎对到朋友家过夜不感兴趣。

2. 针对第二个问题,也许因为还在刚开始讨论的状态,小朋友略显安静,只是点点头,表示有过这样的经验,但一时间想不起来是什么东西留在脑子里。

问题讨论

我心中出现的一切思想,都是外界物件所引起的?

讨论方式:

1. 先请学生分享对这个问题的看法,是否认同罗桂英所说的,并举例。

2. 若有反对的意见,反对原因为何,并举例。

第一部分的重点,在于让学生意识到心中所出现的思想,并非全由外界物件所引起。设计"讨论方式2"的问题,是期望可以带出学生另一层面的想法。

实际讨论状况

我们请小朋友举手,表达他们是否认同罗桂英的说法。大多数的小朋友认

---

① 被跳过的问题有:第二部分、第三部分的部分问题,以及第四部分的全部。

同罗桂英所说，只有一两个小朋友不认同。但不认同的小朋友并未举出反例，而是由主持人 ① 举例说明，让小朋友能进一步了解。

第二部分：什么是"心"？

——黄妩娟打断她，说："你不停地说你心里的东西……可是，什么是'心'啊？你怎么知道你有'心'？"

1. 什么是心？

讨论方式：

请学生将"心"与其他事物类比。

a. 齐妈妈说："心是一种薄薄的、像烟一般的东西，就像我们的呼吸……"

b. 心与思想就如房间与家具的关系。

进行此问题讨论时，主持人可以先举几个例子，让学生了解问题的方向。若学生无法举出类比也没有关系，这个题目是比较困难的。

实际讨论状况

这个问题，是由主持人先提出自己的看法，再让每一位小朋友轮流回答。小朋友的答案都很棒，例如：我觉得心像太阳，给人很温暖的感觉；我觉得心像大海，可以包容很多的东西……小朋友的答案都十分有创意，也很容易发挥，没有我们当初预期可能会回答不出来的状况。

2. 请学生举例有关"心"的词句，并加以分类，了解"心"是如何运用在生活中的。

先请学生说出任何有"心"的语词、成语，如伤心、心痛、用心……并记录在白板上。

主持人与学生一起合作，把白板上出现的"心"的语词分类，看看"心"可以解读成几种意思。

此部分的进行，是要带出"心"除了是我们所认知的身体器官外，是否还具有另一种抽象的含义。

实际讨论状况

对这个问题的讨论十分活跃，小朋友都很愿意抛出不同"心"的语词。此外，本组也提出了几个事先演练讨论问题时所想到的"心"的语词，让小朋友回答，如点心、心上人、狼心狗肺……

其中，在讨论"狼心狗肺"时，首先我们问小朋友："狗"不是人类最忠实的好朋友吗？为什么会用"狼心狗肺"来形容坏心的人呢？

---

① 讨论活动中带领问题讨论者（可能是老师、家长……）。

此时，小朋友提出了有趣的看法：他们认为，正因为"狗"是人最忠心、最亲近的朋友，所以当被亲近自己的人背叛时，感觉更是不好受。故以"狼心狗肺"形容自己被伤害的感觉。

3. 讨论什么是"心"。

a. 从之前活动中所分类出来各种不同"心"的意思出发。

b. 请学生说出他们所认为的"心"是什么。

进行此部分的讨论时，要注意学生们的回答是否被之前的分类活动所局限，多鼓励他们提出不同的意见。

实际活动状况

大部分的小朋友回答"心"是思想、情绪……但并未明显地区分二者。

第三部分：思想是什么？

——齐妈妈说："……往往，他们自言自语，渐渐地就没声音了，睡着了，那就叫思想。"

问题讨论

我们可以知道别人心里在想什么吗？

讨论方式：

a. 先请一位学生到台前抽题目，并将题目表演出来让其他学生猜。

b. 若是学生猜不出来，可以请配合的老师们表演。

此部分的目的在于：

第一，了知：也许我们可以经由一些外在的行为了解一个人当下的情绪，但我们还是无法得知他为何会产生这些情绪、到底在想什么。

第二，有时候别人不知道我们心里在想些什么，也有可能是我们表达得不够清楚。

实际讨论状况

在说明完游戏规则后，我们先请本组的同学表演两个题目，小朋友来猜，目的是让小朋友对于接下来的表演不那么紧张。之后，小朋友的表演也十分可爱，小朋友们的大方表现出乎我们意料。

这个游戏也成功地带出了我们所要表达的信息：我们无法知道别人在想什么。

思想的方式——"语言"或"图像"。

讨论方式：

a. 先放一段"动物狂欢节"的音乐：大象、狮子和骷髅。

b. 学生们在听完音乐后，请他们分享听音乐时所想到的东西。

在刚刚的音乐中，当你思考时，所想到的是语言文字还是意象（照片）呢？

如果是语言，那么你所听到的，是自己的声音还是别人的声音？

在你的思考里，有没有听见别人对你说话或是自己对自己说话的经验？

实际活动状况

在活动中，小朋友们的答案十分多元，没有局限在某种特定的动物上。但很可惜，有部分小朋友已经听过这些曲子，知道曲子中所代表的动物，以至于他们无法参与回答讨论的过程。

改进建议

1. 在乐曲的选择上，可以再抽象一点，使小朋友能有更多的想象空间，也较能进入问题的主题。

2. 可以多准备一套曲目，预防出现小朋友听过的状况。

思想的内容——"实体"或"感觉"。

讨论方式：

当你想睡时，你想的主要是你的床多么好、枕头摸起来多么舒服，还是躺在床上多么好的感觉？

实际讨论状况

由于时间的缘故，此问题未做讨论。

心灵与身体的不同——我是"我的思想"还是"我的身体"。

讨论方式：

1. 你的思想，你的脸（身体），你觉得哪一个较为接近你自己？

2. 你觉得有什么东西，不论是抽象还是具体，可以代表你自己？

实际讨论状况

我们将上述问题合并讨论，大部分的小朋友认为是自己的思想可以代表自己。

心与脑的不同。

讨论方式：

1. 对"心"与"脑"这两个字进行比较。

a. 在地板上画出"心""脑"两个不同的圈圈，供学生选择。

b. 主持人念完题目[①] 后，请学生选择"心"或是"脑"。

c. 答案公布后，选错边的学生要被淘汰，最后优胜者有一份小礼物。

---

① 题目请参见附件"二、活动题目：'心'和'脑'这两个字的比较"。

2. 如果你有一颗杰出的心灵，意味着你有一个杰出的脑吗？

3. 思想，是在心里，还是在脑里？

实际讨论状况

1. 在这个活动中，小朋友玩得很开心，当有不同的答案出现时，小朋友也会提出自己的看法。

2. 由于时间的缘故，第二个问题未做讨论。

3. 在讨论第三个问题时，我们做了整个活动的总结；也把之前小朋友所提到的"心"是思想、情绪，做了更进一步的讨论。

第四部分：人与动物的不同。

——罗桂英说："心是人有，而动物没有的东西。"

问题讨论

1. 举出几种人类的活动，这些活动是其他动物所没有的吗？

讨论方式：

a. 先请学生举出人类的活动，越多越好，并记录在白板上。

b. 再一一比对有哪些活动是人类才有，但动物没有的。

c. 哪些活动是动物才有，人类却没有的。

2. 人与动物。

讨论方式：

a. "人是动物"，这句话是什么意思？

b. 你是动物吗？

c. 在哪一方面，人是动物？

实际讨论状况

第四部分由于时间的缘故，来不及讨论。但我们在学习单里，有提出"人与动物有什么不同"的问题，小朋友们也有做回答。

结语

"心"到底在哪里呢？这是我们最后问小朋友的问题。当我们思想的时候，到底是用什么在想？是"脑"还是"心"？关于这最后的问题，我们没有给予所谓的正确答案，而是开放思考的空间，让小朋友自己去想。

教案检讨

本组今年选择的讨论文章是《哲学教室》第六章。在这次的儿童哲学营过后，我们发现：

（1）这样具浓厚"哲学性"的文章，是可以被小朋友讨论的。而依据《哲学教室教师手册》上所设计的问题、本组所编写的教案及实际活动后的结果，讨论的年龄层应设定在小学高年级以上的学生，甚至中学生。

（2）全文分成四部分的讨论方式，可以避免小朋友分不清相似语词、概念的问题。

（3）在问题的设计上，从"什么是心""心有哪些描述""心的类比"等有关"心"的词句，推导到更深入的内容："思想""心和脑"……为了厘清"心""思想""脑"等语词的概念，可以把问题设计得再明确一点、生活化一些，使小朋友可以在最短的时间内清楚了解问题所表达的意思。

（4）在面对相似语词不断出现的情形时，例如：心、脑、思想、情绪……应在每一段小讨论后，整理讨论的内容，以确认刚刚讨论的过程中每个语词之间的差异，帮助小朋友厘清自己的想法。最后，可以做个小总结。

（5）虽然本次活动并未讨论到所有的问题，但根据小朋友回答的状况，可以推测有些问题对小朋友来说还是有点困难，尤其是在"感觉"和"思想"的部分。**建议可以在讨论的时候，给予语词哲学上的定义。**

（6）可以设计"活动前"的学习单，先让小朋友简单地回答今天要讨论的问题，再结合活动后的学习单做对照。

小朋友的反馈 [①]

■ 我觉得心是……

1. 心是一条从高山上流下的水。因为有时候心会从很高兴一下子流到不开心。

2. 有两种，一种是实物，一种是摸不到的；实体是"心脏"，而另一个是感觉。

3. 情绪、想法、感情、感觉。

4. 感情控制器，可以控制感情。

5. 一种感觉，因为它可以在第一时间知道我在想什么。

6. 感觉，因为我们用心感觉。

7. 思想。

---

① 选自部分小朋友的学习单。

8. 心是海,因为可以装很多东西。

9. 感觉、想法、情绪。

■ 我觉得人和动物的不同在于……

1. 思想。因为动物大概只会想哪里有东西吃,而人会想更多层面的东西。

2. 人有自己的想法,而动物也许没有。虽然源于同一个祖先,但演化的进程却相差甚远。

3. 外形不同,表达思想的方法不一样。

4. 人有人性,动物没人性。

5. 人比较聪明,动物不太聪明。

6. 语言,我们听不懂他们的语言。

7. 可以表达情绪。

■ 在这次活动里,我学到……

1. 心不只是一个器官,也可以是自己的思想或感觉。

2. 思想、情绪的各种层面。

3. 用脑、用心,还是两者皆用。

4. 心和脑的不同。

5. 什么是哲学。

6. 我学到哲学不只是这些东西。

7. 什么是心。

8. 表达对"心"的想法。

■ 对我们的建议:

1. 讨论问题的时候,气氛有点冷,活跃气氛的功力要加强。

2. 真的挺有趣的,不过时间太短,有意犹未尽的感觉。

3. 时间太短,希望可以多讨论一些相关的内容。

4. 上课和安排的内容都很棒。

5. 很好玩,很高兴。

6. 很好,没话说。

7. 今天非常高兴,因为学到很多东西。

文章内容分享与讨论的进行方式:

问题讨论与文章内容分享是没有先后顺序的,故讨论时应视情况而定。本篇教案《哲学教室》第六章,将文章内容分成四个部分进行。例如在阅读完第一部分的文章后,先进行第一部分的讨论;之后再继续阅读第二部分的文章,进行第二部分的讨论，依此类推。

【附件】

一、活动题目：我们可以知道别人在想什么吗？

主持人的表演题目

1. 尿急，想上厕所。

2. 中了彩票，超开心。

学生的表演题目

1. 匆忙：快迟到了，赶去学校。

2. 难过：考砸了。

3. 酸：吃到很酸的柠檬。

4. 天啊！我真美！

二、活动题目："心"和"脑"这两个字的比较。

下面各句中，请在括号里圈出适当的字/词，假如两者都可以，就圈两个。

1. 我下定决（脑子，心）再也不做这种事了。

2. 他从高处跌下来，伤了他的（脑子，心）。

3. 医生为了减轻他的（脑子，心）压力，做了一次手术。

4. 黄明杰找到了一个解决办法，这次他真的用了他的（脑子，心）。

5. 当我到商店去买东西时，我听到店员说——请你留（脑子，心）这孩子。

6. 我不让牙医的钻子吓住我，这是（脑子，心）控制情绪的例子。

7. 我不知道为什么我老是想着那个曲调，我就是没有办法把它从我的（脑子，心）里抹去。

8. 我用我的（脑子，心）思考。

心得感想：

刘郁（小郁）

因为在安亲班打工，每天都和小朋友接触，平常都是做些帮他们看功课和负责管教的工作，但举办这样一个温馨而富有教育意义的活动倒还是第一次呢！

当时和组内讨论的时候，由于我们带的是高年级，有别于其他组以儿童绘本作为教材，珮吟提出了以《哲学教室》作为引导他们思考的题材，我觉得这是一项突破，本来以为他们会觉得太深奥而回答不出来，但后来发现其实很多孩子的想法已经很成熟了。他们的回答让我感到很真、很新鲜。也就是在完全不知道正确答案的情形下，小朋友做了一定程度的独立思考。

普遍来讲，同年龄的女生思考得较多且深入；男孩子则是大而化之，遇到无法解释的问题就说"凭直觉"。一开始我们相觑而笑，但后来他们一直以这个答案为推托时我有点失望，为了迫使他们思考，我和珮吟规定他们不能这样，不然就没收礼物，不过后来才不得不承认在遇到平常不常想的事情时，要对它有一番想法是有些困难！

让我记忆很深的是，在问到他们"心里所想的事物都是由外界所引起的吗"时，小慧老师的女儿说到了她曾想过她上辈子是什么，也就是前世今生的问题，我听了觉得蛮有趣也很惊讶，便继续问她："那你觉得你的前世是什么？"她搔搔头说不知道，只是会常想到这个问题。其实我以前也很好奇轮回这方面，如果有机会说不定还可以一起再讨论！

在设计活动时我们尽量避免太严肃的话题，所以穿插了很多小游戏，小朋友们玩得津津有味。希望他们在经过这一次的活动后能常常思考有关"心"方面的延伸问题。在此过程中我也学到很多面对孩子的小技巧，譬如一直问他为什么，或用猜测的方式请他们做选择。真希望有天自己可以像苏格拉底一样用接生法来引导小朋友的思考！

羿嘉

那天大家真是风雨无阻，小朋友都来了，真是令我感到很惊讶。我们所讨论的题目，是关于思想和心灵的关系，是比较抽象的。关于所要讨论到的这些问题，原本以为对于小朋友来说会较为艰涩难懂，然而大体上小朋友都能一起来讨论。不过我想在这一过程中，最令孩子们开心的莫过于玩游戏了，大家都很配合，也非常愉快。希望借由玩游戏及后来的游戏讲解及小结论，能让他们对于心和脑以及思想有更进一步的体认。

小朋友是需要鼓励才能使他们提起勇气来发言的，这也是我在这一次的儿童哲学营中深深感受到的。另外，游戏也能使其更开心、更活泼，一旦他们放下了戒心，就能更畅快地发表自己内心的想法了。

另外，这次哲学营能圆满落幕，真的要谢谢三年四组的组员，特别是珮吟学姐，真的很谢谢你，很多很多都是你带领我们的。通过这一次的体验，我们学到了如何和小朋友沟通等很多东西，也谢谢小慧老师给我们这个机会。

伟婷

很庆幸能在大雨的日子里参加儿童哲学营，让我生平第一次当上一群小朋友们的大姐姐，心里想着他们是小朋友，年纪比我小一轮，但事实上却又个个想法成熟，似乎都超越了我们的想象。最令我印象深刻的是，每位小朋友对于心的描述，并不像我所以为的那样（童年的心只有甜的一面），大家都知道心有着酸甜苦辣各种味道……应该是我把他们想小了吧！

当然在表演的部分，也特别显现出小朋友们的不怕生以及有创意。当初我们所假设的不敢上台而导致的推托，完全没有发生在我们三年四组的小朋友身上。在最后他们对于课程结束的感想部分，有部分小朋友写道：没想到会有那么多心的分类，没想到光是一个心就可以有那么多的想法。果然，我们的教案是可实施在小朋友身上的！

雅岚

上了一年的儿童哲学与思考教育，接触了不少相关资料，尝试过不同的技巧方式，但都是我们本身所学、所熟悉的部分。在第二届儿童哲学营中，我们选择了李普曼教授的《哲学教室》，将实地的操作运用在小朋友身上，实际地去体会，这样的思考教育能否如同书上所讲述的印证在自己身上？

我们所选择是第六、七章的部分，以心为主题。一开始大家对于什么是心的定义，就花了很多时间在讨论，不光是要把它界定出来，也要能用很浅显的方式来表达，让小朋友能了解。从对什么是心、心有哪些描述、心的类比、有关心的词句等慢慢推导到更深入的内容，如讨论思想、心跟脑、心灵跟身体的关系，一步一步地推展开来，虽然构想得很多，但也担心小朋友能否吸收进去，不断地调整我们的内容。在讨论的时候我们觉得自己都有点模糊不清了，到时候跟小朋友说的时候会是什么样的情景呢？但是活动当天倒是进行得很顺利，也让大家松了一口气。

这次很遗憾的是，由于参加考试，我没有办法参与当天的活动，希望明年还有机会可以参与这个活动，继续看到有更多的人投入到这个领域里面，使儿童哲学能更蓬勃地发展。

晓琪

这一次的儿童哲学营，我们选择以《哲学教室》来做教案，为的是了解《哲学教室》作为教案落实后的效果，对小朋友而言会有什么样的难度，所讨论的问题可以深入到什么程度。在活动之前我们着实担心所设计的"心、脑、思想"等之类的问题对小朋友来说太过困难，一直反复地筛选问题，然而我们相信小朋友一定会有自己独特的看法，最后终于完成这一份难度适中的教案。

在活动当天，天气格外恶劣，不停地下着大雨还外加积水，原本担心小朋友们会因为天气的关系坏了兴致而纷纷缺席，不过小朋友不但准时出席，还带了新朋友（不在原本名单内的小朋友）来呢！在问题讨论的过程中，原本我们害怕小朋友说不出我们所想要的答案，于是事前安排了大姐姐们在气氛冷场的时候圆场，没想到小朋友热烈讨论，都能直接说出自己的看法，与其他的小朋友也有互动，让我们的讨论过程十分顺利。唯一美中不足的是，我们没有借到录像机，所以这次的活动只有照片与音频存档。但是整体而言，活动还算成功，在最后我们请小朋友写的反馈单里，小朋友对于这次的活动都很满意，也希望下次有机会再来参加，还不忘给我们这些大姐姐们加油鼓励，真的非常贴心！

这是我第二次参与儿童哲学营，这一次我们让学妹与这堂课的新同学来带领讨论，我们则从旁辅助，虽然感觉有过经验的人会比较熟练，但是参加的小朋友不同，会发生的状况也不太一样，在举办之前我们预想着所有可能发生的问题，幸好这些状况一直到最后都没有出现。使用《哲学教室》作为这一次的教案，对我而言还真是一大挑战，因为其故事内容不如去年的《谁大》来得生动与容易，但是所能够衍生的问题却是比较多元、比较具有深度的，假若这一份教案使用于成人，所讨论的内容一定更具有哲学性。

在故事里，齐妈妈说："心是一种薄薄的、像烟一般的东西，就像我们的呼吸……"这即是我们这次的主题："什么是心？"对我而言，"心"等于"我"，但是与我的身体相比较，它更贴近我的思想这一部分。"心到底是什么呢？"这是个有趣且值得思考的问题。这一次儿童哲学营的成功对所有参与的小朋友与工作人员而言，再次证明了理论与实践结合的可能。

怡秦

儿童哲学营是我在这学期上"儿童哲学"这门课最为期待的一件事情。早在哲学营开始的前几个星期，大家就紧锣密鼓地做着准备工作，从这次儿童哲学营应该从怎样的方向开始下手，到确定主题、教案讨论、教案定稿、各项工作分配、行前的场地布置，再到整场哲学营的开始与结束，每一位参与者都注入了心血。

还记得在哲学营当天的一大早，下起了大暴雨，大家一开始都以为，雨下得这么大应该会取消活动吧！但是，没过多久，雨慢慢变小，天气也渐渐放晴了，虽然说还是有小朋友因为大雨导致某些地方堵车而晚到，且我们自己组上也有同学因为家附近淹大水过不来而迟到了；但是，活动最终还是顺利开始了。

印象最深刻的是，在活动尚未开始、小朋友们慢慢来报到的时候，我们这组的计算机突然出了问题，迟迟无法正常运作。这时候，我们觉得——完蛋了！这下子该怎么办才好？所有包括录好的音频和要给小朋友们看的资料文件通通都在里面，而计算机却坏了将近一个多小时都没有办法正常运作。正当大家求救无门、准备放弃的时候，它又突然好了，真是不知道该感谢老天爷还是该感谢计算机终于网开一面，不跟我们继续开这个天大的玩笑。为了撑住抢救计算机这段时间，已经绞尽脑汁、使尽浑身解数地带着小朋友做着"相见欢"游戏的圣洁，也露出一丝丝终于可以喘息的笑容。

在整个活动中，小朋友们热心地参与讨论，在红豆和小玉两位大姐姐的带领下，整场活动的过程都还算顺利。原本我比较担心的是小朋友们在举例子的时候会没有办法真正了解我们的意思，或是没有办法跟着我们的引导举出我们真的想要他们说出的例子和意思。但是，或许应该说因为他们的年纪比较大吧！大部分，应该说几乎所有的孩子都已经可以很确切地说出心和脑在不同情况下代表的意思是什么，并且也清楚在不同的句子中，"心"和"脑"这两个字应该分别放在什么样的地方。

令人印象最深刻的就是，当初我们在设计"心"的造词与造句的时候，会担心他们可能无法确切解释出为什么"点心"是用"心"而不是"脚"或"手"或是其他部位，但是孩子们也可以说出不错的答案："因为点心是吃了之后会开心的东西，心情会好，所以才用心，是用心去感觉到好吃。"这真是让我们出乎意料，也感到相当喜悦，觉得我们的付出没有白费。并且，在对句子填空的活动中，我们特别将一个句子中填"心"或"脑"的地方空下来，让他们去思考这个位置应该填哪一个或者两者都可以。虽然有几位小朋友是根据自己的直觉，但是大部分我们提问的小朋友都可以确切说出自己会这么选择的原因。例如："他从高楼跳下来，伤了他的（　　）。"这里或许有的人会选择"脑"，因为是器官受伤了；但是也有人会选择"心"，因为他们觉得是先被人伤透了心才会从高楼跳下；也有的人选择两者皆可，原因是先被人伤了心然后跳下来伤了脑这个器官。

原本以为小朋友们都会因为害羞而不敢发表自己的言论，但是，或许是因为同一组的人年龄相仿并且又都是认识的，所以大家也就比较容易放得开，在回答问题的时候，小朋友们可以很快就接受我们所要传达给他们的信息，并且接受我们的引导，让整场活动充满着欢愉和喜悦的气氛直到顺利结束。通过这个活动，我也深深体会到，其实哲学真的是无所不在的，不管什么东西都有它的一门学问。管理人才有管理人才的哲学，就连一个小小的心和脑也可以让大家讨论这么久，有这么多不同的省思。这也更加证明了，不是只有大人才适合读哲学，当孩子们可以思考的时候，就可以让他们借着思考，对于不同的问题，从多元化的广角去学着判断和分析，以免将来长大之后，因为广度不够而钻牛角尖。

珮吟

其实，我想说的，都已写在"前言"里了。在整个活动的参与过程中，从教案的编写、和组员们讨论问题、活动，到最后的整理回顾，倾尽全力的同时，我的心里是十分踏实的，我们贯彻了从"教案的理论"到"活动的实践"，两者确实地结合了。

不敢说我们没有任何遗憾，这之中仍有很多的进步空间。但在当天很多突发又危急的状况下，我们仍可以顺利地完成活动，除了感谢还是感谢。

下一次的儿童哲学营，我要尝试编写同样具有"哲学性"的教案，但是是给小学中年级小朋友的。因为我相信"哲学"不分年龄；也相信当我们付出得越多时，得到的会更多。

圣洁

在做准备工作时，总觉得我们引导的问题太难了，小朋友不会懂，连我们自己都不清楚的问题，他们应该也不能了解吧……直到当天，看到我们这组的孩子们的表现，我发现现在小孩的想法其实和当初我设想的并不一样，他们是一群很有个性、很有特色的孩子，不会被我们想提出的东西限制住，甚至还会出现一些很超脱，不是我们当初认为他们可能会给的答案……这次的儿童哲学营，我向他们还有学姐们学到很多呢！

工作分配

■ **教案：**

1. 教案大纲讨论：朱珮吟、林晓琪。

2. 教案编写：朱珮吟。

■ **PPT 制作：**朱珮吟。

■ **故事配音：**林晓琪、谢怡秦、张雅岚、刘郁。

■ **"相见欢"活动：**傅圣洁。

■ **主持人：**彭羿嘉、刘郁。

■ **布景：**谢怡秦、傅圣洁。

■ **道具制作：**张雅岚、傅圣洁。

■ **学习单制作：**张雅岚。

■ **礼物采买：**林晓琪。

■ **期末报告检讨：**朱珮吟。

第十章　儿童哲学专题研究／小论文

——《中外童书中的妈妈》

在儿童哲学课程中，学生于第一学期必须以小组为单位进行专题研究，撰写小论文一篇，并于期末口头发表。此专题研究／小论文必须在过程中至少与老师讨论三次：第一次关于方向主题之设定；第二次关于大纲、参考书目之拟定；第三次关于内容、发表之具体呈现。

以 2003 学年度的专题论文研究为例，笔者预先设定三个方向，每组（全班分成三组，每组 12 人）各择其一：（一）图画书／绘本与儿童哲学；（二）中外童书中的妈妈／童书中的两性关系；（三）儿童哲学与伦理教育。三组的专题研究／小论文的题目分别为：《"绘本／图画书与儿童哲学"——以台湾作家黄春明与英国安东尼·布朗的作品为例赏析》《中外童书中的妈妈》《儿童哲学与伦理教育——论儿童生死教育》。

2004 学年度的专题论文研究／小论文的题目分别为：《颠覆传统之性别刻板印象》《"什么是幸福？"——从童书谈父母离异对儿童的影响》《从童书中探讨儿童的负面情绪》。

2005 学年度的专题论文研究／小论文的题目分别为：《不一样的天使——特殊儿童》《家中排行 VS 幼儿性格》《成人绘本与儿童绘本之比较》。

2006 学年度的专题论文研究／小论文的题目分别为：《心中的儿童——长不大的孩子》《儿童与家庭》《论儿童人际关系的建立与问题处理》。

2007 学年度的专题论文研究／小论文的题目分别为：《儿童的孤独》《关怀新台湾》《小孩不笨》。

自 2003—2007 学年度，已累积 15 篇成果。本章所呈现者，正是 2003 学年度在笔者指导下所完成的其中一篇，题为《中外童书中的妈妈》，由周美吟、潘文琪、陈凤仪、黄毓慧、朱珮吟、曾玉华、黄慧芳、杨雅智、洪晴婷、游子萱、高伟玲、吕秭宇等 12 名女同学所组成之"飞天小女警"完成。

中外童书中的妈妈

大纲

第一节　幼儿发展导论——妈妈与幼儿之关系

一、和母亲的关系

理想的母亲没有自己的利益……对我们所有的人来说，毋庸置疑，孩子的利益就是母亲的利益，一般认为，要衡量一个母亲的好或坏，端视她是否真心觉得孩子的利益就是她的利益。

——艾莉丝·巴林特（Alice Balint）

《对母亲的爱以及母爱的爱》（*Love for the Mother and the Mother Love*）

此一最初客体对于日后的每一个客体选择具有难以言喻的重要意义，其无穷的转换与替代，即使对我们性生活中最细微的部分，都会产生深远的影响。

——弗洛伊德（Sigmund Freud）

《心理分析的导论演讲》（*Introductory Lectures on Psycho-Analysis*）

在此处的说明中，我们认为早期婴儿的发展，最重要的特性在于，这个发展发生于婴儿与另一个（些）人之间的关系内——这个人通常就是母亲。从探讨婴儿被母亲抚育的经验就可以看出，从这个时期开始，就已经种下了认为女人应该当母亲的基本期待。探讨母职的要件以及母职的经验将指出，在这个早期阶段就已经奠立了母职的能力。

婴儿和母亲的早期关系深刻影响了他对自我的观感、后来的客体关系及对自己母亲与一般妇女的感觉。持续稳定的照顾让婴儿发展出一个自我（self）——一种"我是"（I am）的感受。不过，任何关系的质量都会影响婴儿的人格与自我认同。自我的经验并不仅在于"我是"的感觉（that "I am"），乃是关于"我是"谁（who I am）。

由于在这个社会中，主要是由母亲提供全部的照顾，因而对婴儿最具意义的关系当然就是和母亲之间的关系，婴儿的自我感也因此在这关系中发展。只要母婴关系具有持续性，婴儿就会根据其对母亲特定面向的内化再现（internalized representations）及其所感知的母爱照顾质量（perceived quality of maternal care），（在情感与结构上）定义其自我的面向 ① ［就像我所指出的，我们特别强调"所感知的"（perceived）母爱照顾质量，意在彰显婴儿在处理焦虑和爱恨交织的情绪时，会进行种种的幻想与转换］。譬如：婴儿若有充足的被喂养与拥抱体验，就会在慈母的抚视下形成一种被爱的自我感。反之，婴儿若是未能在母爱关系中得到满足，或是觉得被拒绝与不被关爱，就会把自我定义为没有人要的、没有人爱的。在这种情况下，婴儿的注意力，乃至于婴儿的自我，多少会胶着于这种负面经验的内在关系。由于这种情况无法解决，并干扰婴儿对爱的持续需要，婴儿会去压抑这样的执念。因此，其自我定义及其情感能量，有部分会在经验上脱离其核心的自我，转为一种内在客体的能量与专注，而相对忽略持续的外在关系。因此，成长中孩童的心理结构与自我感也包括了在一个内在客体世界的情感关系中（包括原欲——依恋的、攻击的、愤怒的、爱恨交织的、无助——依赖的关系）所感受到的，无意识的、半依赖的以及分裂的自我经验，而此一内在客体世界最初乃是立基于母婴关系的种种面向。

---

① 关于此一过程的描述，请参见 Benedek，1959，《亲职作为一个发展的阶段：关于原欲理论》（*Parenthood as s Developmental Phase：A Contribution to the Libido Theory*）；Fairbairn，1952，《人格的客体关系理论》（*An Object-Relations Theory of the Personality*）。

婴儿的心智与物质存在都依赖母亲，而婴儿也开始感觉到这点：唯有让自己承认和母亲的分别，婴儿才能真正形成和母亲的一体感，并发展出真正的自我。婴儿以其自利的原初爱去爱并产生依恋的人是母亲，第一个迫使婴儿认知现实要求的，也是母亲。在内在的层次上，母亲同样扮演重大角色。透过这份关系，亦即内化母婴关系的最重要面向，婴儿开始定义本身的自我。婴儿对自我和世界的立场——其情绪，其自我自爱（自恋）的性质，或自我自恨（忧郁）的性质——首先都是出自此一最初的关系。

在后来的生命中，个人幼年和母亲的关系如影随形，会让她／他执着于原初亲密感（primary intimacy）与一体感（merging）的议题。就心理学的层次而言，所有经历过原初爱与原初认同的人，都有某个面向的自我想要重新创造这些经验，有些人也确实如此努力。弗洛伊德认为，人们之所以转向宗教，就是为了重建这种失落的一体感。① 米歇尔·巴林特（Michael Balint）认为，成年人的恋爱关系也是为了想重建这种原初亲密感与一体交融，其最终目标在于"沉静的幸福感"（tranquil sense of well-being）："此一原初倾向，是所有爱欲追求的最终目标——我应该永远被爱，在每一个地方，以每一种方式，我全部的身体，我一切的存在，都应该被爱，不应该有任何的批评，我不需要付出什么。"②

然而，这种对于亲密感与一体感的执念，也可能导致逃避。人们对于融合的恐惧，可能远甚于渴望；害怕失去所爱的恐惧，可能让爱的经验变成大冒险。如果一个人的幼年经验告诉她或他，这世上能够让自己获得情绪满足的唯有独一无二的那个人——倘若他们从小得到母亲专心一意的照顾，这就不能说是不切合实际的期待——则想要重建此一经验的欲望必然是爱恨交织的。③

---

① Freud：《文明及其不满》（*Civilization and Its Discontents*），1930，第二十一卷，第59—145页。

② Michael Balint：《关于前性器期的原欲组织理论的批判注解》（*Critical Notes on the Theory of the Pregenital Organization of the Libido*），1935，第50页。

③ Mead：《母子分离问题的理论考察》（*Some Theoretical Considerations on the Problem of Mother-Child Separation*），1954；Slater：《追求孤寂》（*The Pursuit of Loneliness*），1970，《漫步地球》（*Earth Walk*），1974；George W.Goethals：《母亲与婴儿的依恋以及婚前行为：接触假说》（*Mother-Infant Attachment and Premarital Behavior*：*The Contact Hypothesis*），1974，讨论我们文化中单一独占性母职所产生的两人关系（紧密的一夫一妻制，善妒的、害怕失去的或是极其善变、三心二意无法投入单一的关系，借此拒绝对关系的需要）。

最早的关系及其情感性质，基本上左右了发展过程中的所有其他关系，并产生交互作用。就像特瑞丝·班妮迪克（Benedek）所言："人类逐步发展的特性在于，母婴原初客体关系的心智再现（mental representations），会根据孩童的年龄与成熟度以及特定客体的意义，持续交互影响个人往后所有客体关系的再现。"①在稍后的岁月，个人和母亲之间的关系，仍会影响其内在与外在的关系立场。费尔贝恩（Fairbairn）认为，孩童和母亲之间的关系"奠立了他未来所有和所爱客体之间的关系"②。他的人格理论以及他所讨论的临床证据，都阐述与支持了此一宣称。甚至弗洛伊德（其临床工作与理论都对个人稍后关系提供了更多洞见）也认为，在婴儿往后的一生中，母亲始终都是一个重要的内在客体，会影响所有后续的关系。

二、孩童眼中的妈妈——我的妈妈，世界上最美丽的名字

妈妈的爱，是孩子们的"维生素和蛋白质"；不管母爱是不是天性本能，不管妈妈是不是唯一的避风港，"母亲"的角色，都是对儿童发展最具影响的人。

孩子们的眼中，透过了婴儿时期一直持续到其有所认知时的和母亲的相处，妈妈被孩子们比拟为各种形象。例如：把妈妈比拟为芭比娃娃。也许，在一般人的眼中，孩子们的妈妈不过是个长相平凡的人，但因为妈妈的爱，孩子们肯定了妈妈的美，而妈妈的美并不在于容貌及穿着，而在于这种跟小孩的相处散发出的美。妈妈是子女生命最初的摇篮，是子女们一个休息的地方；孩提时，在母亲的怀抱中吮吸着乳汁，望上去，妈妈慈爱的眼神宛若是天上的星星，如此的温柔。即使母亲是有着特殊行为或怪异的外表，她也永远像是一颗闪耀的星星，永远和平常人一样，有一颗深爱孩子的心。

在子女的眼中，妈妈也有被比拟为无敌铁金刚、计算机、魔术师等，因为妈妈的爱几乎都是很坚强的，为了保护子女，无论遇见什么难题，妈妈始终能想出解决的办法，并且尽量克服它们，有时更能提供子女最良好的意见。

每个孩子的心中，妈妈都会有一个特别的象征，是温柔的，是坚强的，是睿智的……当我们长大了，可以做很多事了；当我们真正遇见真正碰触难题后

---

① Benedek：《亲职作为一个发展的阶段：关于原欲理论》（*Parenthood as s Developmental Phase：A Contribution to the Libido Theory*），1959，第400页。

② Fairbairn：《人格中的精神分裂因素》（*Schizoid Factors in the Personality*），收录于《人格的客体关系理论》（*An Object-Relations Theory of the Personality*），1940。

才会发现，不管我们长得多大，妈妈的角色依然重要。①

第二节　中外童书中妈妈的分类

一、童书中妈妈常出现的场景

童书中妈妈所在的场景，表现出了作者对于妈妈的认知，也反映出了妈妈在我们心中形象的某一部分。

在童书中我们最常看到妈妈的地方就是"厨房"。厨房，可以说是妈妈带给全家人幸福的一个重要基地，虽然现代社会的实际情形并不一定全都是妈妈在厨房煮菜，有可能是爸爸、姐姐或是奶奶等，但是在绝大部分的情形下，其实都还是由"妈妈"担任家中厨师的角色。或许，这就是童书中的妈妈为什么总是出现在厨房的原因。

除了厨房之外，我们还能在家中其他的角落找到妈妈：洗衣机旁、房间、客厅等。虽然妈妈是在家中各处不同的地方，但却有一个共通点——忙着打点家中的大小事，如打扫、洗衣服等。

另外在童书中，除了上述所言反映出妈妈的形象之外，有时因著书中的妈妈所生长的地方，也反映出不同国家的文化背景。例如我们在报告中所提到过的《丹雅公主》，就是以黎族作为背景的故事。

童书中妈妈所在的场景，我们归结出两种特色：

1. 反映出作者所想表达的妈妈的形象。

2. 反映出故事的文化背景。

二、童书中妈妈的穿着、模样

1. **"标准围裙"路线**：在童书中，最常出现、最普遍的穿着就是"围裙"。这类装扮常出现在传统忙碌型的妈妈身上。妈妈带着头巾、穿着围裙，在家中四处忙上忙下，做饭、洗衣或是打扫家里。

2. **"胖胖喜感"路线**：童书中的妈妈，经常是被画成圆圆胖胖的，予人一种

---

① Nancy J. Chodorow：《母职的再生产：心理分析与性别社会学》，张君玫译，新北群学出版有限公司，2003。

温暖、安全的感觉。这类型妈妈的衣服色系，通常是暖色系——柔和、温暖。

3. "**职业妇女**"路线：穿着套装或较正式的衣服。

4. "**高贵气质**"路线：这类型的妈妈，永远都是美美的穿着打扮，气质出众，在孩子的心中是天使，是最美的女神。

5. "**严厉严肃**"路线：为了表现出妈妈严厉的一面，这类型妈妈的服装，给人较冷硬的感觉，冷色系居多，且绘者所使用的笔触较粗硬，使人感觉严肃。

6. "**时髦辣妈**"路线：衣着风格明亮、大胆，偶有牛仔裤出现，还有许多感觉较前卫的服饰搭配。

三、童书中妈妈的定位——东方妈妈及西方妈妈

（一）东方妈妈

1. 安慰者（comforter）

在东方的妈妈中，多半出现的是"安慰者"的角色。东方妈妈对于孩子的爱，总是较为含蓄的，平时对于孩子的关心不轻易显露。但当孩子在生活及课业上遇到难题，或者是当孩子受到伤害时，妈妈通常会给予安慰，让孩子感受到温暖、抚平心中的伤口。

例如在《妈妈心，妈妈树》这一本童书中，小苹果的妈妈做了一颗"心"陪伴着小苹果上学，让小苹果有安全感。其他同学也让自己的妈妈做了一颗"心"陪伴着他们。"心"象征着妈妈的爱。

这本童书中的妈妈，就扮演着一个安慰者的角色。虽然父母没办法时时刻刻陪在孩子身边，但借由象征性的事物，能让孩子得到心灵上的安慰，使他们有所依赖，让他们有安全感，也鼓励孩子们勇于独立地面对事情。

2. 陪伴者（companion）

东方的妈妈大多属于传统型妇女，其多半时间是待在家中，为整个家庭付出，尤其希望孩子一回到家中就能看见自己。她们无怨无悔地为孩子做很多事，也给孩子最完善的供应，生怕孩子吃不饱穿不暖。但此处所说的"陪伴"，不单是物质上的陪伴，更多时候是满足孩子在精神上的需求，让他们知道：妈妈是一直陪伴在他们身边的。

例如在《永远爱你》这本童书中，妈妈始终无怨无悔地付出，深深地爱着自己的小孩。还有在《幸福的大桌子》里，兔奶奶也永远都在等着孩子回家。

这两本童书中的妈妈，无论是在物质或是精神上，都一直陪伴着孩子成长，即使没有明白地说出来，但都是默默地对他们付出关爱。

3. 老师（teacher）

顾名思义，老师型的妈妈所扮演的角色，就是为孩子解答疑惑。她们不一定要有高深的学问，才能为孩子指点迷津。妈妈运用的是她们亲身的经历、曾经接触过的事物……将这些待人处世的道理分享给孩子。这类型的妈妈，除了解答孩子们的疑惑外，也会适时地教育孩子们，目的是希望自己的孩子能从经验中学习。不论是在哪一方面，学业也好，待人也罢，天底下没有妈妈不希望自己的孩子是最好的。

例如在《买手套去》中的狐狸妈妈，她以自己曾有过的亲身经历，告诉小狐狸要怎么向人类买东西、躲避危险。*Guji Guji* 中，鸭妈妈教小鸭们游泳，还念故事书给小鸭和小怪鸭（主角）听。

这两本童书中的妈妈，都很明显地尽了自己最大的努力，将宝贵的经验传承给她们的孩子。

4. 朋友（friend）

孩子与妈妈之间，通常存在着一种距离。毕竟，妈妈是长辈，孩子会很自然地持着一种比较敬畏、尊敬的心态，鲜少将自己心中的每一件事都告诉妈妈，总是担心害怕妈妈知道之后，会产生什么样的反应。

朋友型妈妈与孩子之间的相处是截然不同的。孩子比较容易对妈妈敞开心胸，就像平常跟朋友相处一样。妈妈跟孩子之间也可以一起做很多事，感觉就像是朋友之间相互陪伴。

例如在《妈妈，买绿豆》这本童书中，妈妈带着孩子一起上街买菜、煮绿豆、做绿豆冰……还会突发奇想地引导孩子，把一颗漏掉未煮的绿豆种下来，和他一起动手做园艺，感觉很窝心也很不一样。

5. 鼓励者（cheerleader）

天下的妈妈都是一样的，每个人都觉得自己的孩子是最棒的，因为每一位孩子都是妈妈心中的宝贝。在孩子遭逢挫折或困难时，这类型的妈妈就会从旁鼓励孩子，让孩子的心中产生自信或安慰。对孩子来说，有时妈妈的鼓励比什么都来得重要。

例如在《妈妈，生日快乐》这本童书中，小熊沃夫的妈妈说道："妈妈最喜欢的，就是这个在我面前，不管是被蜜蜂蛰到，还是摔一大跤，都活蹦乱跳的小熊沃夫啊！"

我们之所以将这本童书中的妈妈定位为鼓励者，是因为她在小熊沃夫遭受挫折时，都会从旁给予鼓励，让小熊不会如此在意失败，这对小熊建立信心有很大的作用。

6. 安全护卫（protector）

这类型的妈妈是很伟大的，因为在孩子的生命与安全受到威胁时，她们会奋不顾身地跳出来保护孩子，为的是不让孩子受到一丝半毫的伤害，对于孩子的照顾就像随身护卫般的周全严密。

例如在《丹雅公主》这本童书中的公主（妈妈），她为了保护自己的孩子及媳妇，不惜与恶鬼对抗，并打败了他们。

这样的妈妈，是在孩子们遇到危险时，宁可牺牲自己也要挺身而出保护他们的。

（二）西方妈妈[①]

1. 安慰者（comforter）

a.《小鲁的池塘》：书中主角最要好的朋友——小鲁，因为生病过世了。主角没有办法接受这个事实，每天都想着小鲁活着时他们一同嬉戏、玩耍的情景。虽然这个故事的重点不在于妈妈，不过，妈妈在其中所扮演的是安慰的角色。例如：当主角的妈妈告诉主角小鲁生病的消息时，妈妈紧紧地抱着主角；当妈妈告诉主角小鲁的病情不乐观时，妈妈轻轻摸着主角的头；主角得知小鲁过世了，妈妈紧紧地抱住她；主角知道她心中的秘密可以告诉妈妈，因为什么事都可以跟妈妈说。

b.《你喜欢我吗》：小老鼠萝拉觉得因为弟弟的出生，爸妈就变得比较照顾弟弟而不太关心她，因而很难过。直到爸妈来安慰她说："我们一直都在你身边啊！"萝拉才跳入妈妈的怀里，觉得安心。

2. 陪伴者（companion）

a.《我好担心》：这个故事说的是一个爱担心的小孩的故事。小莉什么都担心，连爸爸妈妈都拿她没办法。故事的重点虽不在妈妈身上，不过，每当小莉又开始东想西想并感到害怕时，妈妈总是给她一个大大的拥抱，叫她不要担心。

b.《欢迎你，小宝贝》：整本书的插图都是妈妈抱着小宝宝，充满母爱的光辉、慈祥与温暖。

c. *A Mother for Choco*：Choco 是一只鹦鹉，它没有妈妈。它走在森林里，寻找自己的妈妈，可是没有一只动物像它一样有翅膀、鼓鼓的脸颊、条纹状的脚……直到它遇到了一只大熊，大熊给了它妈妈的感觉，最后，大熊成为它的

---

① 在定位上，西方妈妈与东方妈妈有重叠的部分，故不多做说明。

妈妈。且它也发现大熊收养了很多和它一样没有妈妈的小动物。在这个故事中，大熊有问 Choco："什么是妈妈的样子？"Choco 回答："妈妈会抱抱它、亲亲它，陪它唱歌跳舞，鼓励它。"

3. 朋友（friend）

a.《记忆的项链》：萝拉的妈妈过世了。爸爸娶了一个新妈妈。萝拉无法接受这个新妈妈，所以总是在她面前拿出妈妈留给她的项链——一条全是由纽扣串成的项链；每一个纽扣，代表一个回忆。直到有一天，妈妈的项链被猫咪弄断了，所有的纽扣都掉落一地……萝拉着急地拼了命想找回所有的纽扣，但找了好久好久……却还是少了一个。爸爸看见难过的萝拉，也不知道该怎么办，但因着新妈妈的坚持、不放弃，最后，在后花园找到了遗失的纽扣，也开始了萝拉和新妈妈的关系。

项链，代表着萝拉和妈妈之间所分享、共有过的点点滴滴，是属于她们一起编织的记忆，也代表着妈妈和萝拉之间紧密的关系。但在妈妈过世之后，打了死结的项链却成了一个封闭的状态。萝拉封闭自己，不愿与新妈妈建立关系。而之后被猫咪弄断的项链，代表了一个新的契机，是萝拉和新妈妈重建关系的开始。

b.《逃家小兔》：兔妈妈化身为捕鱼兔、登山兔等，陪着小兔天涯海角地逃逃抓抓。

4. 安全护卫（protector）

a. *Thanks Mom*：妈妈为了保护自己的孩子，勇敢地挺身而出，解救孩子的危机。故事是描述一只小老鼠抱着一块奶酪，却被猫追；猫被狗追；狗被老虎追；老虎被象追；象被小老鼠的妈妈追。小老鼠的妈妈为了保护小老鼠，挺身而出，勇敢地与大象拼命。

b.《小鹌鹑》：鸟妈妈企图阻止猎人伤害它的小孩，尽全力保护孩子。

5. 解答者（answerer and solution）

这类型的妈妈，除了包含"老师型妈妈"的教导外，更多时候是站在一个回答孩子问题的角色上。当孩子有疑问时，妈妈总是很有智慧地回答孩子的问题，给予他们生活上的帮助。

a.《我长大以后》：是说一个小孩想着自己长大以后，可以做些什么。在故事中，妈妈只出现一幕。不过，这一幕却明显表现出，当孩子有问题时，第一个想到的、会去问的，是妈妈。

b.《做妈妈的都是这样》：猫妈妈让小猫明白她爱他并不是因为他的乖或不

乖，而是因为他是她的孩子。猫妈妈说："我爱你因为你是我的小猫，因为你是我的孩子啊！从你出生的那一刻开始，我就照顾你，无微不至地照顾你。"

c.《妈妈没告诉我》：妈妈所扮演的角色，对小孩而言，是能给他/她适时解惑的，遇到生活上一些在小朋友眼里看来是很不一样的事情，他/她会想知道为什么，什么事情都会想要问妈妈。妈妈的地位对小孩来说是很重要且无可取代的。

d.《阿文的小毯子》：阿文喜欢自己的黄色小毯子。不论他到哪里，他都会带着他的小毯子，就像史努比里的奈勒德一样。可是，阿文渐渐长大了，他不能再像以前一样到处带着小毯子。于是，妈妈想了好多的方法，想解决阿文随处带着小毯子的问题。

e. *I Want a Pet*：妈妈提供给孩子意见，帮她做问题及答案的分析。

6. 家中支柱（foundation）

有一句俗话是这样说的："家里的大事由爸爸管，小事由妈妈管。但大事化小，所以都归妈妈管。"很多时候，妈妈在家中扮演的常常是"总管"的角色：掌管家里上上下下、大大小小的事。

a.《妈妈的红沙发》：主角的家在一次大火中被烧毁了，所有的东西都付之一炬。她和妈妈、奶奶搬到新的小屋子里，用别人送的、简陋的家具生活。全家的生计，都是靠妈妈一个人赚取。而妈妈最想要的，是一张舒服的红沙发。于是，她们拿了一个大瓶子，把每一次买东西所剩的零钱，都丢进大瓶子中，等到有一天大瓶子满了，她们就要去买一张舒服的红沙发。

b.《东东，等一下》：东东的妈妈要处理一家大小之事。

第三节　东西方妈妈的影响

一、从家庭文化背景探讨

（一）东方家庭文化简介

家庭文化是东方文化的核心内容。东方家庭文化的基本内涵是"孝顺老人、爱抚幼小"，强调每一个人特别是中年人的家庭责任。东方的国家一向重视家庭，信守和实践家庭伦理文化，且至今都不曾改变。

东方社会中，家庭与个人的关系非常紧密，家的观念永远像强力胶一样。

东方人会顺从父母的期待，对于离开父母有某种程度上的罪恶感，在这种文化氛围中，个人跟家庭之间就无法切割清楚。东方文化不容许个人独断独行，破坏了家庭的从属延续。在教养方式上，东方家庭容易给孩子很多照顾，使得孩子依赖性强而缺乏独立性；容易给孩子过多约束，使得孩子比较顺从而缺乏怀疑、冒险精神。

东方人容易相信命中注定，被动地接受命运的安排，造成人格保守；并且注重集体责任，追求与别人一致，从而忽视个人价值；注重谦虚、内敛、坚韧，造成对感情的约束和欲望的克制；他们总把谦逊谨慎看成第一美德，而在竞争、外显等方面和西方比起来就显得不足。

中国文化以"孝"为本，对家庭观念非常重视。是以"六经"皆教训士人重视家庭伦理，以孝道作为一切德行的基础。由此可知，中国文化以亲情为大，家庭伦理是中国人道德生活的核心。

（二）西方家庭文化简介

西方文化是个人主义至上（individual），个人的行为价值由自己确立，无须别人的肯定。西方家庭成员会互相尊重对方意愿，家庭联系也不太紧密。西方存有重团体多于重家庭的文化传统。西方的父母，在小孩小的时候，就训练他的独立自主，如果小孩子跌倒了，都要他们自己站起来，而不是把小孩呵护得好好的；并且西方家庭讲求个人在家庭中的隐私权等权利。以美国为例，其教育优点有三：

1. 富有科学精神。

2. 学校教育家庭教育并重：学生在学习中，学校固然扮演重要的角色，但父母如果能在旁指导，一来事半功倍，二来增加亲子的互动。

3. 人本化：全人发展，实现自我，"五育"并重，不会特别偏重智育。

我们也可以从西方的电影中发现一些关于家庭成员间的互动关系：可能是一家大小围着方桌递盘接杯、有说有笑；可能是全家出游野宴，坐于草坪间玩球谈天；可能是父母赶着从工作地点驾车到校接送孩子；可能是家长在运动场看台上为孩子的球赛加油欢呼；大人将孩子怀抱于膝上捧书展读，或在临睡前依偎在孩子的床边讲故事，和孩子们亲吻说晚安……这些都显示出西方家庭父母和小孩间的互动具有较开放且勇于表达自己情感的特质。

二、东西方家庭文化背景下衍生之教育概况

延续着东西方家庭文化背景的差异，父母在管教子女的方式上也就不尽相同。在资料的寻找过程中，碍于能力有限，仅找到关于中国、日本、朝鲜、美

国、法国、瑞士、德国、英国等国家，而又以中国、美国最多，因此以下以东西方为蓝图的教育概况分析，事实上是以"中西"为主轴，其他国家以补充的方式叙述，造成的不便敬请见谅。

首先，我们肯定，中西方均重视家庭教育。① 无论哪个国家、哪个民族都认为"家庭"是一个人的第一所学校，而家长是第一位老师。无论是中国还是西方国家，无论是古代、近代还是现代，家庭教育始终处于最基础的地位。

中西方都认为家庭教育应该从小做起、及时施教，并重视言传身教。《颜氏家训》说："父母施教，当及婴稚，识人颜色，知人喜怒，便加教诲。"因为"人生小幼，精神专利，长成已后，思虑散逸，固须早教，勿失机也"。美国学者杜威也认为家庭教育应及早施行。

而谈到父母在教育角色的分工关系上，无论中西，母亲均被描绘成主要抚养者，父亲起的作用有限。一般来说，父亲是孩子知性教育的主要承担者；母亲则负责孩子的饮食起居、物质保障、情感满足等，是孩子情感培育的主要承担者。

由上我们可知，中西方的父母均肯定家庭教育是件重要的事，而且必须从小做起，以身作则，健全孩子的品格发展，不过由于性别角色的背景影响所趋，母亲仍占家庭教育的主导地位，父亲则起辅助功能。② 但中西方的文化背景毕竟不同，尽管有肯定家教的大原则存在，在实际的亲子互动间仍可感受到明显

---

① 上海社会科学院陆震先生说道："家庭教育是教育的基础，孩子教育的根在家庭……家庭教育比学校教育和社会教育更贴近、更深入孩子的精神世界。家庭成员中的信任度，尤其是父母与独生子女之间的信任度远高于学校中和社会上的人际信任度。"而美国知名儿童心理学家杜布森博士（Dr. James Dobson），在其《勇于管教》一书中也说："家庭是孩子的第一个学校，也是最早的社交场所。孩子与父母的关系会影响日后他与别人相处的态度。"

② 东吴大学吴明烨教授在《母亲就业对于父母角色分工的影响——以育有青少年子女的家庭为例》一文中便提及："母亲就业基本上反映的是一种家庭决定，而非个人决定，家庭内部的要求往往影响母亲就业的选择，约有三分之一的就业妇女因为养育子女的需要退出劳动力市场，转任全职母亲。我们社会对于职业妇女角色的期望仍然以家庭职责为要，一般人认为女性就业的主要目的不在于成为家庭的主要经济提供者，而在于贴补家用。"而针对父母亲扮演的角色，吴教授又说："传统上，父亲被认定为家庭权威的代表，权力大于母亲，即使是管教子女，也是着重权威的发挥，例如奖赏或处罚；母亲则被认定为主要的管教者，以较为柔性、理解或合作的方式，预防或克服生活上的困难。"

的差异，以下我们将逐步介绍。

（一）教育倾向不同

中国父母十分重视社会适应性的教化，却常常忽略了从孩子身心发展的特点出发来促进其成长，他们往往按照既定的模式来培养子女，为他们的成长铺设康庄大道，外烁各种品行于子女。

西方父母则更重视为子女提供一个可以与之抗争的成长环境，并养成他们坚韧的个性和良好的品格，根据社会的变化和子女身心特征的不断调节，选择自己培养观念的方式。

齐素艳收录在《幼教博览》中的一篇文章《现代家庭教育中存在的几个问题》里提到"家长在游戏时对孩子限制太多，扼杀了孩子的想象力"可以作为最好的证明。在中国台湾地区，家长总爱给孩子买些形象逼真的玩具。这些玩具不利于改造创新，不能与别的玩具联系起来一起玩，因而，在玩的过程中无益于孩子的想象开展。

台湾的父母多按既定的生活模式传输给子女，希望他们尽速成长以配合社会，这点由买玩具的特性亦可发现。从西方家长偏好购买乐高（lego）等创造性强的玩具可看出，他们对于子女的教育是采取较无规则的、促进孩子独特性的方式。

（二）家庭教育价值观不同

因深受中国传统儒家文化的影响，强调"修身、齐家、治国、平天下"，家庭教育被赋予直接的社会意义。此外，中国传统的文化又将父母教育跟子女的个体成长和成就看作是直接相关的因果。中国父母十分看重人们对他们在教子方面做出的毁誉，认为教子成才是他们的成就，而教子不善则脸面无光。教育的目的是为了谋生，为了脸面。

为顾及面子，父母甚至把孩子当作实现自己人生目标的工具，缺乏对孩子人格的尊重，要孩子拼命为自己争口气。①

---

① 浙江省家庭教育学会副秘书长康来祥说："有的家长把分数看得太重，自己的人生观不正确，却把自己的观点强加给孩子，把孩子当作工具，一味要求孩子达到自己要求的目标，全然不顾孩子的感觉，造成孩子与家长的对立，这样的例子不在少数。在咨询中我碰到过一位母亲的哭诉，她说儿子在原先的学校成绩数一数二，考进重点中学后，只排到班级30多名，期中考成绩前进了2名，但她要求孩子一定要再前进，于是孩子放学就把自己关进房间，上学也不与妈妈打招呼，千方百计回避她，她感到很伤心。而这样的伤心母亲，却总是一口一个爱孩子、为了孩子。她们的出发点是好的，但因为家庭教育方法不当，却害苦了孩子，也伤害了自己与孩子的感情。"

西方家庭教育则认为教育的目的不是准备谋生，而是准备生存。他们所强调的教育具有一种塑造心智的价值，一种与功利的或职业的考虑无关的价值。

（三）家庭主体观与教育的互相性不同

中国传统的家庭文化因袭着统治的模式，表现为家庭内部的权威意识，强调服从和尊重，重视外部控制。中国家庭的主体是教育者——父母。中国父母的家长意识十分强烈。他们把孩子视为自己的独有私人财产，看作是他们的附属物，因此十分看重他们单方面对孩子的塑造，影响孩子的个性建构。他们注意到自身的形象，忽视了孩子与成人的相互作用，也忽略了相互影响的过程和全面性，无视幼儿个体的存在，使幼儿处于被动地位。

西方文化是以儿童为主体的，更强调个人的奋斗，强调平等、民主并尊重个人权利。西方父母把孩子视为家庭中的平等成员，尊重孩子的人格和尊严，能让孩子独立思考，自由选择。他们尊重孩子的权利，不搞强迫教育；尊重孩子的自尊，主张孩子的天性发展、自然发展。父母的责任只在于发现并引导孩子的兴趣和潜能，为孩子创造有利的环境，重视与孩子的交流，重视教育的相互性。西方家庭教育中父母不是孩子的主宰，而是孩子的朋友。

基本上，在寻找到的文献中，我们可以发现孩子所渴望的还是平等交流。杭州高级中学的唐可清表示："我们已经有自己一定的判断能力，有自己的价值观和人生观。在成长的过程中，孩子渴望的是平等的交流，而不是家长制的灌输。"倘若大人们不能明白这一点，日子一久便会产生冲突，亲子关系自然紧张。

（四）教育的重心不同

中国传统文化所掌握的是生命与道德，所以十分重视生命、人伦。中国父母在教育上历来以"道德"作为最高价值取向。中国人心目中的"好孩子"首先是一个懂事听话的孩子，是指向群体的、人见人爱的。所以家长培养孩子修身养性、自我收敛、讲求含蓄，强调等级观念。中国家教的主要内涵是"仁、义、礼、智、信、忠、恕"，中国孩子从小得到的是历史故事、伦理道德、忠孝节义的教导，并自幼习读《三字经》《弟子规》等经典。

反观现今，已着重于孩子的智力培养，忽略了孩子的性格与感情之养成，把分数看得太重便是一例。杭州保塔小学校医盛建军便说："现在很多家长以为，孩子只要学习成绩好，就什么都好了。"温州宏德中学教师胡安娜也提及："有些家长对孩子分数的要求太严苛了，在家里许多言行都是围绕着分数这个中心来转，而且一旦孩子拿不到自己理想中的分数、名次，就用简单粗暴的打骂来对待，给孩子造成了很大的精神压力。"甚至"许多家长在家里除了过问分数外，根本就没有注意孩子究竟在干什么，心里在想些什么"。

西方文化所看重的则是知识，家庭主要是启发儿童对大自然的好奇心与想象力。知识的创造来自好奇心，所以借由引发对大自然的兴趣，借由各种天马行空的童话故事，让孩子们具有广大的想象空间，以有利于对知识的创造。他们以儿童的心理发展作为最高指向，培养孩子的兴趣和创造力是西方家教的重心。

（五）独立意识的培养

东方文化背景下的父母普遍对孩子的限制、保护太多，忽视对孩子主动探求新事物能力的培养。父母完全把自己拴在孩子身上，教育责任心超重。家长角色不适当地延伸，代替孩子完成一切日常生活起居的安排，代替孩子规定学习内容、定下发展方向，使孩子成为依赖的个人，独立性极差，除了知识学习外，什么都不会。在父母貌似无微不至的关怀下，孩子从小养成依赖别人的习惯，在风浪面前常常束手无策，一旦失去帮助就会怨天尤人。心理学已经证明过分的溺爱会妨碍孩子的情绪表现，过度保护会影响孩子的成熟发展。

而在西方，父母注重从小就培养子女的独立意识。在西方家庭可以看到，孩子像大人一样，直呼来访亲朋好友的名字，大胆地发表自己的见解，参与家庭的讨论。一些自己的事情不由父母包办，自行解决、自行处理。父母对孩子也不随便训斥。他们留给孩子一次次经受锻炼的机会，使孩子敢闯、敢做、敢冒险、敢表现自己；让孩子从小学会生存，具有强健的体魄、吃苦耐劳的品质和良好的心理素质，从而泰然自若地走向人生。这样独立的个性使孩子走向社会时更注重个人的能力与奋斗。

（六）情感教育与体罚

家庭教育不同于学校教育的一个重要特点是"爱的教育"。然而也许是中国传统文化讲求含蓄的缘故，中国家庭不善于表达爱，情感教育很薄弱。中国父母与孩子的沟通也是极富中国特色的。中国家庭中反复出现的字或词是"不""不能""不行""不要"，中国集体教育除了用否定词来指导孩子的行为外，还习惯于对孩子说"应该"，这都是家长权力色彩的体现。这样冷硬的命令字眼，使得情感教育受阻。而"不打不成才""棍棒底下出孝子"更使情感教育难以强化。在台湾地区，父母对孩子的正确鼓励也不够，往往在无形中挫伤了孩子的自信心和创造力。

相较之下，西方家庭中经常用鼓励性的语言来表达父母对子女的赞赏。西方父母更注重个人素质与情感沟通。家庭主要围绕情感的构建与培育而展开。

他们会挤出时间与子女交流，倾听孩子的心声，强调心灵的沟通。在西方国家，体罚也是触犯法律的行为。另外，西方父母很高兴在别人面前夸奖自己的孩子，他们认为这样可以培养孩子的自信心；而中国人谦虚的作风使家长不乐于这样，他们认为会使孩子骄傲，他们更喜欢挑剔孩子的弱点。

（七）教育方法的不同

中国传统的教育方法是照本宣科的灌输式教育，强调死记硬背，孩子们是接受学习。古谚云："书读百遍，其意自现。"朱熹也说："读书记遍数，足而未诵再读，虚而已诵至满。"因此中国家长最喜欢看到孩子坐在书桌前，或摇头晃脑地背诵，或趴在书桌上演习，眼睛不离书本，手不离书本，"两耳不闻窗外事，一心唯读圣贤书"，把古人的知识、圣人的经验一股脑儿地装进肚，而对于能不能消化则不闻不问。

西方强调的是孩子的"理解"。他们喜欢让孩子亲身力行，到大自然、生活中探求知识。他们寓学习于多种形式。西方家庭有专门的烹饪课、手工课和游戏室。他们不认为玩和学习是对立的，鼓励孩子出去学习，更注重孩子的思考。家长会主动带孩子去探求大自然的奥秘，去认识社会，他们奉行杜威的"教育即生活""学校即社会"的理念。他们鼓励孩子去图书馆、博物馆阅读自己感兴趣的书籍，并参加社会实践。

（八）理财教育

中国人的君子作风是淡泊名利。"君子喻于义，小人喻于利"的思维定势使中国父母根本没有理财教育的观念。在中国，挣钱养家和管理钱财是大人的事，孩子离这些还很远。他们没钱时便伸手向父母要，即使是成家立业后仍是如此。中国父母总是无偿地向子女提供钱财，一味无条件地满足子女的花钱要求，放纵孩子过分的消费欲望。

在西方，特别是美国，理财教育是家庭教育的一个分支，因此对此十分重视。西方父母一般不会随意地、无计划地给孩子钱，而是定期发给孩子一份固定基金，并帮助孩子树立正确的理财意识，养成良好的理财习惯。西方父母教孩子制订预算计划，学会合理地花钱；鼓励孩子出外打工，靠自己的劳动获取收入；教育孩子储存钱财，不乱挥霍；教育孩子学会捐赠，帮助他人；教育孩子在金钱面前应当诚实，在金钱面前要有自尊；简朴节约是美德；正确决策把握理财机遇，乐于为别人服务。

（九）宗教思想与科学教育

中国文化在教育上更强调科学性。《中华人民共和国义务教育法》明确规定：

教育与宗教相分离。①

西方的宗教传统直到近代乃至现代仍保留着强大的势力，它渗透到教育活动的各个方面，教育不仅带有浓厚的宗教色彩，更重要的是这赋予了西方教育以内在的精神价值。西方的教会学校因此而曾一度盛行。在家庭教育中，父母也很重视宗教这种精神信仰。例如在就餐前要感谢上帝；在做任何事情时，要从心中的上帝的标准去评判；周末家庭的全体成员要去教堂做弥撒等。西方这种强烈的宗教观念往往使一些教育家认为宗教和教育是可以调和的。

由上，我们可以看出中西方家庭教育各有千秋，都是扎根于各自的传统文化土壤中的。虽然东方国家②也极为重视家庭教育，但一些具体的教法显然并不妥帖，行而久之恐怕会对孩子起不良的影响与作用。因此我们一方面要继承和发扬中国古代家庭教育的优良传统，另一方面应汲取西方家教的精华，促进有中国特色的家庭教育的改革。

（十）补充：各国家庭教育特征 ③

1. 法国家庭教育特征

法国政府曾明文规定：家庭为实行儿童正规教育场所之一，并且家庭教育与学校教育并行。主要特征有：

a. 崇尚智力教育，注重从小培养儿童对语言的正确表达与运用能力。

b. 提倡培养孩子整洁、卫生、守秩序、待人有礼貌等文明行为习惯。

c. 注意培养孩子的审美情操，培养孩子发现美、鉴赏美、创造美的能力。

d. 注重培养独立性。孩子能做的家务，父母尽量让他们自己去做。父母晚上去看电影或参加集会，不带孩子一起去，孩子晚上不许外出。

2. 瑞士家庭教育特征

a. 致力于培养孩子吃苦耐劳、自食其力的精神。

b. 身教重于言教。

c. 父母朴实的生活作风，往往为子女做出表率，成为子女效仿的对象。

3. 德国家庭教育特征

德国的家庭教育注重民族习惯，要求孩子听父母的话，尊重长辈，传统意识根深蒂固。主要特征有：

---

① 参见《中华人民共和国义务教育法》第 16 条。

② 特指中国（含台湾地区）。

③ 参见 http://deyu.pudong-edu.sh.cn/xwjyhd/JJ/28-all.htm。

a. 重视幼儿的早期教育。父母从孩子的婴儿时期就开始让孩子认识周围事物，经常抱孩子出去散步，再大一些就带他到全国各地去旅行，在这过程中使他接受各方面知识的教育。每到星期天，大多数家庭都由家长带孩子去郊游或去参观展览，借以开阔孩子的眼界。

b. 重视并支持家庭体育活动。家庭会为孩子提供一个体育活动场所或备有一个近似澡盆的圆形塑胶东西，充气放水后让孩子在里面游泳玩耍。父母还注重在体育运动中对孩子进行坚强、勇敢、活泼的良好品格教育。因此孩子从小身体就十分健壮。

c. 注重孩子独立生活能力的培养。孩子从很小起就和大人分开睡，4 岁的小孩就要到自己房间去睡。其室内也根据孩子意愿安排布置，有他们喜欢的书籍、玩具，有供他们进行手工制作的各种材料。穿衣、吃饭等凡是能自己做的事都让小孩自己去做。

d. 让孩子参与家务。这不但可以提高他们的生活自理能力，还可以加强其对生活意义的了解，并认识到自己对社会、家庭的责任感。

e. 重视孩子的礼貌教育。孩子从懂事起就要遵守礼仪，站有站相，坐有坐相；吃饭时由大人给他们分好，自己到一个小桌上去吃，不足时再由大人添；杯盘餐具都有固定放法，不能乱放；等孩子再大些，当家中有客人来时，也要迎接客人、行礼致意，并大大方方回答客人提出的各种问题。因此，孩子上了学和同学们也都相处良好。

4. 英国家庭教育特征

a. 盛行家长制作风。父母注重自身行为对孩子的影响，强调在和睦的家庭中培养孩子遵守纪律、服从社会公德和为大众服务的良好行为习惯。

b. 注意各个家庭之间的交往。每逢星期六下午，家庭与家庭之间的成员习惯于互相拜访，通过交往加深彼此间的相互了解，并对孩子产生影响。在交往过程中，孩子的社会性得到一定发展。

5. 日本家庭教育特征

日本的家庭教育以母亲为主。妇女结婚后一般在家中料理家务，照看孩子并主要承担教育子女的重任，为此母子关系十分亲密。当今日本流行所谓的"母源病"，即把孩子出现的种种不良行为都归咎于母亲对子女教育的不当。此外，父母大都喜欢那些举止文雅的孩子；相反，对那些活泼、好动、淘气的孩子，管教过严，指责偏多。母亲常用唱歌、做游戏、做功课、跳舞等形式培育孩子，寓教于乐。

6. 朝鲜家庭教育特征

a. 强调家庭教育的特殊意义。金日成曾发表《母亲在子女教育中的任务》，指出："为了做好对子女的教育工作，做母亲的自己就应该成为优秀的共产主义者。"说明家庭教育也具有把青少年培养成为共产主义接班人的责任。

b. 家庭教育的内容较全面，包括知识教育和学习方法指导、劳动态度及劳动习惯教养、集体主义和爱国主义教育、社会主义生活方式和共产主义道德教育等。由于父母义务责任观念和组织纪律观念强，又都受过高中以上学校教育，能有方法地行事，为子女树立了好的榜样；加上父母与子女的亲密关系和不拘时间进行教育，因此家庭教育的效果很好。

c. 与学校教育紧密配合。学校定期召开家长座谈会，有时教师另行访问家长，家长有时也专程访问学校，共同关心学生的健康成长，并互相交流、研讨对孩子的教育方式方法，使学校教育和家庭教育能协调统一起来。

三、东西方妈妈遇到问题时的解决方法

其实，因为东西方妈妈所处的背景不同，文化、风俗也不尽相同，所以，东西方妈妈遇到各种情况时，处理方式也不同。像遇到小朋友带着一身伤回家时，东方妈妈通常是先劈头就一阵骂，但是依然会帮小朋友上药，当小朋友要解释时，东方妈妈通常都不会听，还会一直埋怨；而西方妈妈则是会先安慰小朋友，然后帮小朋友上药，小朋友要解释受伤的理由时，也会仔细倾听。这是因为东方社会的风俗普遍认为，自家的小孩不论是跟人起争执或是遇到意外，都是小朋友的错；而西方社会讲求证据，所以会先了解事实发生的经过，再去追究。

当小朋友问了一个令人难回答的问题时，如："我是怎么生出来的？"东方社会由于风气保守，再加上对于这方面的知识较不普遍，所以父母通常会逃避，并且禁止小朋友继续发问；而西方社会的风气较东方开放，对于性知识的启蒙也较早，所以在小朋友提出这方面的疑问时，通常会详尽地解答。

另外，当小朋友遇到麻烦或困难时，东方妈妈多会先帮小朋友想好解决之道，因为东方社会多认为，父母就是小孩的靠山，小孩子只要专心读书就可以了，所以大部分的小朋友在遇到问题时，多会由父母出面解决；西方社会认为，学习解决问题、如何面对困难再爬起来也是重要的，且西方社会多强调个人主义，自己的事情要自己解决，所以多半在小时候，父母便会训练小朋友自己去面对问题、解决困难。

东西方社会的开放度不同，对于教育小朋友时的态度有非常大的差异。东方妈妈认为小朋友的每一件事都要让父母知道，所以对小朋友会比较严格，导致小朋友有了任何问题都不敢告诉父母，宁愿当成自己的秘密藏在心里，而父母只要发现小朋友有任何不对劲的地方，便会开始想尽办法要知道发生什么事，父母和小朋友之间就会展开一场矛盾斗争；西方采取较开放的态度去教养小朋友，父母和小朋友之间多像朋友，自然而然，很多事小朋友都会愿意跟父母分享。

遇到以上问题时东方妈妈与西方妈妈的具体解决方法可用表1来表示。

表1　东西方妈妈遇到具体问题时的解决方法

情　境	东　方　妈　妈	西　方　妈　妈
受伤	先是一顿责骂，但还是会帮小朋友上药，并边上药边骂，且不会听小朋友的解释	先安慰小朋友，然后帮小朋友上药，小朋友解释为何受伤时也会仔细倾听
问问题	遇到尴尬或是自己也不能回答的问题时，便会选择逃避，并且会禁止小朋友再发问	会想尽方法为小朋友解答，遇到自己无法解决的问题时，也会与小朋友一起想办法解决
爬椅子摔下来	会马上把小朋友扶起来，并且好言好语地安慰，不会让小朋友自己处理	会鼓励小朋友自己爬起来，然后再安慰小朋友，让小朋友学习自己处理问题
小秘密	东方妈妈会刺探小朋友的秘密，而小朋友也不敢将秘密和妈妈分享	西方妈妈开明的态度，使小朋友愿意将秘密与妈妈分享

四、反思——东西方妈妈

上海浦东三林镇妇联的"母亲素质大调查"显示：孩子认为母亲要加强学习、提高自身修养的占75.8%；希望母亲改变教育方式，和他们多交朋友的占80.2%；要求母亲尊重个人爱好，给予独立成长空间的占67.3%；仅有3.7%的学生能接受母亲现行的教育方式；认为母亲能令自己产生敬佩、仰慕之情的仅占接受调查者总数的7%。

一位中学生在日记里这样写道：

在我遭遇挫折、情绪低落之际，我渴望你的关怀和鼓励，而你却给我冰冷的目光；在我满怀憧憬、把握成功之时，我需要你的赞赏和肯定，而你却扔下一句"不要骄傲"，吝啬地不给我一点信心……你要我努力读书，用智慧和勤奋谱写生命最绚丽的篇章，妈妈，我真遗憾，你却不是我最好的读者。

一位憔悴的母亲这样哭诉：

> 我辛辛苦苦、费尽心思把儿子拉拔到初三，省吃俭用、绞尽脑汁给他提供优越的学习条件，盼他能考上好的高中，而他的模拟考试成绩伤透了我的心。今天5点半催他早起读书，才说他几句，他竟然骂我"更年期，吃饱了精力过剩……"

一边是母亲盼子成才的沉甸甸的关爱，一边却是孩子们对这份母爱的排斥和抗拒。似乎以长辈意识为主导的传统母爱，在某种程度上已经阻碍了两代人的沟通，母亲和孩子成了两本互相读不懂的书。

对崇尚独立空间的孩子们来说，干涉个人隐私的母爱是他们最难以接受的，比如偷看日记、偷听电话等。有学生说："为什么带锁的日记这么流行，就是因为妈妈们喜欢偷偷翻我们的日记，明明是侵犯了我们的隐私，嘴上却还要说是关心我们，怕我们学坏。"

过于专制、以成才为目标、不分场合的关爱和过分管理的母爱，因为给了孩子太多的压力，也受到主张个性发展的孩子们的反抗。

> "我妈把全部心思和精力都用在了我身上，说真话，我觉得她挺不容易的，可是我就是对她尊敬不起来。"
>
> "为什么一定要我实现她当年的理想呢？永远当我是小孩，永远得按她指定的方向前进，我会失去自我。"

子女在对母亲的描述中，提到了母亲的关爱与生活智慧，但同时也提到了母亲们的严厉与非理性；也有些孩子提到母亲们的悲苦与脱轨令他们难堪，不知如何面对。

> "妈妈晚上帮我们盖被子，感冒的时候妈妈会带我们去看医生，爸爸就教我们买药随便吃一吃，觉得妈妈比较用心。可是，我妈妈会打小孩，她还没有弄清楚事情，就会噼里啪啦，会骂会打，打完之后会和我们讲对不起，可是我觉得很矛盾，打完小孩才跟人家讲对不起。"

> "我妈妈有不愉快就会离家出走，最高纪录三年。因为小时候她很疼我，她跑掉我会哭耶，可是长大之后，哭也没什么用，就觉得习惯了。有一阵子不希望妈妈回来，因为妈妈回来就开始吵架了。"

随着时代的变迁、社会形态的转变，妈妈的形象也从传统在家相夫教子的模式，转变为渐渐适应时代的需要、家庭的需求而走入社会。许多职业妇女所担负的责任即是如此：白天要外出上班，下班后又要安顿一家大小的事。甚至在现实的冲突下，渐渐地，传统家庭的组织形态也在无形中改变了，比如单亲家庭就日趋普遍。因着社会多样复杂的变化样态，妈妈们承受了许多压力，当妈妈无力承担过重的母职角色时，唠叨、神经质、矛盾、忌妒甚至暴力，就成为母亲们无法处理压力的表现。子女们一边接受母亲的照顾，一边承受母亲不自觉宣泄出来的压力。然而，当他们无法理解这些压力时，他们眼中的母亲便只是神经质的、矛盾的且伤害他们的。

但是，仔细思考便会发现，这种现象所代表的正是现实社会最真实的反映，也是人们在面对现实情况下所能做的应变方式。我们会发现，其实，母亲的形象并非一直停留在以往我们所认知的，就像在语文课本中胡适《母亲的教诲》所代表的严师、慈母的形象，还有在王冕《不惊田水冷霜霜》中描写的勤俭严谨的传统农家母亲的模样，而是符合时代需求下，不同社会处境下的母亲角色形象与定位。我们似乎不应该忽略这些事实的存在，也不应绝对地认为这些一定就是错误与有偏差的，而是要以更宽广的心态，尝试理解、思考，给予适度的关怀。这样的现象，让我们又重新反省思考我们以往所认知的母爱以及在母爱反应下的行为，让我们从不同角度观察，尝试找回事物最初的本质。

第四节 结论：妈妈的现代意义

在这个忙碌的社会里，母亲的角色扮演往往不同于以往的单纯，总是会被这个社会赋予许多额外的压力，当然这是因为一方面母亲的活动范围不再局限于家庭里，越来越多的母亲同时兼具了父职以及养家的生活重担。

母亲的现代意义早已不同于以往的传统形象，在慈母或是严母的基本分类上还可加上许多的细分。但是不管母亲的定位在外力影响之下有多么重大的改变，妈妈们对子女的那份亲情都没有多大的变化，出发点仍是为了自己的子女。孩子不断地在变，但有许多的母亲一直延续着像母鸡般照顾孩子的传统模式。或许是因为"母亲"这两个字对于非母亲的人们而言总是有着崇高且神圣的意义在，所以或多或少已经变成了一个沉重的负担。

理想母亲的文化设计对其角色的扮演造成了压力，所以当赋予自己的理想无法达到的时候，辛苦的往往是身为母亲的自己。时代在不断地改变，母亲的角色定位也不再刻板僵化，新时代的母亲应该重新思索自己的价值何在，对于丈夫、子女、工作，所应该扮演的角色又各是什么。

"学习"也不只是孩子的专利，母亲对于子女的爱若是没有透过合宜的方式表现，纵使满怀深情，子女仍然会感受不到。据一份网络资料表示："他们（受访学生）的理想母亲是这样子的：懂一点计算机、化一点淡妆、少一点说教、多给点空间、有气质、爱学习、像个朋友一样。"孩子们的想法固然有幼稚、偏激和虚荣的因素存在，但不可否认的是，很多母亲太过在乎孩子的物质要求，反而忽略了孩子内心的情感世界，特别是忽略了自己在孩子心目中的形象定位。

母爱的伟大一直是撼动人心的，但是如何传达这份伟大的情感给孩子们呢？"现代母爱"是每个妈妈都需要学习的功课，要学会倾听孩子们的心声，学会如何教育，更重要的是学会学习。孩子们对于母爱的需求从古至今没变，只是他们所期望得到的方式不再刻板如以往。当然，我们也不是一味地只要求母亲学习，孩子们对辛苦的母亲也应该多一份体谅、宽容，还有沟通。

参考书目

一、书籍

（一）格林文化出版社

1.《妈妈没告诉我》 文/图 巴贝柯尔，译/黄聿君。

2.《你喜欢我吗》 文/图 卡尔诺哈克，译/陈晓怡。

3.《狐狸孵蛋》 文/孙晴峰，图/庞雅文。

4.《酷妈也疯狂》 文/布哈蜜，图/席海格，译/孙千净。

5.《冰箱开门》 文/图 葛洪纳兹，译/向锐蓉。

6.《奥莉薇》 文/图 伊恩福克纳，译/郝广才。

7.《超人H》 文／杜左，图／德希安，译／孙千净。

8.《小小孩》 文／鹿桥，图／黄淑英。

9.《吉希》 文／杰克·伦敦，图／梅露思，译／伊萍。

10.《小鹌鹑》 文／屠格涅夫，图／艾琳娜，译／温小平。

11.《圣诞小子》 文／劳伦斯，图／戴尔飞，译／郭思惠。

12.《小恩的秘密花园》 文／莎拉·史都华，图／大卫·司摩，译／郭恩惠。

13.《小心大野狼》 文／图　萝伦柴尔德，译／杨令怡。

（二）信谊基金出版社

1.《想念》 文／图　陈致元。

2.《妈妈，我要一颗星星》 文／图　陈秋惠。

3.《妈妈，买绿豆》 文／曾阳晴，图／万华国。

4.《起床啦，皇帝》 文／郝广才，图／李汉文。

5.《爱吃青菜的鳄鱼》 文／图　汤姆牛，审稿／马偕医院营养师　廖嘉音。

6.《我自己玩》 文／图　颜薏芬。

7.《Guji Guji》 文／图　陈致元。

8.《叫梦起床》 文／图　林小杯。

9.《逃家小兔》 文／玛格丽特·怀兹·布朗，图／克雷门·赫德，译／黄迺毓。

（三）上谊文化实业股份有限公司

1.《欢迎你，小宝贝》 文／图　阿丽奇，译／李坤珊。

2.《小小大姐姐》 文／图　佛丝琳德，译／张丽雪。

3.《生气汤》 文／图　艾芙瑞，译／柯倩华。

4.《莉丝的要和不要》 文／洁西卡·哈波，图／琳赛·哈波·杜庞，译／刘清彦。

5.《抱抱》 文／图　佛兹·阿波罗，译／上谊文化实业股份有限公司。

6.《你睡不着吗？》 文／马丁·韦德尔，图／芭芭拉·弗斯，译／潘人木。

7.《猜猜我有多爱你》 文／山姆·麦克布雷尼，图／安妮塔·婕朗，译／陈淑惠。

（四）三之三文化股份有限公司

1.《小鲁的池塘》 文／伊芙·邦婷，图／罗奈德·希姆勒，译／刘清彦。

2.《记忆的项链》 文／伊芙·邦婷，图／泰德·瑞德，译／刘清彦。

3.《我好担心》 文／图　凯文·汉克斯，译／方素珍。

4.《阿文的小毯子》 文/图 凯文·汉克斯，译/方素珍。

5.《我长大以后》 文/图 东尼·罗斯，译/余治莹。

6.《妈妈的红沙发》 文/图 威拉·毕·威廉斯，译/柯倩华。

7.《爸爸，你爱我吗?》 文/图 Steven Michael Kim，译/余治莹。

（五）和英出版社

1.《久儿之星》 文/齐藤隆介，图/岩崎智广，译/周逸芬。

2.《冬冬，等一下》 文/图 大卫·麦基，译/周逸芬。

3.《阳光之家》 文/伊芙·邦婷，图/黛安·狄葛罗特，译/刘清彦。

4.《永远爱你》 文/Robert Munsch，图/梅田俊作，译/林芳萍。

5.《世界为谁存在》 文/汤姆·波尔，图/罗伯·英潘，译/刘清彦。

（六）远流出版社

1.《白兔姑娘》，绘本童话中国系列之16。

2.《独头娃娃》，绘本童话中国系列之21。

3.《丹雅公主》，绘本童话中国系列之18。

4.《我的妈妈真麻烦》 文/图 芭蓓蒂·柯尔，译/陈质采。

5.《莎莉，离水远一点》 文/图 约翰·博宁罕，译/林真美。

6.《妈妈爸爸不住一起了》 文/凯丝·史汀生，图/南希·路·雷诺兹，译/林真美。

（七）汉声出版

1.《我撒了一个谎》 文/Marjorie Weinman Sharmat，图/David McPhail，译/汉声编辑部。

2.《今天是什么日子》 文/濑田贞二，图/林明子，译/汉声杂志。

3.《第一次上街买东西》 文/筒井赖子，图/林明子，译/汉声杂志。

（八）其他出版社

1.《爱心树》 文/谢尔·希尔弗斯坦，星月书房出版。

2. 巫婆妈妈系列——《我的妈呀! 我们哭得好痛快喔!》《我的妈呀! 你不要走嘛!》《我的妈呀，别再玩魔法了!》 文/嘉尔蒂·胡特，图/卡特琳·路易，译/林素兰，星月书房出版。

3.《让我安静五分钟》 文/图 吉儿·莫非，台湾麦克。

4.《小毛，不可以》 文/图 David Shannon，译/欧阳菊映，台湾麦克。

5.《我们的妈妈在哪里?》 文/图 黛安·古迪，译/余治莹。

6.《妈妈心，妈妈树》 文/方素珍，图/人几桂芳，国语日报出版。

7.《妈妈，生日快乐》　文 / 神水尺利子，图 / 井上洋介，译 / 张桂娥，小鲁文化事业股份有限公司。

8.《幸福的大桌子》　文 / 森山京，图 / 广濑弦，译 / 周慧珠，小鲁文化事业股份有限公司。

9.《买手套去》　文 / 新美南吉，图 / 若山宪，译 / 陈怡君，旗品文化。

10.《做妈妈的都是这样》　文 / 密莉恩·薛伦，图 / 乔·赖斯克，译 / 巨河文化。

11. *Big Mama Make the World*，by Phyllis Root，Walkers Books.

12. *A mother for Choco*，by Keiko Kasza，Puffin Books.

13. *I Want a Pet*，by Lauren Child.

14. *31 Uses for a Mom*，by Harriet Ziefurt，Rebecca Doughty.

15.《父母亲的面貌》　文 / 林雅惠、刘惠琴、王丛桂，台北五南图书出版有限公司。

二、网络资源

1.《孩子嫌母亲素质低？专家提倡现代母爱》　文 / 林蔚，http://past.people.com.cn/BIG5/channel1/20001214/349048.html。

2.《国文课本中母亲的形象》　文 / 蔡智敏，http://newsl.yam.com/forum/human/199905/21/02572700.html。

3. 家庭教育网：http://www.familyedu.net/。

4. 香港城市大学：http://www.cityu.edu.hk。

附录一　儿童哲学推荐教材6篇

◎ 推荐教材一

推荐者：辅大哲学系硕专班　张家瑜

书名：一粒种子

作者：刘旭恭（图、文）

出版：星月书房

出版时间：2007 年 2 月

故事简介：

有一粒小小种子很想长大，但是他却从来没发芽。他喝很多水、晒很多太阳、做很多运动，还偷偷去看医生，医生说他只是长得比较慢。小种子在夜里哭，不知道自己是不是永远长不大……

推荐理由：

这本书的文字与画面都非常简单，但是思考的深度却可依阅读者的年龄而有弹性。在不同的年龄阶段有不同的能力，初步可从浅显的图画中得知故事的内容，而虽然是简简单单的绘图，却又可以借进一步地观察图画，由图画中的几帧照片比对发现主角与朋友的差异，在了解故事的描述后可再深入地应用于生活中，尝试理解和接纳自己或周遭朋友的差异，以对"异差"的关怀引发多项思考。

故事最后的结尾很特别，维持了这颗种子特有的差异性，没有说这粒种子以后会不会发芽。因为那已经不重要了，经历了努力，小小种子也有了他自己的成长方式，而且自己和朋友都很高兴地接纳了。这种历程可以带来省思，探讨人我之间差异性的存在，以及启发我们要用什么样的方式去看待。

我们知道每个人都是特别的，都有与别人不一样的地方，但对于这样的特别是否能给予彼此尊重与接纳，则是不分年龄可以去思考的。

作者简介：

刘旭恭

作者的话：

故事里的小小种子等了很久都没有发芽，他有很多很多的担心，也做了许多努力，甚至还去看医生，直到最后，他终于长大了，但是并未和朋友们一样，成为一棵树或一朵花，而是变成了一粒与众不同的大种子。

剧情很简单，我在创作时完全没有任何预设目标，只是单纯地想表达一个关于小种子变成大种子的故事，通常这符合自己写作的习惯：从概念出发而无明确目的；虽然如此，我的价值观和想法却不自觉地融入其中，仔细想想，故事背后的意义其实在探讨成长的速度和长大后的面貌。

我们每个人生长的过程都不一样，所以长大的速度不尽相同，之后也会成为完全相异的个体。有些人似乎很顺利自然就长大了，有的人却发展比较缓慢，可能要花很多力气才能长大一点点；当然，也有人看似永远都不会长大，或许他们其实是很慢很慢地长大，甚至得花上一辈子的时间。

对我而言，长大是件很美好的事，不管变成何种面貌，最重要的是接受自己的样子，开始对自我负责，而不是去成为他人期望中的自己。

专家推荐：

永远发不了小芽的"一粒种子"，永远和别人不一样，但是，他自有他的一片成长天空，他们是"慢飞的天使"，我们真诚期待大家一起来守护这些慢飞天使家族。——林美瑗/"中华民国发展迟缓儿童早期疗育协会"秘书长

一粒种子能让大家体会到，因为差异所以要尊重，因为差异所以要包容，因为差异所以世界会变得更丰富，因为差异人们才有了服务的对象，因为差异生命才会充满了惊喜！——郭煌宗/"中国医药大学附设医院"儿童及青少年行为科主任

目前我们所拥有的，不论顺境、逆境，都是对我们最好的安排，人生起跑点赢了并不算什么，如果能赢在人生终点才是骄傲，这是我的经验，愿与大家分享。

——史燕铃/发展迟缓儿童家长，南投竹山

◎ 推荐教材二

推荐者：哲学硕专班　刘家伶

书名：小狗的便便

作者：权正生/文；郑升珏/图

译者：张介宗

出版社：上谊文化公司

出版日期：2005 年 2 月

故事简介：

《小狗的便便》是韩国作家权正生先生于 1969 年获得韩国《基督教教育杂志》所举办第一届儿童文学奖的感人作品，也是他个人发表的第一部作品。他在自家屋檐下看到了一坨小狗便便，被雨水溶解渗入土里后，不久竟在附近开出了一朵美丽的蒲公英。感动之余，他不眠不休地熬了几个夜晚而写成这个故事。绘者郑升珏先

生是一位致力于透过图画书带领小朋友认识韩国之美的画家，当仔细观赏《小狗的便便》这本书的图画时，会感受到阵阵浓烈的韩国乡土气息，是目前以欧美绘本为主流的童书市场中，别具特色、可供尝试的另一种选择。

绘本分析：

（一）图像性

郑升珏在《小狗的便便》中所使用的绘画技巧，与权正生的文字同样地质朴有力。这样的表现手法为读者保留了许多的想象空间。在小狗便便与蒲公英的对话中，有着想象空间的用心，是可以细细品味的图画。

（二）传达性

从事创作的人大概都曾经历过肠枯思竭的困境，绞尽脑汁却写不出令自己满意的只言片语，隐藏在受欢迎的作品背后的其实是作者对于创作的热情与执着，以及为了丰富读者心灵长期无声的奉献。一部流传千古的不朽佳作之所以伟大，流畅的文笔、动人的情节及不落俗套、过人的巧思固然是不可或缺的成功要素，但能使其历久弥新、令人百读不厌的最主要原因，终究是因为那颗愿意分享感动的心触动了广大读者心灵深处最纯真的情感。

（三）教育性

一个寂静的乡村午后，一堵不起眼的石墙边，一个不起眼的角落里，一只不起眼的小白狗蹲了下来，小狗的便便就此来到了这个世界。

路过的麻雀好奇地在他身上啄了几下，便嫌弃地离开了；身旁的泥块对他的伤心嗤之以鼻，冷言冷语地要他认清自己的真实。小狗的便便对自己卑微的身世感到无奈，不禁悲从中来，放声大哭。听见小狗便便的哭泣，泥块开始懊悔并且陷入自己的回忆里，他直觉地认定：被主人遗弃在路上，全是因为自己没有善尽照顾农作物的本分，而遭受如此的惩罚。不被需要及无家可归的空虚感使得泥块伤心落泪。同病相怜的两人原本可望成为谈心的同伴，却因为农人随即将泥块拾回车上而必须分离。小狗的便便只能孤零零地躺在地上，独自面对漫长的一季寒冬。

春天来了！围观的鸡群似乎替小狗便便的生活增添了热闹的气息。可惜的是，鸡妈妈对小狗便便仔细端详、再三打量之后，选择带着小鸡们离开，因为小狗的便便无法给予她所需要的食物。阴暗的天空飘着毛毛细雨，灰色的世界似乎没有任何可以令人快乐的理由。不知何时，一株嫩绿的蒲公英幼苗倏地出现在小狗便便的眼前，爽朗的她诉说着关于开出如星光般闪耀美丽花朵的梦想。小狗便便好奇地询问蒲公英盼望的缘由，蒲公英温柔地说："那是因为有老天爷赐给我雨水，还有温暖的阳光呀。"小狗便便满心羡慕这样一个充满盼望的生命，但一想到自己的境遇，不禁深深地叹了一口气。就在此时，蒲公英继续她还没说完的话："不过，还有一样东西绝对不可缺少。"她看着小狗便便说："那就是，非要有你当肥料不可啊！"小狗便便问："我当肥料？"蒲公英回答："你的身体必须完全溶解，变成我的养分。只有那样，我才会开出像星星一样美丽的花朵。"

绘本的应用：

一种崭新的眼光、一段珍贵的对话、一个真诚的邀请加上一个及时的拥抱，小狗的便便就此改变了他的命运。借由将自己全然交托、无私的付出，进入另一个生命，他终于知道了自己存在的意义……

生命应该是被期待、珍爱，不应该是他人的价值判断，尤其是对自我和他人不正确的批评及论断。如同麻雀、泥块和母鸡对小狗便便的鄙视一般，我们所处的世界也总是以外表的荣美或物质的丰富与否来定义一个人的价值。

但是，不应该如此，世间万物都有它存在的理由，每个人也都有最适合他扮演的角色。

◎ **推荐教材三**

推荐者：辅大哲学系硕专班　黄文明

书名：谁偷了便当

作者：叶安德

绘者：叶安德

出版：和英出版社

出版日期：2007 年 7 月

故事内容：

学校最近来了一只神出鬼没的猴子，听说会出其不意地攻击小朋友，但是很少人看见过它。而小朋友们在教室上课的时候，常常会偷看窗外，看看猴子是否在外面。

有一天午餐时，小朋友们跑到蒸饭室拿自己的便当，可是小伟的便当不见了！后来，小伟请训导主任帮忙广播协寻便当，可是还是没找到。训导主任便带着小伟到各班去找便当。

到底是谁拿了小伟的便当？是食量大得可以吞下十个便当的阿强？还是电动玩具被小伟弄坏的小杰呢？他们想了又想，有小朋友提出："一定是猴子偷了小伟的便当。"他所提出的证据是"小伟的便当上面有香蕉贴纸，猴子最喜欢吃香蕉"。

全校开始了搜捕猴子的行动，还出动了消防队的叔叔帮忙抓这只猴子。后来，消防队的叔叔抓住猴子，并且将这只猴子绑在树下，所有的小朋友就回到教室去了。

小朋友回到教室继续吃午餐，小伟的同学都把便当里最好吃的菜送给他。小伟这一天的中饭多了关心与温暖的味道。

午休时，全班小朋友们都趴在桌上睡觉，可是小伟却睡不着。因为他发现那个贴了香蕉贴纸的便当还在自己抽屉里。放学后，大家都回家了，被绑在树下的猴子津津有味地吃着便当。

第二天，大家围在原来绑着猴子的树下议论着，但是猴子不见了！小伟则站在远处，面带微笑，什么都不说。

推荐原因：

（1）故事场景贴近孩子们的生活经验

绘本故事设定的场景是在学校，时间则是午餐时间。对于大多数的学龄儿童来说，学校是一个相当熟悉的环境，而在学校午餐又是一个共同有过的生活经验。现在有许多学校采取的是厂商配送的营养午餐，或是学校本身中央餐厨烹调，仅有少部分小朋友会携带便当到学校蒸饭。这是因为在高度发展的社会，大多数家庭属于双薪家庭的情况下，能够携带家人准备的午餐便当到校用餐的小朋友真的是相当地少。

不过，小朋友们对于共同用餐时间的印象是相当深刻的，因此，作者将事件设定在用餐时间，阅读的小朋友们应当也会觉得挺有趣的。为什么这么说呢？首先，依据我个人在小学的实际教学经验，经过了一整个上午的教学活动之后，绝大部分小朋友相当期待午餐时间的来临，因为可以享用午餐填饱肚子，又可以获得一段较长的休息时间，不仅能够补充体力，也能让在课堂活动中不断运作的脑子得以休息。其次，用完餐后，小朋友们可以借此与其他同学有相当长的共同活动时间，这对他们而言是一段可以充分运用的自由时间，他们会希望在这段时间内做些有趣的事情。此外，一般而言，在学校用餐时的气氛轻松，但是也不至于会有什么太新鲜的事情。结果，剧情的安排是，全校都认为这一只猴子偷了阿伟的便当，从绘本的画面中看到许多小朋友们兴致勃勃地加入协寻，最后甚至请来了消防队的叔叔进行捕捉！这样悬疑又刺激的故事情节对小朋友们而言，具有相当大的吸引力。

在平凡的生活情境中，添加了平地一声雷般的特殊情节，我认为这位作者的确能够在立基于孩子们共同生活经验之上，构筑一个小朋友们也很好奇的故事世界。

（2）故事中所隐含的意义值得思索探究

我们阅读或经历故事，不只会认同故事中的角色，也会对他们进行批判，依据本身的经验、故事中认同的角色的行为与思维，或想象中的生命故事之角色的思考方式，从别人的角度去思维或判断，不会一厢情愿，而会从个人历史、社会世界等去作想象的补充。① 因此，我们可以在跟随着故事主人翁历经这整个故事之后，合上绘本，再借由问题的提出与讨论，去思考故事中的各种意涵，并获取其中的哲学意趣。

绘本以"便当不见了"为故事发展的主轴②，发展出一连串寻找便当的情节。起初，小伟在蒸饭室里遍寻不着他的便当；继而到训导处告诉老师，寻求老师的帮助，主任于是进行全校广播协寻；接着训导主任带着小伟到全校各班寻找他的便当；当主任与同学们在思考究竟是谁拿走小伟的便当时，做出了偷便当的凶手就是猴子的结论。全校开始总动员，并且找来了消防队的叔叔们一起缉捕"便当小偷"。找到凶手之后，全校同学们也很开心地回到教室继续用餐，而且班上的同学们还拿出他们便当当中最美味的食物给小伟吃，故事的走向到了这一幕看起来似乎相当圆满。

可是，到了午休时间，当同学们在睡觉时，小伟却睡不着，因为他发现便当竟然就在自己的抽屉里！我认为这是一个故事主轴中相当重要的转折点，同时也是一个很值得让小朋友们深入讨论的地方。我希望能够跟阅读的小朋友们一起讨论：如果你是小伟，发现便当就在自己的抽屉中时，你的心中会有什么感受？如果你是小伟，你对这整个事件会有什么样的想法？如果你是小伟，你接下来又会怎么做呢？

在阅读完这本《谁偷了便当》之后，我反复地思考着："人人用有限的信息捕风捉影，想象和真实的差距有多少？"③ 在故事中，我主要看到了以下几点：

第一点，我看到了友谊的层面：当故事主人翁小伟遭逢问题时，全校的师生都在帮助他，希望能帮他找回便当，而且回到教室用餐时，每位同学也将他们便当当中最美味的食物分给小伟。第二点则是关于误解的问题，故事中的每个人在协助寻找便当的时候，都在推测一个最有可能的"便当小偷"，可是却将这个罪名推到了一只猴子身上，主要的推论原因竟是"小伟的便当上有香蕉贴纸"，猴子喜欢吃香蕉，所以就直接认定是猴子偷了便当。不过，想象和真实的差距往往超过我们自己的认知。第三点则是赎过的部分，小伟发现一切都是误会一场。因为自己迷糊，没有把便当盒拿去蒸饭室，所以根本就不可能在蒸饭室里找到他的便当，但是却将偷便当的罪名挂在了无辜的、无从辩解的猴子身上！小伟决定弥补被众人冤屈的小猴子，

---

① 杨茂秀：《谁说没人用筷子喝汤》，台北远流出版公司，2006，第34页。

② 依据杨茂秀："故事的发展通常有一条主轴情节的传递。另一条轴线是故事的主角思考轨迹的呈现，通常读者的认同是故事情节传递中主角的经历。"杨茂秀：《谁说没人用筷子喝汤》，台北远流出版公司，第93页。

③ 叶安德：《谁偷了便当》，和英出版社，2007，封面前勒口。

他将便当拿给猴子吃，更为它解开绳索。不过，我认为这则故事仍可在这最后一幕中探讨一个问题：为何小伟选择采取提供便当给猴子吃和放走猴子的方式，却不愿对同学们说出事实的真相呢？

（3）绘本画面色调温暖，图画处理细腻

米菲兔的创作者迪克·布鲁纳曾提道："颜色之所以重要，是因为每一种颜色都会产生唯有那种颜色才会有的独特力量。"① 当读者翻着一本绘本时，故事的主线随着画面场景的转变前进，插画的画面也影响着阅读故事时的心境，读者的情感也会跟着画面的递转而受到牵引，使得读者更容易进入主人翁的世界中。

在这本绘本里，作者将某些可能有的情节与桥段适度地简省了，却也因此留下了一段相当不错的空白。作者没有告诉我们小伟心中的感受是什么，没有告诉我们小伟对这整件事情的想法是什么，而是将这两个部分的情节想象留给了读者们。故事发展到放学后，小伟将便当拿给被绑在树下的猴子吃；隔天，同学们讨论着被绑在树下的猴子不见了，而站在远处的小伟微笑不语。作者并没有对这最后一幕做任何叙事上的说明，全部由画面交代其中的一切——虽未明说，却由阅读者的想象力自行补足了这个部分。因为叙事要有想象力（narrative imagination）。② 我认为说与不说、写与不写都分配得十分恰当，正如同一幅画中若能适度留白 ③，反而能够带出意境更为深远的美感！

绘本中的这一幕是这样的：放学后，大家都走了，被绑在树下的"便当小偷"正津津有味地吃着便当。而不远处的另一棵树下，小伟正藏身于树后，看着被众人误以为是小偷的小猴子，他的表情充满着弥补的歉意。虽然，这一本绘本中的文字相当浅显，也没有刻意地交代很多故事主人翁心理层面的想法，不过读者们却可以借由细腻而生动的画面，得知隐藏于故事叙述文字之外的细节。此点也是我个人认为这一本绘本值得细细品味之处！毋庸置疑，身兼故事作者与绘本画家的叶安德将自身的绘画能力与文字创作相结合，对于这本绘本的完整性起了相辅相成的作用。

（4）整体的创作风格淡雅温馨

绘本中除了吸引人的故事情节与插图之外，整体的艺术风格也要能够与故事内容相搭配，借此引领读者进入故事中的世界。培利·诺曼德曾说："风格与色调或媒

---

① 迪克·布鲁纳（Dick Bruna）：*All About Dick Bruna*，日本讲谈社。

② 杨茂秀：《谁说没人用筷子喝汤》，台北远流出版公司，2006，第 34 页。

③ 参见彭懿的《图画书：阅读与经典》："留白是说画面，空白是说页面。"该书由二十一世纪出版社出版，详见第 32 页。

材不同，是一种无法分开来看的特质。风格是整体来看的效果总和，是插图或文字之所以看起来有别甚至独特的原因。风格是从艺术家对主题和呈现方式所做的不同选择中发展出来的。"①

本书的插画采用鹅黄色作为画面的基本调性，并采用偏向日系的绘画技法，使用不过度修饰的笔触勾勒出故事中所有的场景与人物，线条简朴、配色温暖，整个视觉的呈现带给读者一种柔和的感受。因此，在阅读故事的同时，又能欣赏到跟故事内容同样温馨的画面，图文相符；在阅读之外，又能感受到作者与绘者想要呈现出来的那份独特的风格。因此，当我在书局里一看见它时，就被绘本封面所散发的那股独特的幽淡气质所吸引。

绘本的整体风格包含了封面、封底、摺页、图文安排、色调、故事情节，等等，唯有当您亲手翻阅这一本书，且再三翻阅它之后，才能真正感受到它的整体风格，并且从中得知绘本作者与绘者所欲传达的信念！合上一本图画书时，图画书的故事就已经讲完了吗？有时是这样的，也有时不是这样。② 我认为这本绘本就是一本让我看完故事之后，又会想要好好地细翻它的诸项细节的书；同时，也是让我在写这篇绘本推荐文字时，想要一边翻阅，一边写下我所获得的感动的一本书。

基于以上几点，我诚挚地向您推荐这本《谁偷了便当》，希望您也会喜欢它！

◎ **推荐教材四**

推荐人：辅大哲学系硕专班林怡萱

书名："没有东西"送给你（*The Gift of Nothing*）

作者：麦当诺（Patrick McDonnell）

绘者：麦当诺

出版社：格林文化

出版日期：2006 年 7 月

故事简介：

小猫奇奇（Mooch）想要送个生日礼物给他的好朋友小狗小欧（Earl），奇奇想了又想，感觉小欧什么东西都有了，那要送什么礼物好呢？突然，奇奇想到可以送"没有东西"给小欧，于是开始到处去找"没有东西"好当作礼物。

---

① 培利·诺德曼（Perry Noldeman）：《阅读儿童文学的乐趣》，刘凤芯译，台北天卫文化图书公司，2000。

② 彭懿：《图画书：阅读与经典》，二十一世纪出版社，2008，第 16 页。

　　主人法兰克抱怨电视"没有东西"好看，奇奇遥控器转了半天，却有好多好多节目可以看；小主人杜希跟朋友抱怨"没有东西"好玩，却常常可以随手找到好玩的东西跟朋友玩；女主人米粒从商店回来嚷着"没有东西"可买，让奇奇满怀希望地跑到街上找着"没有东西"……但是奇奇只见到处都是东西，却找不到想买的"没有东西"，只好失望地回家，赖在自己的垫子上思考……思考……直到他终于想到怎么送给小欧"没有东西"！

　　只见奇奇拿出盒子开始包装"没有东西"，停了一下想想，小欧这么好的朋友值得更多的礼物，于是换了个更大的礼盒，装着"没有东西"，送到小欧家，小欧开心地收礼后，却找不到礼物盒里有任何东西，奇奇便开心大叫，是的，礼物就是"没有东西"，"只有我和你！"

　　这本书中的主角小猫奇奇和小狗小欧，是美国连载漫画 Mutts 里的最佳拍档，多年来深受大家喜爱。该书是美国热门连载漫画 Mutts 的第一本绘本书，搭配幽默机智的文字游戏；作者用简单的线条勾勒出深刻意味的哲理，并带出幽默风趣的文字和绘图，虽然是简短的小故事，读起来却也饶富趣味。

作者简介：

作者、绘者：麦当诺

　　麦当诺 1956 年出生于新泽西，就读纽约的视觉艺术学院，毕业之后即成为一名自由插画家，负责杂志专栏或连载漫画。1994 年麦当诺的 Mutts 连环漫画首度曝光，作品结合了艺术、幽默、哲理的表达，立刻引起广大回响，风靡全球持续十多年；作者同时献身于动物保育工作，为美国人道协会董事会的一员。

推荐理由：

　　收到礼物是令人开心的事，但是要如何送给朋友礼物，却是件充满祝福又伤透脑筋的事。对儿童来说，送礼的哲学可以包含：对物质金钱的价值观、对朋友意义的体认、对友情核心价值的衡量；并将"没有东西"这样抽象的概念，以趣味表达方式，"拟物"化为没有东西也是某种东西。

　　1. 对物质金钱的价值观

　　想要什么都可以要求爸爸妈妈买给我们吗？

　　是不是越贵重的礼物越有意义？

　　世界上所有的东西都可以用钱买到吗？

　　2. 对朋友意义的体认

　　为什么要送朋友礼物？

　　朋友之间一定要送礼物吗？

送礼物对友谊会有什么样的意义和影响？

其中，奇奇在思索着要送小欧礼物时，其实仔细观察过小欧已经有了什么，所以他发现小欧什么都有了，他不知道小欧缺少什么，有什么需要，所以更烦恼可以送什么东西给"什么都有"的朋友。

你觉得小欧真的什么都有吗？

如果你是奇奇，当发现小欧什么都有的时候，你会送什么样的礼物给小欧？

3. 对友情核心价值的衡量

送朋友礼物的时候，你会怎么衡量该送什么样的礼物呢？

对你来说友情最重要的核心价值是什么？

4. 没有东西的概念

"没有东西"的概念属于抽象概念，年纪较小的孩子未必可以完全体会没有东西的概念，但透过书中的比喻，可以将"没有东西"也当作是一种东西，一种单纯的东西，相当于最后大喊的乐趣，或是相当于真诚的拥抱，借此去体会那只有我和你的感受；而年纪较大的孩子可以试着被引导去思考，奇奇寻找的"没有东西"究竟和男主人、女主人、小主人所说的"没有东西"是否一样。

世界上真的有"没有东西"这个东西吗？如果有，可以试着描述那是什么。

5. 其他思考

可参考网络资料《漫画世界新闻书评》中提到的："这不是一本只给孩子读的书；孩子会喜爱这本书，而说故事给孩子听的大人也会喜欢。成人反而更容易为书中信息所感动，因为大人更能够体会：有时候'没有东西'就是你能给某人最棒的礼物。"

本书适用于不同年龄层孩子对友谊的体会、对物质赋予的价值观及"没有东西"抽象概念的思考。在当下到处充满东西的社会，物质选择相当多，但如何从中让孩子学习给予和接受的意义，评断价值的标准，并且可以容许发挥创意，从不同角度思考，尝试各式各样的可能，这也是在本书趣味性之余，还可以体会的角度。

◎ 推荐教材五

推荐者：辅大哲学系硕专班黄稚真

书名：阿比忘了什么？

出版日期：2007 年 2 月

适合年龄：3—6 岁

童书作者：郝广才

绘本作者：朱里安诺（Giuliano Ferri）

出版：格林文化

内容介绍：

大熊阿比为小狗盖新屋，小鳄鱼阿宝友情赞助，两人一起锯木头、钉钉子，忙得满头大汗，狗屋新落成，不亦乐乎！房子盖好以后，小鳄鱼就开心地回家去了，而大熊阿比也开心地享受他们一天辛苦后的成果。但就在夜晚来临，大熊准备要入睡时，累了一天的阿比躺在床上却怎么也睡不着，阿比觉得好像就是忘了什么！阿比实在不知道为什么一直睡不着，他一直努力地想，到底他忘了什么？究竟什么事情让他挂心，所以睡不着呢？到底是忘了什么呀？忘了调闹钟？不是。忘了锁门？不是。忘了喂狗？忘了浇花？还是忘了刷牙？通通都不是！就在阿比想了好久好久，也做了好多好多蠢事，却始终想不起来他忘了什么的时候，阿比看着镜子里的自己，突然豁然开朗起来了！于是，阿比匆匆骑着脚踏车出门，到市区买了一束好漂亮的花。阿比这么晚要去哪里呢？天终于快要亮了，阿比已悄悄地来到了小鳄鱼朋友阿宝的家门口。当小鳄鱼阿宝睡眼惺忪地起身替敲门的阿比开门的刹那，阿比开心满足地微笑着。大熊阿比温柔害羞地对小鳄鱼轻声地说："谢谢你，阿宝！"

推荐理由：

近年来绘本童书因为受到推广，所以每年的产量大增。出版业者纷纷引译国外畅销童书进入国内，这对小朋友来说确实是一大福音。然而，对于成人来说，到底什么样的童书会容易引起兴趣呢？通常这类型童书必须具有"寓教于乐"的强烈特质。《阿比忘了什么？》这本童书，画风细腻、明亮多彩，吸引我自然地驻足，想要翻阅它；加上书名本身就是一个问句，确实引起我好奇，我也很想知道阿比到底忘了什么。相信看完故事的人，都会和我一样会心一笑，觉得这个小故事真是可爱。作者运用有趣的故事手法，带领小朋友一起进入到主角阿比的世界中，一起去体会"感恩"的重要性。"请、谢谢、对不起"是小朋友从一出生就会被教导的"品格"教育。成人都会告诉小孩要有"礼貌"。然而，对 3—4 岁的幼童来说，可能还很难去懂"请、谢谢、对不起"真正的含义，礼貌更是很抽象的概念。小班到大班的幼儿园小朋友也许就开始具备足够的成熟度去了解。教育如果可以透过引导的方式去达到效果，不是比"你就是应该怎么做"来得好吗？

我认为《阿比忘了什么？》是一本很好的童书教材，因为人都是好奇的动物。如果今天是在一个中班的班级中来讲授这个故事，老师可以试着在讲故事的同时，不断地询问反问："小朋友，你现在猜到阿比忘了什么吗？"只要小朋友有回答，就可以给他们小糖果或小礼物当作鼓励，不论他们的回答对与否。我相信整个讲故事的过程，每个小朋友一定都会非常"专注"。而专注的过程，会引发他们更想知道结局的好奇心。一旦故事谜底揭晓以后，我相信故事要传达的信息也已经自然而然驻留于孩子们的心中了。这是一个有趣、温馨、富有寓意的小故事，不论在画风上、故事内容的实用性上还是个人主观的喜好上，都是让我在众童书中，愿意选择推荐的主要初衷。

记得有一次在逛书局时，听到一个约五岁的小朋友跟妈妈说，妈妈，你看是阿比！原来，作者郝广才笔下故事中的人物《阿比》已经开始家喻户晓了。作者近年来创作了阿比系列的童书，主角同一对小朋友来说，具有一种亲切的魔力。对我来说，微笑和善的肥肥阿比，确实也有一种说不出的魅力。孩子会注意到，孩子会喜欢，我想这本童书已经成功一半了。

书籍特色：

1. 关于作者：郝广才

郝广才毕业于中国台湾政治大学法律系，是位可说让台湾儿童书进入绘本时代的关键传奇人物。他创作与主编了大量绘本，以优质多样的绘画风格诠释经典文学及现代儿童文学创作，结合精华资源造就高质感创意，因此屡获国际各项大奖的肯定。

郝广才1996年受邀至"博洛尼亚国际儿童书展"担任儿童书插画展的评审，成为该展有史以来第一位、也是最年轻的亚洲评审。除了绘本策划与编辑方面的丰富阅历，郝广才写出的故事更是独具一格。他总在充满想象力的情节中，引导孩子认识人生的各种面貌；擅长用说故事的方式，探讨人生中的重要议题，内容深刻，趣味十足。

他的绘本充满了文字押韵之美：故事念起来特别顺，有文字流畅无阻碍的感觉。仔细一瞧，原来是文字韵律的美感。

2. 关于绘者：朱里安诺（Giuliano Ferri）

朱里安诺是来自意大利的色彩魔法师，擅长以明亮的色彩、晕染的技法，营造出美丽的童话世界，温暖了无数的大人和孩子的心。朱里安诺出生于意大利的皮萨罗（Pesaro），在拉斐尔的故乡乌比诺的乌比诺艺术学院完成学业。

像烟火般的花束：阿比拿着那一束花到阿宝家门口时，那束花好像烟火（那束花画得很大），很有创意。

◎ 推荐教材六

推荐者：辅大哲学系硕专班尤碧云

书名：给姑妈笑一个

作者：黛安·佩特森（Diane Paterson）

黛安·佩特森出生于纽约，现居住在佛罗里达州。她编绘了 10 本童书，也为其他作者的书和教科书画插画；同时她也是一个画家，她的作品展览在她先生筹建的 Mannion Gallery。《给姑妈笑一个》是她 1976 年的作品。

译者：上谊出版社

发行人：何寿川

出版：上谊文化实业股份有限公司

本书得奖记录：儿童读物大展精选

拍成动画后得奖记录：

国际非院线影片协会金鹰奖

纽约国际影视节金牌奖

芝加哥国际电影节金徽奖

伦敦电影节最佳影片奖

休斯敦国际电影节银维纳斯奖

内容简介：故事在说姑妈逗小孩笑的过程，没有背景，只有两个人物和姑妈的独白。

童书赏析：

1. 趣味性

① 书中小男孩的年纪比一年级小朋友稍微小一点，而小朋友刚走过小男孩的阶段，大部分的人都有类似的经验，对书中的主角感到亲切且认同。

② 小朋友对"姑妈"虽不全然喜欢，但对于姑妈各种逗趣的方式和夸张的动作，小朋友觉得很好玩。

③ 姑妈拿的玩具，像是飞机、小熊、皮球和好吃的冰激凌，小男孩不为所动，但小朋友表示他们会接受这些礼物；对小男孩的拒绝，小朋友虽然感到不解，但觉得有趣。

④ 用尽办法后，姑妈转身失望地离开了，小男孩却笑了。小朋友看到最后一幕，都笑翻了。

2. 文学性

本书以鲜明夸张的对比方式，与出人意料的巨大落差，制造出强烈的戏剧效果，吸引读者的眼光，挑动读者的心灵。

① 性别年龄的对比：一是年长的女人、一是年幼的小男孩。

② 人物特质的错置：本书颠覆了年长女人迟缓呆板与小男生活泼调皮的印象，敏捷灵活的姑妈对照不动的小男孩，出人意料的角色错置，令人喷饭。

③ 动与静的对照：姑妈唱歌、跳舞、扮鬼脸、翻跟斗、玩游戏、送礼物、搔痒等，花招用尽；而小男孩从头到将近结束，一个姿势、一个表情；不发一言的小男孩，姑妈的独白。这种出人意料的过程，透着喜剧式的喜感。

④ 以最简单的形式，发人深思：用最简单的线条和色彩，描绘出两个截然不同的人物。没有背景，每页不超过两句话。浅显易懂的对白，让小朋友容易融入故事中。

⑤ 故事人物心情的落差：姑妈从亢奋地到来至落寞地离开；小男孩却从垂下嘴角到上扬嘴角。

问题与讨论（哲学性）：

由于小学一年级的孩子尚未熟悉讨论程序与方法，加上时间的限制，所以用脑力激荡法（一问一答），鼓励孩子发表自己对问题的想法和解决的办法。

提问：（一）姑妈逗她，小男孩为什么不笑？

回应：1. 因为他讨厌姑妈。

    2. 因为他现在不想玩。

    3. 因为他生病了，不舒服，不想吃冰激凌。

    4. 因为他不喜欢姑妈的游戏。

    5. 因为他觉得很可怕，姑妈的动作好像小丑。

    6.（大人回应）小孩最阴险，他故意不笑，等姑妈临走时才笑，会吸引姑妈回来，再继续跟他玩。

老师结论：原来小男生不笑的原因很多，不全然是他在生气或讨厌姑妈。

提问：（二）如果你不想别人这样对待你，你该如何表达你的意愿？

回应：1. 你要告诉她：我不喜欢玩这个游戏。

    2. 你要告诉她：我现在不想玩，下次再跟你玩。

    3. 你要告诉她：我现在生病了，不想玩。

    4. 你要告诉她：我现在就是不要玩。（为什么？）嗯——，就是不想玩。

    5. 你要告诉她：我想玩别的游戏。

    6. 你要告诉她：我跟妈妈要出去，现在不想玩。

老师结论：当你不想玩，要清楚地告诉对方，可以减少彼此的困扰。

提问：（三）姑妈是长辈，小男孩可以用这种态度对待姑妈吗？

回应：1. 不可以，这样对姑妈没有礼貌。

2. 这样对姑妈，姑妈会伤心。

3. 对长辈不可以这样，对同学也不可以这样。因为你有笑容大家才会想要和你做朋友，如果你臭着一张脸，人家不要理你。

4. 姑妈这么努力，小男生都臭着一张脸，最后姑妈就不理他了，走了。

5. 这样对大人是非常没有礼貌的。

老师结论：小朋友如果臭着一张脸，都不笑，大家就不喜欢跟他做朋友，所以对人的态度要好，要有礼貌。

延伸问题：（四）如果你必须和会捉弄你的人相处，你要怎么做会比较好？

回应：1. 你要告诉他／她，我不喜欢这样，你不可以这样（捉）弄我。

2. 我会告诉他／她，你这样（捉）弄我，我会好难过。

3. 告诉他／她，我不想跟你玩，你不要亲我、捏我。

4. 告诉他／她，我今天身体不舒服、发烧，不要（捉）弄我。

5. 我要告诉妈妈、爸爸。

6. 他／她来，我就到别的地方去，不跟他／她在一起。

7. 他／她来，我就找个他／她找不到的地方躲起来。（但躲不起来，怎么办？）

8. 不理他／她！

9. 叫爸爸打他／她。

10. 跟别人说，他／她喜欢（捉）弄我。

老师结论：你要告诉她，你不喜欢什么，以后请他不要这样对你。同时你要告诉爸爸、妈妈，谁常常捉弄你，让爸爸、妈妈可以帮你。

结语：

阅读《给姑妈笑一个》除了可以带来乐趣，还可以透过提问和发表，刺激小朋友思考和检证他们的行为表现，充实生活知识，建立正确的观念，来指导他们正确的言行。老师也不必用教条式观念输入教育，不用责备和处罚。在充满趣味的阅读过程中，孩子自然可以学到以正确合理的态度、举止，来对待别人。

即使是一本小书，也可以是饶富乐趣和哲思的。

参考资料：

1. 黛安·佩特森（Diane Paterson）：《给姑妈笑一个》，上谊出版社译，台北上谊出版社，1998。

2. 黛安·佩特森（Diane Paterson）：个人网页。

3. 你的公共电视：网页：第一届儿童影视观摩展。

4. 杨桂玲：《瑞典：我思故我写无处不写作》，《天下杂志》2007 年亲子天下专刊，第 36—39 页。

5. 洪有义：《一问一答》《价值澄清法》，台北心理出版有限公司，1986，第 64—65 页。

附录二 儿童哲学讨论记录 5 次

◎ 讨论记录一

内容：《灵灵》第二章　日期：2007 年 10 月 13 日

组别：第一组

指导：潘小慧老师

主持：皓勇

记录：家瑜

成员：皓勇、怡萱、慧琴、文明、晴晏、家瑜、嘉琪、家伶、婉伶、玮苓、梨月

第一阶段：轮读《灵灵》第二章

略。

第二阶段 –1：小组提问

Q1：灵灵没有礼貌，为什么别人在用厕所时她一直敲门？（晴晏）

老师：家人是不是应该有一个"厕所使用"的默契？

Q2：什么是"没有希望的希望"？（第 12 页）（婉伶）

Q3："灵灵"是她帮自己取的名字，文中她的妈妈怎么会用"灵灵"这个名字
称呼她？（文明）

老师：名字是她自己取的没有错，但是也许她希望大家都叫她"灵灵"，所以妈
妈叫她"灵灵"。

Q4：睡着时的腿是否没有感觉？（文明）

Q5：一个九岁的小孩会自言自语吗？（嘉琪）

Q6：灵灵怎么知道"浦涟只说话给自己听"？（第 9 页）（嘉琪）

Q7：灵灵说"浦涟'什么都可能'"，这是一种称赞还是觉得他很怪？（第 9
页）（嘉琪）

Q8："他的眼睛是茶色，像菊花"，为什么她会觉得像"菊花"？（嘉琪）

晴晏：可能是指菊花茶的颜色或是菊花花蕊的部分。

Q9："不会什么都告诉慈慈……"灵灵会有这样的（该要告诉慈慈）观念是怎
么来的？是因为家庭教育的观念、姐妹的相处关系或是觉得年纪小的该要
告诉年长的？（嘉琪）

Q10：灵灵说到"吃早餐时……想编一个谎言……"慈慈是不是个不会思考、
只会遵守的人？（梨月）

Q11：第 12 页，"这是星期二早上的事，星期三早上还是……""情况没有变好"
　　时，灵灵的心境如何？

　　文中提到"十一岁时有谁可以欺负"，因此不是要解释文意，而是想要了解"当
下"灵灵的心理。（慧琴）

梨月：故事继续有说到"他们都对，我真是倒霉"。

怡萱：但当灵灵这么讲时，她是真的觉得"他们都对"吗？而且为什么爸爸、
　　妈妈讲的都是对的，而慈慈讲的就让她觉得有些不一定是对的？

玮苓：在第 12 页下面，"可是慈慈真讨厌，先放糖后放糖有什么不一样？"灵灵
　　会不会觉得自己的意见和想法都没有人重视？

　　别人还会干涉她应该要怎么做，那么她自己的感觉如何？

皓勇：可是灵灵觉得父母干涉她的部分她可以接受啊，会不会是为了反对姐姐
　　而反对？

　　灵灵会觉得姐姐讲的没有逻辑，"先放糖后放糖有什么不一样"，可是相同
的道理逆向思考时，灵灵也没有站在她姐姐的想法上，也许慈慈有她自己的一套
想法。

Q12：什么叫作"睫毛开叉又打结"？（怡萱）

老师：会不会是像头发那样，会开叉又打结？

Q13：第 9 页提到灵灵与慈慈共享一个房间，姐姐有朋友来时灵灵被姐姐支开，
　　可是灵灵觉得这房间是她跟姐姐共享的。到了第 10 页，灵灵又说"你不
　　公平，我和你一样也能使用洗手间"，这是不是表示了灵灵对自己被排除
　　在空间使用权之外而觉得不公平？（文明）

皓勇：阶层关系中，她永远是最小的。

　　为什么灵灵对被姐姐管会觉得不公平，但对被父母管则不会觉得不公平？在她
的观念里，可能认为父母跟自己是不同位阶的，但是姐姐跟自己是同一位阶的。

Q14：承接第 9 页的问题，姐姐的朋友来，就叫灵灵走开，这个时期十一岁大
　　的孩子是以同侪为主要的交往对象，对家人比较疏远。如果以后我家小
　　孩这样，我要对他怎么办？（嘉琪）

Q15：伊珊说"对浦涟这个人来讲，什么都可能"，这是表示只有浦涟什么都可
　　能吗？别人是不是也有可能这样？（延绫）

第二阶段 -2：小组讨论

（1）讨论：有许多事是对的，有许多事是不对的，可是有些事好像并没有什么
对不对。大家可不可以举例，分别说这三件事。

玮苓：对第三种情况举例，有些事没有一定的对错，例如先放牛奶或先放糖并没有一定的对错。

老师：真的吗？先放牛奶或先放糖有没有什么用意？

文明：可能看牛奶的比例多少再放糖才不会浪费。

皓勇：要看是什么糖，方糖还是砂糖？

老师：对一个喝咖啡喝得很专精的人，先放什么绝对有其顺序；对于牛奶来说，我不清楚先放什么是不是很重要，但对一个美食者或营养师而言或者又不一样。例如，给小婴儿泡奶粉有不能用"阴阳水"的说法，是认为会对健康不好，因此，先放糖或牛奶这件事未必没有它的道理，只是我们现在不知道。

延缕：也许慈慈有自己的理由，可是一定要人家也这样做吗？

梨月：感觉上，灵灵爸爸的理由是由经验来的，不要浪费，所以可以合理化，但是姐姐的说法只是要遵照着做，却没有理由。

皓勇：也许姐姐是有一个理由，可是她没有讲出来。

怡萱：灵灵会认同爸妈，但是不认同姐姐，是不是认为慈慈不会思考？

婉伶：从先前就看到灵灵觉得姐姐对她不公平。

梨月：灵灵检视父母的话而去理解这件事的时候，看到姐姐与父母说话的不同。

晴晏：是"权威"吗？

梨月：应该是爸爸的话背后有道理在。

怡萱：由经验来看，可能是与讲话的态度有关，有的态度会让人觉得自己好像经常没做到，可是不见得是这样（例如：吃东西前没洗手），而父亲的讲话可能带有权威并且有加上解释，但也有可能灵灵并不是真接受，因为最后灵灵说到"我真倒霉"，所以她还是有被欺负的感觉。

晴晏：对"对的事情"举例，例如要"孝顺父母"。

玮苓：觉得要"孝"，但不一定要"顺"。

梨月：对错是由自己的经验所决定的，不是一定就是对或错的，而是要看是否达到最后的目的（以学习音乐的过程为例）。

老师：你的意思是，比如你学扬琴，这个姿势可以达到你要的目的的时候，这就是对的；相反，你要是只学了一个姿势，但这个姿势根本达不到你要的目的，那就是不对的了。

梨月：对。

老师：这是有考虑到目的与手段之间的关系。

（2）讨论：什么是"没有希望的希望"？（婉伶）

玮苓："没有希望"是指那个希望根本不会成真。

婉伶：例如，我希望像小鸟一样在天空中飞翔。

嘉琪：例如，我想嫁给白马王子。

梨月："没有希望的希望"是指没有可能达到的希望。

（3）讨论："睡着"的腿是否没有感觉？（文明）

文明：提问者说明——会提出这个问题是因为在第 10 页中的形容，一个睡着的
　　　人被人家捏、被人家打，还是应该会有感觉，那为什么"睡着"的腿会
　　　没有感觉？

梨月：是否是真实与梦境的差别？醒来后"以为"梦中的情境是真实的事。

家瑜：我觉得应该是因为她的腿麻了，因为麻得很彻底，所以去碰的时候就没
　　　有感觉，灵灵用"睡着"来形容这种"麻"。

皓勇：先厘清一下，当时说到"半夜醒着"所以是醒着的状态没错，但灵灵说
　　　做了一个好梦，所以这一段的叙述是在形容那个奇怪的梦还是在说醒来
　　　之后的状况？

文明：说明提问——只是在问"是否会完全没感觉"，不管是睡着或是麻。

皓勇：在最麻的程度是没有感觉。

老师："有感觉"是在从"麻"的苏醒当中，很沉重的感觉。

晴晏：盘腿坐的时候，腿会麻，但是我认为是有感觉的，很麻，有刺刺的感觉。
　　　因此我认为这是在叙述灵灵很好玩的梦而已。

老师：文本提到"半夜醒来"的这段，其实没有提到梦的内容，所以后面的几
　　　段不是在梦境，当然你们说的那种状况也是有可能，但是她的叙述让我
　　　感觉不是梦的内容。

　　文明的提问"睡着的腿是否没感觉"，这其中好玩的是："睡着"是什么意思？
我们睡着但是会感觉到自己在做梦，可能是没有睡得很沉，而可以有一些感觉，所
以这里是有层次之分。

　　如果按照灵灵的逻辑，她解释醒后发生的事情并没有很突兀。

文明：自己的身体与思想，一个醒来，一个没醒来，思维醒时身体不能一致。

老师：冬天早上醒来，闹钟响了，知道要起来，但是身体起不来……

　　这个状况算不算"睡着"？

　　当妈妈的又会有一种经验，觉得自己已经泡完奶了，为什么小孩还在哭？其实
我根本还没起来，而是我把整个过程在脑海中完成了。

文明：有另一种经验：身体动了，但是自己不知道有去做；半夜起来开门，可是自己不知道做过这件事。

老师：梦游。

文明：梦游是代表身体醒着，但是思想睡着？

老师：或是忘记了，而且是压根忘记了。

怡萱：可能自己忘记了有做过这件事。

皓勇：所以你觉得你的思想没有醒，但是身体会去动。你也许是醒的，但是程度还没有很明显。

文明：思想没有醒或程度很低，但身体产生了动作。

老师："忘记了"是一种合理解释，不能说我什么（思想）都没有，但是会去开门。所以合理的一种解释是：你忘了你曾经醒着，去开门。

玮苓：是不是就是说大脑活动很低。例如睡觉时把脚跨在别人身上，不会觉察到那个行为，只是在跨下去的那一刹那间才惊觉。

婉伶：附议怡萱的说法：迷糊中去做，所以忘记了。例如：睡觉时别人问话，会回答，但是睡醒后忘了这件事。

（4）讨论：一个九岁的小孩会自言自语吗？（嘉琪）

玮苓：我觉得灵灵比较成熟一点，她还会去分析有些事情是对的，有些事情是不对的，有些事情并没有对错，所以她或许可以知道什么是自言自语。

嘉琪：那她可以理解"自言自语"吗？

老师："自言自语"有很难吗？九岁的小孩子很大了耶。

嘉琪：她的"自言自语"是说出来的自言自语，还是在心里的对话？而且更甚者她是在想象别人在自言自语，灵灵可以想象别人在自言自语吗？

老师：会，有想象就会。

皓勇：由自己的经验去推出别人的经验。

老师：九岁的小朋友读三年级，已经很大了。幼儿园的小孩子就会自言自语了，会拿娃娃演戏。

玮苓：我们家才七个月大的小朋友就会拿个东西一直在讲话。

老师：会模仿。

嘉琪：那种外显的言语可以理解，但是内心的对话有可能吗？

老师：可以，但是当然没有那么深，不会很有心机地去想别人怎么想我，我又怎么……没有那么复杂，但是他绝对可以模仿，今天白天在学校发生了什么事，他就可以回来复制在他的娃娃身上。

嘉琪：九岁的小孩会有心机地自言自语吗？

老师：有，不用九岁，六岁就可以了。木栅动物园的猩猩有六岁的智能就会偷藏石头丢人。

（5）讨论：一家人对"厕所使用"的默契。

皓勇：要看厕所的装置，要是有隔间的话就可以一边洗澡一边刷牙。

老师：这与家人的文化以及关系有关，需要有默契。例如一开始就设计拉门，本身是不上锁的，把家设定成开放式。

延缕：如果灵灵先进厕所的话，她也可以把门反锁起来。

老师：看家中的文化，也可以家中都不上锁，但是要进去的人先敲门。

皓勇：回到课本，有两个部分：一是"慈慈先进洗手间把门锁起来，不让我进去"。我们来想"把门锁起来"的目的是什么？是家里有这个习惯吗？还是目的是不让她进去？二是"我可以听到她在里面刷牙的声音……"家里是否有轮流使用的习惯？

梨月：看到她说"把门锁起来，'不让我进去'"，重点是"不让我进去"而不是谁先进去，针对这一点：明明我们都有权使用这个空间，都有进去的可能性。

（6）讨论：家中小孩如果因朋友起冲突，该怎么办？（嘉琪）

嘉琪：到了上小学的年纪，就会想跟同学朋友在一起，对朋友比较好，对自己的兄弟姐妹不太好；宁可跟朋友出去玩，也不愿意带弟弟妹妹出去玩，可是弟弟妹妹又硬要跟，这时就会吵架，那怎么办？

怡萱：在先跟家人有约、又跟朋友有约的情况下，会对家人爽约，会让家人觉得不受重视。那是一个阶段，在那个时候，会为了朋友跟家人爽约，却不会为了家人跟朋友爽约。

皓勇：有时候我们会对比较亲密的人比较随便，所以"爽约"并不代表你跟他的关系不好，而是觉得没关系，并不是不重视。

怡萱：跟表达的方式有关，有时候是因为某一个场合他很希望我到场，而我没有到，他才会那么生气。

嘉琪：会有那个阶段，现在会弥补，都会带着妹妹出门，但是她不一定会跟。

（7）讨论：爸妈真的都是对的吗？为什么慈慈的话就让灵灵觉得"没有对不对"？

嘉琪：身份的问题，一件事由爸妈来讲还是由姐姐来讲会有差异，即使一件事情我讲的是对的，所有的人都说是对的，可是妹妹仍会不听我的。

老师：你会不会以前表现太好，让她有阴影？

嘉琪：据说是有。可是我的困难在于我们现在没有办法由爸妈来讲，我们俩又是平辈，当我劝她说"这样做比较好"，她听不进我的话时就会生气，会和我吵架。可是以前如果爸爸在的话，由爸爸来讲这句话，妹妹就会听了。

老师：所以身份很重要。

皓勇：有没有可能她长大了，自主意识更强。

老师：可能要找一个阿姨之类，或找一个长辈。

嘉琪：即使我态度卑下地用"沟通"的语气，也不见得被她接受。

皓勇：也不尽然与位阶有关，有些小孩也不听父母的话。

嘉琪：在我们家的情况是会听爸爸的话，现在也会听她男朋友的话。

老师：可能其他人没有这种责任，不会在意"要不要听我的"，而你有责任，会觉得比较辛苦，需要比较长的时间。

（8）小朋友心目中什么是公平、不公平？（嘉琪）

皓勇：小朋友在意自己有没有，自己有，别人不一定有，或者是自己比较多，对方比较少。（对别人不一定公平）

嘉琪：那他对公平的定义就是"自己一定要有"？

老师：我自己不能吃亏就是了。小孩子很在意。

皓勇：就算是东西都一样他也会觉得别人的比较好。

嘉琪：那怎么办？

皓勇：可以教他看自己有什么。

嘉琪：如果在教育的过程发现小朋友的概念已经偏差很多，怎么办？

皓勇：在小学阶段，小朋友的吵架有 90% 是因为"自私"。

老师：要那么快就把小朋友界定为"自私"吗？是"自私"还是"自我中心"，还是……

皓勇：他们比较不会站在别人的角度去想，只从自己的立场想。

老师：当老师的是不是就要想办法让他知道这个状况并不是他想的那样？

处理小朋友的矛盾就是一天到晚在处理公不公平。例如今天轮到他倒垃圾，可是为什么今天的垃圾比较多？昨天是姐姐，垃圾就比较少，或是姐姐去上课比较晚回来，她就不用倒了……

小孩子的"公平"是从自己的角度来讲的，没有大局观。

爸爸：不要再计较这些，因为占你便宜的是你的家人，你的兄弟姐妹，每个人该做什么就要做，多做就"认了"。

可是小孩不想"认"了。

嘉琪：父母给小孩买一样的东西，是公平吗？

老师：有的父母会给小孩买一模一样的东西，免得小孩吵架，这不见得是平等；可以买不一样的东西，让他们学习分享，而不是买三个一样的。

皓勇：小朋友不一定是要有形的公平，也会要无形的公平——例如老师对大家的关注。

婉伶：要看小朋友讲的公平是什么，例如抽奖活动，班上没有人被抽到，学生就说是"不公平"。这种情况要找机会加以教育，讲解概率让他们了解。

老师：抽奖的教育意义低，因为靠的是额外的运气。

皓勇：会不会小朋友所说的不公平，不是真的不公平，只是反映小朋友的情绪、心情？

第三阶段：各组分享

略。

◎ 讨论记录二

内容：《灵灵》第三章

日期：2007 年 10 月 20 日

组别：第一组

指导：潘小慧老师

主持：婉伶

记录：家伶

成员：皓勇、怡萱、慧琴、文明、晴晏、家瑜、嘉琪、家伶、婉伶、玮苓、梨月

老师介绍 page one 的童书馆。

谢谢家瑜的大方，让我们这组的记录可以沿用她可爱的图片。

第一阶段：轮读《灵灵》第三章

略。

第二阶段 -1：小组提问

1. 梨月：人为什么说话？

2. 梨月：在第 19 页，尹珊如何认知家人"关系"的概念？

3. 晴晏：只有亲戚才算是家里的人吗？

4. 慧琴：在第 18 页，不住在一起，还算是家里的人吗？

5. 晴晏：什么是"家里的人"？

6. 怡萱：为何灵灵不明白自己为什么要这么对待汤米，却又这样做了？

7. 家瑜：捉弄和玩笑之间有什么差别？

8. 延绫：灵灵可以直称爸爸的名字"来福"吗？

9. 文明：动物园看不到独角兽，那灵灵是如何认知独角兽的？

10. 梨月：牙齿和新牙有什么关系？

11. 家瑜：在第 17 页，大人讲话可以胡乱编造吗？

12. 梨月：在第 18 页，什么原因让我们知道？如何判断自己的行为？

13. 慧琴：在第 15 页，不说话的时候，别人就无法感觉到你的感受吗？

14. 文明：在第 15 页，不想让别人知道自己的想法和感觉，尹珊说：那他就停止，不说了。在后面的作为中，沉默和不说话并不是不想让别人知道自己的思想和感觉吧？

15. 怡萱：在第 17 页，灵灵在梦中有疑惑，灵灵的疑惑是什么？

16. 晴晏：在第 17 页，"接种"是什么意思？

17. 嘉琪：我觉得灵灵喜欢"真的"牙齿。灵灵（一个九岁的女孩）如何判断出：她自己喜欢"真的"牙齿，不喜欢漂亮的"假的"牙齿？一个九岁的小孩如何选择、判断？

18. 慧琴：在第 15 页，人说话时，别人就一定能够了解他心里的想法、内心的感受吗？

19. 家伶：人自己能够明确地说出自己的所思、所想吗？

第二阶段 -2：小组讨论

回应 17 题：我小学的时候，因为意外门牙掉了，装了假牙，同学对假牙的想法是：1. 只有老人牙齿都掉光了，才会装假牙；2. 不然你就是大脏鬼，不刷牙以致蛀牙，所以牙齿掉光了。

（1）讨论：人为什么说话？（梨月）

皓勇：人为什么异于其他动物，可以有说话这样的能力？

梨月：人有异于其他动物的能力。

延绫：人的思想是有深度的。

晴晏：说话，是人类在用的一种方式。再澄清一次梨月的问题。

皓勇：人为何有说话的能力？是有这样的需求吗？可以继续探讨人为什么要说话。

梨月：人表达自己的方式只有说话一个途径吗？

皓勇：人为了充分表达思想，所以有了说话的能力。人说话是为了求生存。

（2）讨论：不说话的时候，别人就无法感觉到你的感受吗？（慧琴）

梨月：把自己的思想表达出来。

皓勇：说话也是一种求生存的方式，是一种需要。

怡萱：说话只是一种表达自我的方式。

（3）讨论：不想让别人知道自己的想法和感觉，尹珊说：那他就停止，不说了。在后面的作为中，沉默和不说话并不是不想让别人知道自己的思想和感觉吧？（文明）

皓勇：说话是一种表达，不说话是：1. 我们不想让别人知道我们在想什么；2. 但有时我们也没在想什么，只是单纯没有说话。

文明：不说话也是一种表达？

梨月：我们只能看到外显的行为，我们要进一步去思考他的内在。

怡萱：虽然不说话，但也是一种沟通。

（4）讨论：人说话时，别人就一定能够了解他心里的想法、内心的感受吗？（慧琴）

梨月：我们只能在当下了解我们自己从对方身上所感受到的，至于正不正确要核对。

晴晏：要说者和听者的译码正确。

延绫：理解是靠默契吗？

梨月：人跟人之间有理解，人才能沟通，简称为默契。

怡萱：和表达的精确度有关。

怡萱：和别人能否感受到自己的想法有何不同？

皓勇：这是主体性的不同：一个是自我的检讨；另一种是对别人理解自己话的能力的质疑。

（5）讨论：什么是"家里的人"？（晴晏）

怡萱：家里的人和家人有什么不同？

晴晏：大阿姨和小阿姨两家人住在一起，可是他们在说家人时，是单指各自的家庭；当有人问是否住在一起时，他们会回答住在一起，但一个在楼上，一个在楼下。

晴晏：认养家庭中的家人，算不算家人？

皓勇：家人是直系血亲，家里的人则指非直系血亲。

梨月：家人应该分为精神和身体的两种，这两者要一并考虑。

文明：请问嘉琪的状况，算不算一个家？

嘉琪：我们是一个家，我觉得家人应该是以血缘为基础。

皓勇：所以"家人"有两个概念：一个是住在家里的人，另一个是有血缘关系的。

（6）讨论：为何灵灵不明白自己为什么要这么对待汤米，却又这样做了？（怡萱）
捉弄和玩笑之间有什么差别？（家瑜）

梨月：捉弄是对个体性的表述，玩笑是对个体性和全体性的表述，所以，玩笑的概念比较广。

（时间不足，无法充分讨论）

第三阶段：各组分享

略。

◎ 讨论记录三

内容：《灵灵》第四章

日期：2007 年 10 月 28 日

组别：第一组

指导：潘小慧老师

主持：文明

记录：梨月

成员：皓勇、怡萱、慧琴、文明、晴晏、家瑜、嘉琪、家伶、婉伶、玮苓、梨月

第一阶段：轮读《灵灵》第四章

略。

第二阶段 -1：小组提问

1. 晴晏：在第 24 页，"关系"是什么？

2. 怡萱：关系是否一定看得见？

3. 怡萱：在第 26 页，借口是"让人有理由"做一件事→妈妈
　　　或者借口是"坏事理由"→灵灵说

4. 婉伶：在第 24 页，为何衣橱有放鞋子？

5. 慧琴："争辩"和问"问题"有什么差别？

6. 家瑜：会思想的动物和不会思想的动物有什么差别？
　　　思想是怎么开始的？

7. 慧琴：看不见摸不着的东西就不是真实的吗？

8. 晴晏：在第 23 页，是否每件事都有对错？

9. 延绫：在第 24 页，已经忘记了为何还会想起来？

10. 晴晏：在第 24 页，怪罪一个人比理解事情还简单吗？

11. 文明：在第 25 页，长得不像还能是一家人吗？

12. 文明：在第 25 页，"真实的"与"对的"有何关系？

13. 延绫：在第 23 页，盯着人家吃东西是否就是不礼貌？

14. 延绫：在第 24 页，慈慈为何没有顺便把卡片给灵灵？

15. 怡萱：在第 28 页，灵灵与爸爸对吓猫的行为对话的探讨。

16. 嘉琪：灵灵为何有怪罪慈慈的思维模式？

第二阶段 -2：主题讨论

关系之探讨

（1）讨论：关系是什么？

怡萱：关系一定看得见吗？关系是否是一种认知？是注定的，无法由自己决定，还是可选择要或不要的？

文明：有些关系是无法决定的，有些是可以选择的。

皓勇：慈慈的"关系"是否与灵灵的"关系"有差异？

婉伶：关系是否牵涉主体的认定？

皓勇："关系"是否需要主体的"承认"？

例如，男女朋友的关系需要双方的承认，有一方不承认了，关系就有变化。

文明：关系是否要有双方的认同才可成立？

皓勇：不一定，只要一方承认。

怡萱：关系的种类跟等级的差异吗？定义是什么？

家瑜：关系的建立因何而来当为第一考量。故应追究最先形成关系之点。若是由血缘而来，则血缘无法切断，因此这种关系就不会因承不承认而有变；但是男女朋友关系的建立是由双方认同而来，就会因两人是否变心而有变化。

家伶：关系的功能性为何？意义是什么？目的呢？是为了定义我与他人的关系吗？或作用？

晴晏：由关系意义引申出"责任"与"互动"。

如家人，我必须听母亲的话是因为我是女儿要听父母的话，引申自己对

　　责任的重视。

延续：关系是存在的，但是关系的内涵并不会因为关系的成立而一定会被遵守，那是两个层面的事情。一对母女是母女关系，但是有可能母亲不愿负养育责任。

文明：空壳关系。

（2）讨论：真实是什么？

皓勇：看不见的东西就不是真实的？

慧琴：真实是什么？

皓勇：觉得灵灵意气用事，是为反对而反对。

文明：我不认为灵灵是为反对而反对。人在认知发展过程的初期是以经验的方式理解具象事物，到后期才发展至抽象的。

皓勇：反对。灵灵对"真实"是通过看得到的，妈妈与慈慈对"真实"是通过经验得到的。

文明：真实就是对的吗？

思考之探讨

（1）讨论：会思考的动物和没有思想的动物有无差别？

家伶：人无法了解动物会不会思考。所以这应该不是个问题。

皓勇：动物是不是就没有思想？

婉伶：你如何证明动物不能思考？

晴晏：就像抓龙虾时，龙虾是一只一只排列走，第一只被抓起来之后，第二只仍是继续往前并且被抓走，第三只也一样，所以龙虾是没有思想的动物。

家伶：其他的动物没有思想吗？蚂蚁外出找食物，我弄死了第一只蚂蚁之后，其他的蚂蚁开始撤退，非常有秩序，它们没有思想吗？

皓勇：狗比蚂蚁的思想要高一点。动物的智慧是否有高低之分？

文明：思想是为了解决问题而产生。

怡萱：那么，动物会解决问题是不是就是有思想呢？我们是不是应该先澄清一下思想与思考之间的差异。

（2）讨论：思想与思考。

怡萱：思想与思考一样吗？

皓勇：思想是名词，思考是动词。应该是一样的吧？

　　　（停顿思考中……）

怡萱：思想即是思考。解决事情的能力可以作为思考的能力的判断吗？

皓勇：在问题出现之前也在思考。

文明：思考是一种能力吗？

皓勇：思考是现在进行时的状态。

皓勇：思考是如何产生的？人如何使用思考的能力？

探讨思考的源头是无解的，故应从思考能力的方向着手。

文明：如何行使思考能力应是跟人的发展成熟度有绝对的关系。

家伶：思考的开始可以说明：人的认识是从感官认识的。如果没有眼、耳去感
受到事物，也就不会有思考。

皓勇：思考是否受制于个人的感官？

文明：有外感官与内感官两种认识能力。但是，没有外感官，内感官就无法运
作吗？

皓勇：外感官会影响思考的内容，但是绝对不会影响会不会思考。

文明：真实感是出于对外感官的认识与内感官的接触。

怡萱：推论动物也有思想的可能。

皓勇：每个物种思考的模式是不同的。

行为之探讨

（1）讨论：是否每件事都有对错？

灵灵为何有怪罪慈慈的思维模式？

延绫：有个解答比没有解答好。有的时候只是因为自己没办法接受事情其实是
没有道理的，所以有个可以怪罪的总比没有的好，会让人心里舒坦一点，
比较能接受一点。

皓勇：解释灵灵错怪慈慈是为了排除内疚感。

家瑜：试提出怪罪的实际生活经验。

文明：即使知道事实，但内心的接受度不同。

梨月：知道真相、原委后若仍有怀疑时，是内心还有不确定感。

文明：真假不见得就是对错，"真假"是知识论的问题，而"对错"是逻辑的问
题。真实不代表真理。

皓勇：犯罪者会把"真实"凌驾于对错之上。

家瑜：你所指的是"现实"，不是"真实"，真实是与事实呼应。

（2）讨论：借口与理由

皓勇：以发生在事情的前后来分辨。"理由"应产生于事前，而"借口"是在事
后的。

怡萱：不一定。我可能也会因为借口而去做什么啊。不可以先后来说明理由与
　　　借口。我这样理解，理由是我为了某种原因而去做；但借口并不一定是
　　　事后才找的。

皓勇：时间之设定是不变的。从事发前与后的念头就可以判断是借口还是理由。

怡萱：懂了。就是说，我可能为了求知所以来上课，我因为不想上课，所以想
　　　了个借口。做一件事，是为了什么理由而做或不做；或是，我先决定做
　　　或不做后才去找理由。

家瑜："理由"具有某种程度的合理性，至少对说者而言是合理的；而"借口"
　　　则是比较轻易脱口而出的，不见得是真的。

嘉琪：借口是否是好的，就看他使用的意图如何。

第三阶段：各组分享

略。

◎ 讨论记录四

内容：《灵灵》第五章

日期：2007 年 11 月 4 日

组别：第一组

指导：潘小慧老师

主持：延绫

记录：晴晏

写白板：玮苓

成员：延绫、皓勇、怡萱、慧琴、文明、晴晏、家瑜、嘉琪、家伶、婉伶、玮
苓、梨月

第一阶段：轮读《灵灵》第五章

略。

第二阶段：小组提问

1. 梨月：在第 34 页，如何发现和看见关系？

2. 梨月：在第 36 页，灵灵是怎么看到自己的目的是什么的？

3. 皓勇：在第 36 页，心是由什么组成的？

4. 家伶：在第 31 页，灯光去哪里了？它一定要"去"了哪里吗？为什么黑暗
　　　的故乡＝外太空？没看见就不存在吗？

5. 婉伶：在第 33 页，每个字都和事物有关系吗？

6. 老师：在第 33 页，两个数目一样大就是同一数，秦达这样说可以成立吗？

皓勇：0.5 和 1/2 一样大。

家瑜：他所说的数目是纯粹指数字还是含单位呢？例如：12 支笔和一打笔，说法不一样，但是所指的数目是一样的。

7. 老师：在第 32 页，人可以一边想，一边做另一件事吗？

家瑜：我可以一边吃饭一边想别的事情，可是这要看专心的程度，如果想得很专心时可能吃了什么都不知道，甚至还会忘了吃，所以要看自己专注的程度，如果真的很专心就只能做一件事了。

皓勇：我可以同时做两件事，例如一边想事情一边跺脚。

老师：那是同时做到，但不是"专心"地去做跺脚这个动作。

8. 皓勇：在第 31 页，空间真的什么都不是吗？

9. 延绫：在第 31 页，有秘密时，真的不会被看出来吗？

10. 嘉琪：心事相较于秘密？

11. 老师：在第 31 页，为何人在黑暗中，还能有感受？

12. 慧琴：在第 31 页，当事人会有自己未察觉的秘密吗？

13. 梨月：秘密是由自己还是外力形成的？

第三阶段：小组讨论

（1）讨论：心由什么组成？

梨月：心有没有时间和空间？

皓勇：类比到心，与心之间有一定关系。空间和心都是抽象的，空间有远近，那心是否也可用具象来说明？

梨月：心是超越时间、空间的，且会影响人对事物的认知。心可以借由时间和空间被人认知，但它具有超越性。

怡萱：我想故事里的意思是，远近关联到空间，那心也可以这样联想吗？

梨月：心决定了时间、空间的向度。例如虽然我在一个小的空间里，但我的心却觉得这空间很宽广。

老师：这是一个很好的分享心之经验，心觉得宽广的经验。还有在炎热的夏日里，老师一直告诉你：心静自然凉。你也努力去做，之后就真的觉得凉快许多。

皓勇：我的原本问题里心没有这么宽泛，想的是心是被什么类比出来的。

梨月：我想心如何被认知应借由外在来解释类比心。

怡萱：接着皓勇的意思，我想故事里的远近关联到空间关系，（时间）前后关联到时间关系，而这些都是关系，所以后来写出的"关系"包含远近前后，也就是包含空间关系和时间关系。因此灵灵想说是否可以用这种方式，说出"心"是由什么组成的；这样又会令我想起有关字词联想的心理测验，比如说"远""近"，会令人联想到的可能就是"空间关系"或"距离"，而"空间关系""时间关系"会令人联想到的可能就是"关系"，"快乐""悲伤"可以联想到"心情"或"情绪"，而也许从"心情（情绪）"或者"心思（思绪）"等可以联想到"心"，这样试着去找出"心"是什么。

梨月：我会想到心是由意志而来。

老师：心可能是情绪、思考、意志、精神，也可以是心眼、爱……也就是心的意思广泛。所以"心"的构成，可能不只是以故事里的"关系"——"远""近""前""后"这样的方式表示。

梨月：听完后觉得心是作用。

老师：心不只是作用，也是主体。

文明：在第 36 页，灵灵与墨立根老师的对话中，有没有可能是墨老师单就灵灵的心的认知能力来说心是什么？

老师：哲学上的类比是有一定义的，但类比就只是类比，不是"就是"。

（归纳："心"从广义而言，难以在短时间内讨论出来，但却可以凭经验得到。）

（2）讨论：灯光去哪里了？它一定要"去"了哪里吗？为什么黑暗的故乡 = 外太空？没看过就不存在吗？

老师：在第 31 页中灵灵说："虽在黑暗中，我也知道她注视我，是感应，还是超能力？"

延绫：心眼在看。

玮苓：黑暗是看不见的，外太空是了解不到的，是我们知道的比较少，所以灵灵把它们联结在一起。

文明：光是一种现象，消失不见会再显现，消失和再现之间怎么了，可能是灵灵她想要的一个答案。例如最近听闻班群中某位学生的妈妈跳河自杀了，她会问她的老师与同学："你知道我妈妈去哪里了吗？"这时虽没有人跟她说她妈妈死亡了，可是她却告诉其他人："我知道，我妈妈上天堂了。"所以我想，人们会想知道消失了的东西去哪里，是因为如果得知曾经存在过的事物完全消失不见了，心中的那份失落感会更为重吧。

延绫：去哪里？听起来似乎有个结果会让人好受一些。

皓勇：灯灭了再开，质量就不一样了，因为质量会消失。

家伶：是指时间上的"足"不可能入同样的水两次吗？

怡萱：光与黑可视为能量的转换。

（归纳："光"可为一种能量转换的物理现象，但也可由人赋予另一种生命意义上的含义，如妈妈的死亡，被小孩视为灯灭了——消失了。）

（3）讨论：为何人在黑暗中，还能有感受？

皓勇：灵灵在黑暗中怎么知道姐姐转过身来注视她、瞪她？这指灵灵已有预设立场，她是猜想的。

玮苓：心念是一种意志力的存在。

延缕：心眼。

（归纳：可以用心眼解释为何人在黑暗中还能有感受。）

（4）讨论：空间真的什么都不是吗？

皓勇：例如在画画时纸上的空白处，真的什么也不是。

老师：空间是空空的，如果它不是什么，那它是什么？

婉伶：灵灵说的空间"什么也不是"，只是为了说明空间是看不见、摸不着的，不能算是物质。

家瑜：空间摸不到，因此我把握不了，也说不出它是什么，但当我处在狭小空间的时候，我就能感受到空间的不够；若在大空间中，我就对空间不会有特别的感觉。

老师：实质计算的空间是具体的：空间太大，打扫起来很辛苦，但在压迫的空间里，空间的意思就改变了，所以空间真的是有些什么。空间的相对感受因人而异，且单身、有小孩、三代同堂时对空间的需求也不同。另外，空间会随心境改变，例如以前会想要个大书房看书，现在觉得窝在沙发上看书也可以，这就是对于生活空间想法的改变。

玮苓：那是对"大"的定义不同。

皓勇：这样的空间是真实存在的。

老师：书上说的空间向度是指长、宽、高，若说空间的范围则是指有限性。

皓勇：如果是时间那就可以被测量。

老师：主观的空间、时间具有永恒性吗？时间一旦可以被定出来，则不是永恒。

（归纳：同学经验中的空间是真的有什么，例如空间里的压迫感、打扫起来很辛苦等，在主观的时间、空间里有有限性。）

（5）讨论：有秘密时，真的不会被看出来吗？

家伶：一个人怎么可能有秘密，而能不被看出来呢？

延绫：我也认为每个人应该都有秘密。

家瑜：一个很小的小孩说他有秘密，却一直去告诉别人。且他说每个人都有秘密，所以他也有。

老师：小孩的秘密是当话题来说的，他们没有真的秘密，只有大人才有。

家伶：小朋友对秘密的定义与大人不同。

嘉琪：他告诉我一个秘密，但他又让第二个人知道，这样还叫秘密吗？

皓勇：只要有人不知道就是秘密。

文明：也有公开的秘密，就是大家都知道，但当事人却认为大家都不知道。

皓勇：那秘密是有对象的吗？

文明：当我告诉自己这是秘密，不能对外说出时，这时候的对象就是自己。

嘉琪：同意。

老师：且有时记忆不好，秘密也会被忘记。例如我跟另一位老师事先约好不说的秘密，某老师就忘记了，可是当我向他提起时，他就会记起来；或者在某处境下，他可能意识到这是两个人曾约定的秘密。

怡萱：若之前同学没说，现在才告知我们，会让人觉得他有秘密没有告诉我们。

老师：那是时间点上的不同。有可能之前他忘了，现在才想起来说。

皓勇：秘密是刻意的吗？例如先生对太太的质疑回答说：没有啦，没什么。

怡萱：我觉得若人有一百件事，不可能一百件事都告诉别人。

慧琴：是善意的谎言吗？

老师：那也算是说了，不算是秘密。

延绫：好朋友都要求每件事情坦诚吗？自己过去的事情全部都要讲才能算是坦诚的好朋友吗？

老师：若是好朋友，跟他利害相关的事情都要讲、都要坦诚。

怡萱：若是男女朋友呢？

老师：都要讲，且依同性关系或男女关系程度来适度说明。

嘉琪：有太多秘密的人会不会生病？

同学均表同意。

（归纳：在自知有秘密时，很难不被别人看出来，但若自己忘记了，则除外。与人相处时可能依关系来定义秘密。）

（6）讨论：怎样发现和看见关系？

老师：关系是看得到的吗？远近胖瘦是可被看见的。

皓勇：直接表达出有什么关系。

老师：有什么关系和这关系不同。

文明：可以是冷热吗？

老师：那是感官，不是发现，发现是微妙的。

延绫：角色之间的关系就比如入学时形成的同学关系。

老师：那是身份。

皓勇：是不是所有的事物都有关系？例如"蝴蝶效应"、非洲人与我的关系。

嘉琪：每种关系都是我们在意的或对我们而言是重要的吗？

老师：若去过马拉维，你就会知道，那里因为很落后，有很多经垂直感染艾滋
　　　病毒而诞生的婴儿，当参与国际医疗援助回来后，很难说你跟马拉维就
　　　没有关系了。

嘉琪：若有人硬是要与人拉关系、攀关系呢？

老师：若你告诉别人每分钟有几千甚至上万人死于饥饿，并拿出图片给他们看，
　　　那样他们吃东西时就会较节制，不敢浪费。由此得知是有关系的。

嘉琪：会比较理性。

（归纳：发现关系不是用感官、用身份，而是"用经验"，且在经验中看见关系
的微妙。）

（7）讨论：人可以一边想，一边做事情吗？

老师：指专注做事，例如看棒球比赛时是当连续剧在看，如投手的情绪、观众
　　　布局等。所以人真的只能做一件事。

嘉琪：早上我在涂护肤品时就在想要穿什么衣服外出。

老师：那是习惯，不需要高度的专注力。

第四阶段：各组分享

略。

◎ 讨论记录五

内容：《灵灵》第六章

日期：2007 年 11 月 17 日

组别：第一组

指导：潘小慧老师

主持：玮苓

记录：延绫

成员：延绫、皓勇、怡萱、慧琴、文明、晴晏、家瑜、家伶、婉伶、玮苓、梨月

第一阶段：轮读《灵灵》第六章

略。

第二阶段：小组提问

1. 家伶：在第 46 页，世界上有小孩挨饿，所以我们就应该知足吗？（因为其他小孩也会有这种问题）

2. 晴晏：在第 41 页，大人和小孩的关系是什么？

3. 家伶：在第 40 页，左脚已经变成右脚，真的会这样吗？

4. 梨月：在第 40 页，关于睡觉，妈妈是个很会睡的人（睡得很沉），怎么叫也叫不醒，但却说慈慈是睡得很死的人，睡死跟睡沉的差别在哪里？是因为灵灵跟妈妈和慈慈的关系不同所以有不同的说法吗？（晴晏回应：我觉得睡得很沉跟睡得死是一样的。）

5. 怡萱：睡死跟睡沉有情绪上的不同吗？（婉伶：应该是一样的。）

6. 怡萱：好奇灵灵怎么看睡眠的状态，如问："妈妈你在里面吗？"好像同时可以有两种妈妈：身体的妈妈跟内在的妈妈。（梨月反馈：两个穿鞋的状况，两只鞋是一样的，又回到想象的世界去。）

7. 梨月：在第 43 页，我在心里对自己说："你看，灵灵，你听明白了，类比的意思就是这样……"我好奇跟自己对话的灵灵，好像都会有两个世界，真实的世界跟幻想的世界好像同时存在，混为一谈了。所以她又提到类比的事情，说她为什么要上课。这个对她来说是她自己想的事情，类比的也是她自己想的东西。

8. 文明：她想的类比不一定是这个单元的类比，而应该是前一个单元的内容。

9. 梨月：我感觉她一直在证明自己跟自己说话（辩证）的那个东西。

10. 晴晏：那只是心里的独白吧。

11. 玮苓：我们想象的跟现实的不同。这是你要讲的吗？

12. 梨月：我觉得她常常将两个世界混在一起。

13. 家瑜：在第 41 页，比如直升机模型，模型只是比较小吗？模型也没有真实物的功能。

14. 皓勇：功能不同吧。有的模型还是可以飞，但飞起来不太一样。有的也是用电而不是用汽油的。

15. 文明：模型是按照它原本的样子做出来的。

16. 晴晏：比较小的就可以叫作模型。

17. 皓勇：比较立体的可以叫作模型吧。

18. 梨月：模型怎么来的？是不是就是指涉一个你原本知道的物品？

19. 慧琴：模型就是仿制吗？

20. 家瑜：也可以算是一个类比吗？因为那是有个原本的东西，照着样子做出来的。

21. 婉伶：在第 47 页，讲到"好哇"的那一段，她（灵灵）是不是有讲错啊？

    慧琴：她应该是讲错了。

    文明：就像溥涟说的："今天这样就够了。"应该就是这样，灵灵的存储器不足了。

    梨月：那应该表示她知道她讲错了，也就是说，她其实知道什么是对的。

    慧琴：应该是还不太清楚，才会说不清楚，或说出来发现越说越不对。

    怡萱：我们也常常会有这种越讲越不对的感觉。有的时候以为自己懂了，结果讲出来就发现不是这样。

22. 怡萱：所以我们的理解跟想要表达的是有落差的吗？

    文明：理解是指他知道，但是他能不能清楚地表达给别人知道又是另一件事情。

    慧琴：有的人表达能力很好，有的人不是。有的人心里很清楚，但是讲不好，别人也就听不懂。

    文明：神棍的表达能力很好，讲假的也可以讲到别人相信。

23. 玮琴：是不是除了自己内在的理解之外，还需要透过形于外的表达才算真了解？

24. 怡萱：我们真要全部表达出来才能让别人理解吗？

25. 慧琴：是不是还要通过外在的方式将内在的理解讲出来才能达到完全理解？

    家瑜：他以为他懂了，但是需要讲出口加以验证后才能确认。如果真懂了，应该是经得起检验的。但是他讲了才发现自己不完全懂。

26. 梨月：检验对错是用他认知的东西来做检验，还是拿 ×× 来做检验？是检验认知的东西，还是检验你说得对不对（内容）？

    晴晏：讲出来的时候，顺便做思绪上的串联跟整理。除非，我跟人家讲过后才知道对错。但自己多念几篇就会整理，而且就会真记住。

27. 梨月：应该是由别人来检验你，还是自己检验？例如讲出来后才发现不确定或是不对，那就代表你还不懂吗？

    晴晏：是。那就代表你不完全懂。

皓勇：知道错了，并不一定知道什么是对的。

28. 婉伶：我知道这件事，一定要靠讲出来才能确定我真懂吗？我可能讲不清楚，但写得很清楚。

皓勇：例如自我介绍的时候，我一定认识我自己，但是我可能讲不清楚。

怡萱：悟道不一定要讲出来啊，去做就可以了。

晴晏：对啊，因人而异吧。

怡萱：我觉得虽然我们被教导应该要去表达，但是也不一定非要这样吧。

慧琴：在第 47 页，最后她还加上一句"笨小鸭"，那时候她说的是"隐喻"。那时候灵灵说的是对的。我想，她应该是清楚什么是隐喻、明喻等的，但只是讲不清楚。

怡萱：可能只是理解程度不同。我可能理解了什么是隐喻、明喻，但讲不清楚什么是隐喻、明喻。

文明：灵灵说她吃了熊心豹子胆，我觉得不用别人跟你讲那到底是"隐喻"还是"明喻"。

第三阶段：小组讨论

（1）讨论：因为世界上还有小孩挨饿，我们就要知足吗？

晴晏：小孩会觉得讲的这些关我什么事啊，但那种想法是错误的，因为世界上还有小孩挨饿，所以你应该要爱惜食物。

家伶：现在的小孩都会这样回问你："那又怎么样，跟我有什么关系？"

皓勇：我也觉得很奇怪，为什么要这样举例？这个例子跟知足是没有切身关系的。

文明：小孩子不是大人的缩小模型。小孩的内在与外在联结跟大人不同。小孩子虽然可能不是很懂，大人还是要说，而不能因为认为小孩子还没有到能了解的时候，就不讲。

家瑜：上次老师跟我们一起讨论时有讲到南非的例子，那就是心有所感。当你看到那边的情况的时候，你跟那边的难民就有关联了。

文明：就算是大人，也一样。如我没到过印度尼西亚之前，那边发生什么事跟我也没有什么关系。但是去过了，就会有联结。

玮苓：如加利福尼亚州大火时，我去过那个地方，我的朋友在那边，我就会替他们担心有关火灾的情况。

皓勇：挨饿跟知足，我觉得是无关的。但重要的是同理心，如果有同理心，这两个才会联结在一起。

怡萱：我也觉得关联性是建立在同理心上的。难道我没有接触过的就没有关联了吗？跟我怎么看这个世界有关。

皓勇：有的人会说农夫种田很辛苦，有的人会说种田很辛苦关我什么事。

慧琴：就像"饥饿三十活动"一样。我的学生挑食的时候，我会问他如果你下午饿了怎么办。我会让他体验饥饿的感觉。让他先开始吃个一口，再慢慢进步。

皓勇：逻辑上这两者是无关的，但是感性上、情感上、同理心上是有关联的。

文明：我不太赞同这句话。当你这样看这些资源的时候，全世界的资源是流动的。你要对你现在有饭吃知足，而不是为了"别人没饭吃"而知足。

皓勇：如果以全球来说的话，我同意。如果从字面上来说，我觉得两者是没有关联的。

慧琴：家伶，你当初的想法究竟是什么？

家伶：我觉得大家谈得很好。但是我觉得这样还是很难跟人家解释。没有体验就无法了解这样的感觉是什么。

梨月：同理心，是要同什么理呢？像在上课的时候，你怎么告诉小朋友这里要大小声？怎么诠释？而有时候我会用我自己的诠释去跟他们说我为什么要这么做，而不是告诉他们该怎么做。应该是让小朋友知道，可以采用很多方式，重点是你想让他们看到什么。让他们感受到老师对这件事的认真。

皓勇：这样你的关系是建立在你跟学生身上的，而不是这概念与孩子自身的关联。

梨月：你要让孩子知道你到底在同谁的理。

皓勇：你讲得比较像是方法，即如何去让小孩了解。

梨月：因为刚刚家伶问的是，他想知道怎么让小孩去理解这之间的关系。那个方式不限，但重点是要让他们知道之间的关联性。

皓勇：有的时候我会有同理心，但是我还是没办法把一碗很难吃的面吃掉。

晴晏：这应该是理性知道道理，但是意志选择不这样做。

皓勇：但是很多小孩就是这样啊，我了解我该知足，但是我就是做不到；我了解，但是我不愿意去做。

怡萱：我觉得小孩子挨饿跟知足这两者是有关联的，但是现在的小孩不了解。问题的症结是孩子同理心不够，没有多看这个世界。如我现在有很多原因，我就不愿意把东西吃完，可是那样代表我不知足吗？

皓勇：用非洲孩子挨饿这个作为例子，我们应该重点培养他们知足的品格，但是采用这个例子只是方法之一。

晴晏：那这样讲的话，就还是承认这两者之间是有关联的不是吗？

皓勇：有某些关联，但并不是决定性的关联。不是因为这样，就一定得那样。不是因为世界上有小孩挨饿，就一定要知足，这不是有直接决定性的关联。

家伶：我觉得小孩子会观察大人在讲这句话时的态度。态度会让小孩子学习到这个句子要表达的内涵。

皓勇：重点是我的想法，我借由什么方法去做。

（归纳：由培养同理心去理解我们与世界上的他人是有关联的。）

（2）讨论：模型是不是真的只是比实际（直升机）小而已？功能一样吗？

文明：蜡像馆的蜡像，功能并不一定都有的。蜡像不是人，不会笑，也不会思考。它只是呈现了人的样貌，可是它没有人的功能。

皓勇：模型有自己本身的功能，应该讲功能不同比较合适。例如样板房的功能是给人家参考，而不是直接住。

文明：模型是为了表示真实的东西是什么。我不会只看模型就买房子。

婉伶：模型显示出来的样貌跟你直接看实品的角度是不同的。

文明：模型是不能取代实品的。

梨月：如果你没看过实体的话，你会知道那是模型吗？什么样的东西会被定义为模型呢？

皓勇：你的意思是说，一定会有一个对应物，解释原本物是什么的才叫作模型吗？

文明：你的意思是说，一定要现实存在的吗？

皓勇：一定要看到吗？那么我们没看过鬼，也有鬼的模型出来啊。

延绫：模型是不是一定要有对应物？

文明：那对应的物，可不可以是现实真实存在的呢？

皓勇：如果没有对应物，它就不能算是模型。

家伶：那你就会给它取一个新的名字了。

皓勇：样板房可以说是房子的模型。模型也不一定要比实品小对吗？

大家：对。跟大小无关。

梨月：如果说我是实体，我是梨月，家伶在演梨月，那我可以依照我们刚刚的定义说，观众看到的家伶扮演的梨月，也能称为模型吗？

晴晏、家瑜：那不能叫作模型，可以叫作模仿。我们会说那是模仿，但不是模型。

梨月：那么一定要有现实存在可对应的东西才能叫作模型吗？

晴晏：不用。

（归纳：不一定要有现实存在可对应的东西才能叫作模型。）

（3）讨论：睡觉时内在和外在（身体）是否有不同状态存在？

怡萱：灵灵是怎么看待妈妈睡觉的状态？

家瑜：因为妈妈的身体明明就在那边，可是她还是会对妈妈说"你在里面吗"，好像身体里有个"内在的我"。

怡萱：所以睡着的是妈妈吗？还是内在的那个才是妈妈？

文明：在第 39 页，她用她自己的经验去推断其他人的状态，想去看看妈妈是不是装睡。就像学校规定大家都要午睡，我们就会装着午睡，其实只是趴在桌上而已。

玮苓：文明的意思就是说，灵灵这样做是在检查妈妈是不是在装睡。

晴晏：比如我们小时候就会看爸爸有没有睡，因为想出去玩，就会偷拉他的头发或是对他吹气。我觉得这个动作很像检查的动作。

……来不及有结论。

第四阶段：各组分享

略。

附录三　儿童哲学小说《灵灵》的主要人物侧写

由于"儿童哲学与伦理教育"/"儿童哲学：理论与实务"课程是以《灵灵》《哲学教室》二书为主要素材进行儿童哲学团体讨论的，于是笔者鼓励并指导各组认领书中的两位主要人物，尝试为人物的性格等做一分析总结。以下即是同学的整理。

一、灵灵

来福的女儿，慈慈的妹妹，九岁，小学生。如同"灵"一字英文"Pixie"原意指的是英国南方民间故事里的小精灵，灵灵性格古怪、爱玩，像是醋的感觉：单独喝常常使人皱眉头，但跟别的食物一起，却能调配出使人叫好的美味。①

灵灵就是这样的一个小女孩，个性好恶分明，有点儿调皮，爱卖关子，且总是有着一大堆的秘密。她喜欢上学，喜欢说话，更喜欢观察身边的每一件事物，把每件事都看成问题，对每件事都很有兴趣。

细看灵灵，便发现她与现实生活中九岁十岁的小女孩一样，灵灵并没有特别聪颖或是乖巧。但不同的是，她不轻易满足于一个答案，对于不了解的事物、观念，灵灵总是会想尽一切办法去发问、讨论，直到弄明白为止。这是灵灵的坚持，也是她独特、可爱之处。

1. 灵灵如何表达自己

不说名字，不透露年龄，只说别人对她的看法。

"我先告诉你们，我的名字叫灵灵。灵灵不是我的真名字。"

"我爸爸说，我像是一条橡皮筋。"

"我妈妈说，我是醋做的。"②

2. 外形

a. 耳朵有一点尖尖的，往上翘起来，凸凸的，且灵灵的耳朵会动。

"墨立根老师是我们的老师。他的耳朵有一点尖尖的，往上翘起来，凸凸的，像杜宾狗那样。我的耳朵也有一点尖尖的，往上翘起来，凸凸的。可是，我的耳朵会动，他不会。"③

b. 身体十分柔软，可以弯来弯去。

---

①② 李普曼：《灵灵》，杨茂秀译，台北财团法人毛毛虫儿童哲学基金会，2003，第
　　1页。

③ 同上，第2页。

"昨天晚上，我举起两条腿，绕在脖子上，倒立起来，用手走路。"①

"……我能够一连翻三次车轮跟斗。"②

3. 个性

a. 情绪强烈，好恶分明，其表达情绪的方式也很强烈。

"倪二说：'谁要去参观那破动物园，臭动物园。'他用手捏住鼻子，扮一个难看的鬼脸。我很气他那个样子。真是气死人！我说：'倪二，你有什么了不起？要是你整天被关在笼子里，你恐怕比它们还要臭！'

他把舌头吐出来，好长好长的舌头。好吧！我也扮了鬼脸给他看。我用大拇指塞住耳朵，弄斗鸡眼对他。"③

b. 最近正在练习"耐心"。

"我的故事很长。所以，你最好先坐下，慢慢听我讲。（我今年比去年有耐心。）"④

c. 有点以自我为中心；对自己的表现也是十分有自信的。

"……要是我不好，不能上学，不能讲我的故事，你们不会难过吗……第二天下午，我等不及门铃响。我肯定每一个人都会来，把我的房间挤得满满的。大家坐在地板上，围在我身边，倾听我讲故事。门铃终于响了。尹珊后面是纪岚亭、魏兰妹与浦涟。'别的人都不能来。'他们告诉我。有一会儿，我差点儿哭。不过，我还是一直希望他们都来。"⑤

d. 一天到晚说话说个不停。

"我觉得好奇怪。怎么会有人老是不说话呢？我一天到晚就是说个不停。"⑥

e. 与姐姐慈慈总是合不来，常常争辩、唱反调。

"慈慈翻过身来，虽然在黑暗中，我也可以看到她注视着我。'你不相信关系。现在，你又不相信空间，有什么东西你相信？'

'你不公平。'我告诉她，'我只是对一些事好奇，你就说我不相信。你总是扫兴！'……'慈慈尽管去拥抱她的鬼关系和空间，我不稀罕。我有自己的神秘动物和

---

①④ 李普曼：《灵灵》，杨茂秀译，台北财团法人毛毛虫儿童哲学基金会，2003，第
　　1页。

② 同上，第10页。

③ 同上，第3页。

⑤ 同上，第73—74页。

⑥ 同上，第15页。

神秘故事。我还有许多其他的秘密。'"①

"可是，慈慈却给我好大一个难堪，她真让我下不了台。我不得不和她争辩。争到那一顿饭吃完，还不肯停止。"②

f. 调皮，喜欢卖关子。

"你猜得到我的'神秘故事'是什么吗？我知道，你永远也猜不到。就是你猜，而且就算你猜到了，我也不告诉你。怎么样？"③

g. 有许多秘密。

"……我还有许多其他的秘密。"

4. 好思考，爱发问

a. 喜欢观察每一件在周遭发生的事，思考其原因。想得出来的，常常迫不及待与他人分享自己的心得；想不出来的，也立即问姐姐慈慈、爸妈、学校的同学尹珊或是墨老师。

"我的胳臂睡着了！我到现在也还不明白，如果我整个人是清醒的，我的身体怎么会有一部分睡着呢……后来，我跟尹珊讨论……"④

b. 把每一件事都看成问题，对每一件事都很有兴趣；面对问题，无法停止思考。

"我渐渐开始看清楚自己的目的了，我不肯停下来，所以……"⑤

5. 喜欢上学

a. 学到新的东西，会让灵灵感觉很愉快。

"我爸爸想办法转变话题。他说：'灵灵，今天学校里怎么样？'

爸爸的话让我好受一点。因为，今天在学校过得很愉快。我含糊地说：'我学到很多关于模型的东西。'"⑥

b. 喜欢和大家七嘴八舌地讨论一堆问题。

"我最关心的是，学校里大家在讲他们的神秘故事，而我却不能上学。不但听不到他们的故事，也没有机会说我的故事。

---

① 李普曼：《灵灵》，杨茂秀译，台北财团法人毛毛虫儿童哲学基金会，2003，第31页。
② 同上，第47页。
③ 同上，第26页。
④ 同上，第5页。
⑤ 同上，第36页。
⑥ 同上，第46页。

……不过，我难过，有一部分是因为我不能上学说我的神秘故事。"①

c. 和朋友一起相处，在学校的灵灵跟大家是一样的。（在家里的灵灵，是小孩子。）

二、墨立根老师

灵灵的老师，是一位在学校已任职很久很久的"老"教师（因为"墨老师的女儿都要生小孩了呢！"）。墨老师有着跟灵灵一样的耳朵，有一点尖尖的，往上翘起来，凸凸的，像杜宾狗。不过，灵灵的耳朵会动，墨老师的不会。

对于学生，墨老师总是给予他们最大的自由——思想及言论的自由，从不限制学生的想法，常常出一些天马行空的作业让学生们自由地发挥其创造力和想象力。面对学生所提出的问题，有别于一般老师的直接回答，墨老师往往是反问其他同学的意见、想法，开放问题让全班同学一起讨论，与学生们一起寻找思想的进路。

墨老师的角色，如同在"儿童哲学"探究团体中的领导者。

1. 外形

耳朵有一点尖尖的，往上翘起来，凸凸的，像杜宾狗，但墨老师的耳朵不会动。

"墨立根老师是我们的老师。他的耳朵有一点尖尖的，往上翘起来，凸凸的，像杜宾狗那样。我的耳朵也有一点尖尖的，往上翘起来，凸凸的。可是，我的耳朵会动，他不会。"

2. 年龄

好老，他的女儿要生小孩了。

"墨立根老师好老哦！你一定想不到他有多老。他的女儿都快要生小孩了哟！他在我们学校好久好久了。"②

3. 在学校任职好久好久

"……他在我们学校好久好久了。"③

4. 对于学生

a. 开放性的，没有任何限制的，不局限、不遏制学生的想法。

"'你们的故事，只要是动物园使你想起来的，不管是什么，只要是你想得到的，

---

① 李普曼：《灵灵》，杨茂秀译，台北财团法人毛毛虫儿童哲学基金会，2003，第73页。

②③ 同上，第2页。

通通都可以。'墨老师这么说。"①

b. 对于学生的问题，往往不直接回答，而是反问其他学生的想法、观点，大家一起集思广益。（如同探究团体中的引领者。）

"'墨老师，'我说，'什么是关系？'他长长地'嗯'了一声，才接着说：'我想你可以叫它关联。这样好了，我们也许该问问同学们关系是什么。'"②

c. 常常出一些天马行空的作业，激发学生的想象力、思考力。

"去参观动物园，我还要你们做一件事，你们每一个人心里想一个秘密。不要告诉别人你的秘密是什么。"③

d. 鼓励每一位学生发表自己的想法、意见。

"……向大家讲你们自己编的故事，每一个人都要讲。"④

"'假如我问你们，'老师说，'你能不能编一个最难令人相信的故事？你会怎么回答？'"⑤

三、尹珊

九岁，灵灵的同班同学，也是灵灵最要好的朋友，个性温和果断。她的外形据灵灵的描述，头发和眉毛黑且浓，眼睛是茶色的。

"她的头发和眉毛都好黑好黑，好浓好浓。她的眼睛是茶色的，像是菊花。"（第一章）

（一）人物特质分析

1. 好朋友的心灵契合——尹珊对待灵灵客气又温和，是灵灵最好的朋友。她们两人想法相近，喜欢的一样，不喜欢的也一样，心灵契合。

以下是灵灵自己陈述和尹珊间的关系：

"我真幸运，有一个那么要好的朋友，而且她不会想刺探我心里的秘密，说不定心里想的和我的一样。她自己也觉得很幸运，有一个要好的朋友，又不会想刺探她内心的秘密。"（第一章）

"我喜欢尹珊。我自己的样子，有的我喜欢，有的我不喜欢。我喜欢的，她都像

---

① 李普曼：《灵灵》，杨茂秀译，台北财团法人毛毛虫儿童哲学基金会，2003，第 2 页。

② 同上，第 33 页。

③ 同上，第 3 页。

④ 同上，第 4 页。

⑤ 同上，第 54 页。

我，我不喜欢的，她都和我不一样。"（第二章）

生活中若灵灵有任何问题或是要求，尹珊都会全力以赴，尽自己所有心力去维护灵灵，同时尹珊非常善解人意，会适时给予灵灵支持。

"灵灵，不要紧，我们是来这附近，顺便来看看你的，没有什么事。明天见！"（第七章）

"不要难过，灵灵。我们还有一件事要做。我们不是要编一个神秘的故事吗？我打赌，你的故事一定编得最好，全班最好的神秘故事。"（第八章）

2. 有耐心，仔细倾听灵灵说话，扮演灵灵的解答者角色——尹珊很有耐心，会专心聆听灵灵说话，并有所回应，灵灵很喜欢和尹珊一起讨论问题，在书中可见灵灵常和尹珊说话。像当灵灵在想浦涟为什么都不说话的时候，尹珊有所回应（第二章）。

"'尹珊，'我说，'浦涟要怎么编自己的故事呢？关于神秘动物的故事？如果他都一直不说话。'

尹珊回答说：'哦，他当然可以编，他不说出来就是了。他会一直想，然后写出来嘛！'"（第二章）

而当灵灵听不懂尹珊说的话时，尹珊也会很有耐心地慢慢解释给灵灵听。

"'我的意思是'，尹珊说，'譬如我说，秦达跑得比田立快，我的话表示的是一种关系。我是在比较秦达与田立的速度。'"（第六章）

3. 说话慢条斯理。

"灵灵打断尹珊看书，问她：'人为什么说话？'

尹珊努努嘴，慢条斯理地说：'我猜，人说话是因为，因为要让别人知道，知道他心里想的，还有心里面所感受的。'

昊昊又说：'那么，假如人不想让别人知道自己的思想和感觉呢？'

尹珊想了想，才慢慢地说：'那——么——他就停止不说了。'"（第三章）

在尹珊和灵灵两人的对话中，尹珊常是慢条斯理但果断，她不会急着马上回答，一定要经过思考后，才慢慢地说出来，而且不疾不徐，会说得很清楚，看起来就像是个成熟的小大人似的。同时，尹珊回答虽慢条斯理，但是内容往往是果断且令人深刻的，一点都不拖泥带水，简单利落，明确地表达自己的想法。

4. 通盘性考虑、假设性思考——尹珊对于灵灵的要求，会直接告诉灵灵事实，并且考虑的方向较理性，想得较周延，而且在事前会设想好最坏的打算，做通盘性的考虑。尹珊通常不会直接拒绝灵灵，常使用"没有把握"的言语来让灵灵知道，但灵灵通常还是不懂的！

"那不可能。放学后大家要坐车回家，家里都有事，又有许多功课要做。""他们会说：'等他病好了，到学校再说。我们为什么老远跑去他家听他的故事？'那我要怎么说呀？"（第九章）

5. 理性。

"好吧！灵灵，我试一试。可是我不敢保证有谁会来。"（第九章）

尹珊谨慎小心，不会因为别人的苦苦哀求而失去理智；即使答应别人，也会做些保留；做事不太会信心满满。

6. 卖弄玄机。

"你病好了上学以后，灵灵，你会大大吃惊。我们准备好一个你料想不到的礼物，等着你来享受。"（第九章）

尹珊也爱卖关子，她认为这是一种惊喜，是特别为灵灵准备的。从尹珊的贴心与细心以及为好朋友特别准备的惊喜中，能看出尹珊和灵灵亲密且细腻的互动关系，也代表着两人的深刻友谊。

7. 有丰富的想象力。

"尹珊说：'浦涟的眼睛是狼的眼睛。'

我不知道人的眼睛怎么会是狼的眼睛。"（第一章）

第一章灵灵和尹珊在讨论浦涟时，尹珊的这句话让灵灵非常好奇，引发灵灵思考整体和部分的关系。尹珊天马行空的想象力由此可见一斑。

（二）综合分析

尹珊是灵灵最好的朋友，灵灵自己也觉得尹珊和她很像，她们两人有许多相似之处，她们喜欢的一样，不喜欢的也一样。在她们两人的相处中，常常可见许多亲密贴心的互动关系，也代表着两人的深刻友谊。灵灵非常依赖尹珊，她常常会想听听尹珊的想法，然后提出自己的想法；有时也许两人的想法大相径庭，然而，彼此却能互相包容与聆听。聆听与包容，在灵灵和尹珊的互动关系中是相当重要的部分，除了是好朋友外，其实更贴切地说，两人就像姐妹一样。灵灵自己也说过，尹珊有灵灵姐姐所没有的特质，如包容、耐心；同时，尹珊在两人的相处模式中，常常处于照顾者和解答者的角色，有大姐姐的风范。灵灵总是希望有人能听她说话，回答她的问题，就像个小妹妹一样，依赖着尹珊；有尹珊在，也让灵灵感到安心。深究其原因，可以从两人的家庭背景看出端倪。灵灵有一个姐姐——慈慈，但是两人的互动关系不好，从本书前几章节（第二章）就可看出灵灵多么不喜欢姐姐慈慈，并大大抱怨了一番。灵灵所期待的，是一个有耐心、包容、会聆听且可供咨询的姐姐形象；但是，慈慈的蛮横霸道且不可理喻，让灵灵感到气愤与失望。相对地，尹珊家只有她妈妈，还有一个小妹妹——尹妮。尹妮还没上学读书，所以尹珊常会细心地照顾妹妹，有大姐姐的气质与风范，有时与灵灵的相处就像对妹妹般的照顾或提供咨询，让灵灵感到可以依靠与信赖。因此，两人相处的微妙关系和互动关系，和其家庭背景有着相当程度的关联性。

四、慈慈

十一岁，灵灵的姐姐。按照灵灵的说法，姐姐蛮横无理、容易不耐烦、强势。

（一）特质分析

1. 怪里怪气、蛮横霸道——慈慈在灵灵眼中是个怪里怪气的姐姐，对她常使用命令句，动不动就发脾气，有着古怪的性格，常和灵灵吵架，感觉不怎么疼爱自己的妹妹。

"当着我的面，她对苏美说：'等一等，我要先把小妹弄走。'"（第二章）

"灵灵夹了一小块饼，还没吃到嘴里，决定停下来，望着慈慈。她正吃一口，用心在嚼。起先，她不想理我，还是吃她的饼，后来她叫出来：'妈——灵灵又在看我了，叫她不要那样盯着人家吃东西。'妈妈继续煎饼，没有转身，只是说：'不要惹你姐姐，灵灵。'……

后来，慈慈踢我。"（第四章）

"你最好快点睡。"

"不要再啰唆了，快睡。"（第五章）

"你还不赶快起来换衣服，你到底怎么搞的？"

"你要是不立刻起床，我就要去告诉妈妈。"（第五章）

"你怎么啦？吃错药啦！"（第七章）

"那一件可以像包饺子一样，把你包住。""那才叫作大快人心哪！"（第七章）

此外，慈慈相当蛮横霸道，灵灵在第二章"抢厕所"事件中，有着相当多的描述与抱怨。

"慈慈比我先进洗手间。然后，她把门从里面反锁起来，不让我进去。"

"我用拳头使力捶打门板，大声叫道：'慈——慈，你——不——公——平——我和你一样有权利用洗手间。'我可以听到她在里面刷牙的声音。她停了一下，大声叫道：'轮到你再说。'"（第二章）

2. 十足姐姐的架势，有自己一套原则和法规——当灵灵和爸爸妈妈闹别扭不吃东西时，慈慈开口说：

"世界上到处有小孩在挨饿，你却看都不看沙茶牛肉面一眼！你不知道自己有多

幸运，真不知足！我不是乱讲的，真的有许多小孩常常挨饿，这是事实。"（第六章）

此外，慈慈相当有大姐姐的权威，常会告诉灵灵"应该"怎么做，依照自己的行为模式管教妹妹，并且要依循着既有的模式与规则，不得改变。只要是慈慈觉得对的东西，她也一定会据理力争。

"先放牛奶再放糖，不要先放糖后倒牛奶！"（第二章）

"灵灵，你听到妈妈说的，不许任何人进来，规矩就是规矩，不许违背。"（第七章）

3. 较无好奇心——当灵灵问慈慈：

"'你想，我的头如果睡着了，我会不会以为它是你的头？'慈慈正看着桌底下玩耍的猫，并且只告诉灵灵：'快喝你的牛奶。'"（第二章）

慈慈许多时候对灵灵的问题没有做太多回应，只是以姐姐的威严草草带过，也许是因为慈慈觉得这根本不是问题，又也许，面对这么多问题的妹妹，慈慈的耐心早就被磨光了，自然也就不会想要了解什么。

4. 提供冲突——慈慈在《灵灵》书中常扮演引发问题的角色，也许是她将许多事情视为理所当然，和灵灵在认知上有着相当大的差异，再加上两人原本就个性不合，因而由不满引发冲突，但往往也因这些冲突，产生许多新的问题，让灵灵开始思考，开始发问。

"你不相信关系。现在，你又不相信空间，有什么东西你相信？"（第五章）

5. 在乎自己和妹妹在父母心中的地位——这也许是许多家庭都会发生的事，姐妹两人争宠，争谁是父母的最爱，灵灵家也不例外。

"我（灵灵）爬上去坐在爸爸怀里。拿下他的眼镜，自己戴上，什么也看不见，赶快拿下来，放回他的鼻梁上。他没有讲一句话，静静地看着我。慈慈站在那里，两手放在屁股上，注视我们。"（第四章）

（二）综合分析

灵灵不喜欢慈慈，慈慈也不喜欢灵灵，这似乎是众所皆知的事实，因为灵灵在本书一开始即说得很清楚，也抱怨着姐姐的蛮横无理与霸道。也许因为是家人，是身边最亲密的人，灵灵有许多的抱怨与不满，也因为这样的不满与气愤，才让灵灵依赖她的好朋友——尹珊，建立起如姐妹般深厚的友谊。灵灵自己也觉得，比较起来，尹珊更像她姐姐，因为她希望姐姐有的，尹珊都有；而她不喜欢的，尹珊都没有。感觉上，慈慈在书中好像都是负面极端的人格特质，至少，灵灵所给予的都是负面的评价，也让人觉得：慈慈就是个蛮横不讲理的霸道姐姐！然而，深究其原因，也许和慈慈在家中的地位有关。慈慈是家中的老大，下有妹妹，自然而然在家中承受一些压力与关注：被人教导着她应该如何照顾妹妹，被告知着要当个好姐姐。但是，她却要独自承受些失宠的苦闷与恐惧，因而对灵灵在态度上有些不同，也让她想要用姐姐的威严巩固自己的地位，这是可以想见的。其实，这也是每个家庭都会遇到的问题，但那都是过程，是一种成长的历程与阶段。重要的在于，虽然慈慈在书中扮演着霸道强势的形象，但也让灵灵开始产生问题，从冲突与对立中发现问题，进而开始发问，开始思索讨论。因此，慈慈在和灵灵的问答间，扮演着相当重要的中介角色，也是许多问题产生的契机。

附录四　儿童哲学小说《哲学教室》的主要人物侧写

一、陈明宣

陈明宣是《哲学教室》里的最佳男主角，是个爱提问的小孩，同学们所讨论的问题多是由他而起。故事就由他在白老师的自然课上打瞌睡开始，其实，他并没有打瞌睡，只是在想别的事。① 陈明宣就像是男生版的灵灵②，喜欢上学，喜欢讨论，也喜欢观察同学的言行举止；虽然写字很慢，却是个鬼灵精，脑筋转得很快，有许多问题不停地在他的脑袋瓜里出现；面对问题时，总是希望可以得到某个确定的答案，他的脑袋瓜里总是会有新的想法。

1. 写字很慢

"星期天，用心思考之前，陈明宣在他那本黄颜色的小记事本上小心地写着，和平常一样，他写得非常慢，而且边想边写。想得太认真，所以写出来的字歪歪的，不很整齐。"③

2. 问题很多、爱思考的小孩

"对我来说，世界上最有趣的事物就是思想。我知道，世界上有许多其他的事物都非常重要，而且也非常有趣，譬如电、磁和力。但是，这些东西我们能理解它们，它们却不能理解我们。所以思想必定是一样非常特殊的事物。"④

"如果我们思考电，研究电学，我们会更了解它，至于思考我们的思想，似乎能更了解我们自己。"⑤

3. 不喜欢被别人取笑

"陈明宣为自己这个发现，高兴得抖起来！如果今天下午就知道这个道理，他就不会那么窘，在老师和全班同学面前答不出问题。"⑥

---

① 李普曼：《哲学教室》，杨茂秀译，台北财团法人毛毛虫儿童哲学基金会，2002，第17页。

② 李普曼：《灵灵》，杨茂秀译，台北财团法人毛毛虫儿童哲学基金会，2003，第104页。

③ 李普曼：《哲学教室》，杨茂秀译，台北财团法人毛毛虫儿童哲学基金会，2002，第47页。

④⑤　同上，第48页。

⑥　同上，第20页。

4. 喜欢观察世界

"你不必亲自飞上月球，不必亲自到太平洋上去冒险，不必处心积虑要去看奇妙的事物，有时候，奇妙的事物会出现在你眼前，只要你张开双眼，一眼就会看到。"①

5. 乐意与他人分享、讨论自己的想法

"我的意思是，你爸爸说'所有工程师数学都好'，对不对？可是，这种形式的句子是不可以倒的啊，它的倒句'所有数学好的人都是工程师'，并不是真的。而且我敢打赌，有许多医生和飞行员，数学都很好。还有各色各样的人，他们虽然不是工程师，数学却很好。所以，你是数学好，但是，你不一定要去做工程师啊！"②

6. 新的想法产生时，会找很多例子检验

"他觉得自己的想法很妙，决定再试几个例子。首先他想到：'所有棒球都是球。'这是真的，倒过来：'所有球都是棒球。'这可就是假的了。"③

二、李莎

李莎是陈明宣的同学，是陈明宣认为在班上唯一不取笑他的同学，而且，他觉得当他把自己的新发现告诉李莎时，她一定会了解与欣赏；同时，她也是个有想法的女孩，当陈明宣告诉李莎他心里的问题时，李莎也会与陈明宣分享她的意见。故事的开始，只有他们俩在讨论句子的文法问题，也就是逻辑问题，后来在石老师的数学课上，这个问题意外地成为全班讨论的问题。李莎原本还要与陈明宣交流，仿佛一定要解出个所以然来，然而，就在正要有个什么答案出现时，李莎却是最先提出是否应该在数学课上继续讨论这些笨规则的人，她的态度也由温和转为直接，令人玩味。

1. 外形

"李莎想：六年级的男生说我像狗时，我忍不住立刻跑进洗手间照镜子。我看见镜中的朝天鼻、高而宽的额角、太大而且有点凸的眼睛，是的，一点也不错，我是

---

① 李普曼：《哲学教室》，杨茂秀译，台北财团法人毛毛虫儿童哲学基金会，2002，第63页。
② 同上，第30页。
③ 同上，第19页。

像狗。而且，我还有微微凸出的大门牙……"①

2. 会提问，爱讨论

"李莎觉得奇怪，为什么她父亲会想到花生酱混果冻就要吐？而齐媛想到牛奶也要吐？思想如何会使人想吐？"②

"外界有个东西，正是你所想的，那么，你的这个思想就是外界那个东西的复本、它的影像，所以，你的思想不是真的，是吗？"③

"李莎带点得意的神气回答：'你看见过哪一个数目在街上行走？或者站在什么地方？数目只有在我们心中才最真实。而且，有许多东西，像数目一样，只有在我们脑海中才是真实的。'"④

3. 表达想法之前，总会思考很久，以思考厘清想法

"李莎认真地思索着，几次要开口，却欲言又止。陈明宣等得不耐烦，李莎还在想，还是欲言又止。'快点吧！两个东西，任何两个东西。'陈明宣恳求她。李莎终于开口了：'没有老鹰是狮子。'"⑤

4. 大胆假设，小心求证

"李莎捡起一支笔，拿起一个笔记本，胡乱地写了起来。涂了半天，终于定下心来，写下陈明宣和唐宁前几天讨论的一个例子：'所有狗是动物，所有牧羊犬是狗，所以所有牧羊犬是动物。''你看，'她用铅笔指着前面两个句子，'正如唐宁说的，给两个句子，便能搞出第三句。简单得很，两个数一加，第三个数便出来了。'……'我注意到了，'李莎说，'在第一句中的"女性"是在句首，可是在第二句中，却在句尾，我想这种出现，是有原因的。'"⑥

三、唐宁

唐宁是陈明宣的同学，数学很好，总是第一个做完习题；也喜欢语文，但不是课本上讲述的故事，她最喜欢练习造句、分析句子、研究文法。唐宁不想当工程师，想做些别的事，她知道的事似乎很多，在同学讨论的过程中，举过"我却知道乌心

---

① 李普曼：《哲学教室》，杨茂秀译，台北财团法人毛毛虫儿童哲学基金会，2002，第115页。

② 同上，第33页。

③ 同上，第36页。

④ 同上，第37页。

⑤ 同上，第20—21页。

⑥ 同上，第151—153页。

石不会浮水"① 的例子。

1. 个性不耐烦，急于表达

"陈明宣听到唐宁向夏天民解释：'8 + 2 = 10；5 + 5 = 10；12 − 2 = 10；20 ÷ 2 = 10；5 × 2 = 10……'夏天民听了之后，犹疑一阵子才说：'我还不会乘法和除法。'唐宁不耐烦地回答：'你不必会乘法和除法，那只是例子而已。我只不过想法子告诉你，每一个数都有许多不同的组合。一定有数千种方式可以组合成 10。'"②

"'你看，'唐宁说，'如果把以"所有"当句首的句子，改成用"没有"当句首的句子，那么这两个句子正好彼此相反……''谁说我们需要那一种语词？'陈明宣问。'我说，'唐宁气急地说，'我可以举例证明给你看……例如"多数人不是贫穷的……"'唐宁当没有听到陈明宣的话一般。'那不对，'戴普森说，'多数人不是富有的。'唐宁看起来有点恼火了，她说：'那只是个例子嘛！好吧，我换个例子：许多人不喜欢洗澡。'"③

2. 有时想出风头

"唐宁想出点风头，她说：'老师，也许明忠宗没有说清楚。我认为他的意见、他的理由，不会像你说的那么脆弱……通常我们说某某永远是真的，意思并不是真正表示某某永远是真的。我们知道那是一定会有例外的，但是我们仍然那么说。例如，我说"所有木头都会浮水"，可是我却知道乌心石不会浮水。'"④

3. 不喜欢迟到

"对唐宁来说迟到是很不寻常的，更不用说在一个星期里迟到三次。她不喜欢迟到。"⑤

4. 数学很好

"唐宁是陈明宣他们班上数学最好的同学。她总是第一个做好习题。"⑥

"第一节课是数学，按进度该上'分数'。昨天石老师教过数的各种不同的组合。每个数可以有许多不同的组合。和平常一样，唐宁是第一位学会的。"⑦

---

① 李普曼：《哲学教室》，杨茂秀译，台北财团法人毛毛虫儿童哲学基金会，2002，第107页。
② 同上，第26—27页。
③ 同上，第51—52页。
④ 同上，第47页。
⑤ 同上，第168页。
⑥ 同上，第25页。
⑦ 同上，第26页。

5. 喜欢练习造句、分析句子

"唐宁自己知道，她的数学比班上任何人都棒。她喜欢语文，但不是课本上的故事。她最喜欢练习造句、分析句子。老师说，那是文法。许多小朋友不喜欢文法。她曾经对夏天民说：'你可以把一个句子拆开，就像把闹钟拆开，一件件零件摆在地板上。'" ①

6. 很有自己的想法

"第一种可能：有上帝，而且宇宙有个起源。第二种可能：没有上帝，但是宇宙有个起源。第三种可能：有上帝，但是宇宙没有起源。第四种可能：没有上帝，而且宇宙没有个起源。'第四种可能性不可能！'裴培说，'事实上只有第一种可能性是可能的。''什么？'唐宁说，'我不是在讨论什么是真的，我只讨论可能性。据我所知，有四种可能性。再说，你说某某可能性是不可能的，你的话是自相矛盾的。'" ②

> **李莎 & 唐宁——思考方式比较：**
>
> 陈明宣说："现在我们都明白了。李莎并不是真的不同意事情有是非对错。李莎与唐宁的分别是：唐宁习惯于一步一步地处理问题，根据规则，就像我们演练数学习题一样；而李莎的方式不同，她是一步登天式的，预感到什么，立刻就得到答案。这是两种不同的思考方式。"(《哲学教室》第十七章，第 182 页。)

---

① 李普曼：《哲学教室》，杨茂秀译，台北财团法人毛毛虫儿童哲学基金会，2002，第40 页。

② 同上，第 137 页。

参考书目

一、中文专著及译著

1. Kevin J. & O'Connor：《游戏治疗指南》，王丽文总校阅，杨惠卿、陈增颖、董淑铃、林美珠、杨登媛译，台北心理出版社，2007。

2. 马修斯：《童年哲学》，王灵康译，台北财团法人毛毛虫儿童哲学基金会，1998。

3. 马瑞诺夫：《柏拉图灵丹》，吴四明译，台北方智出版社，2001。

4. 邱惠瑛：《猫人》，台北财团法人毛毛虫儿童哲学基金会，2001。

5. 莎琳娜·哈丝汀：《圣经的故事》，台北猫头鹰出版社，1995。

6. 柏拉图：《柏拉图理想国》，侯健译，台北联经出版事业公司，1980。

7. 孙哲：《新人权论》，台北五南图书出版有限公司，1995。

8. 马修斯：《与小孩对谈》，陈鸿铭译，台北财团法人毛毛虫儿童哲学基金会，2005。

9. 邬昆如主编，潘小慧、尤煌杰、黎建球等八位合著：《哲学概论》，台北五南图书出版有限公司，2004。

10. 李普曼：《灵灵》，杨茂秀译，台北财团法人毛毛虫儿童哲学基金会，2003。

11. 李普曼：《哲学教室》，杨茂秀译，台北财团法人毛毛虫儿童哲学基金会，2002。

12. 李普曼：《哲学教室教师手册》，杨茂秀译，台北财团法人毛毛虫儿童哲学基金会，2002。

13. 马修斯：《哲学与小孩》，杨茂秀译，台北财团法人毛毛虫儿童哲学基金会，1998。

14. 李普曼：《哲学教室》，杨茂秀译，台北台湾学生书局，1982。

15. 夏洛特·佐罗托：《威廉的洋娃娃》，杨清芬译，台北远流出版事业股份有限公司，1998。

16. 詹栋梁：《儿童哲学》，台北五南图书出版有限公司，2000。

17. 郑瑞铃：《灵灵教师手册》，台北财团法人毛毛虫儿童哲学基金会，2004。

18. Richard Dawkins：《自私的基因》，赵淑妙译，台北天下文化出版社，1995。

19. 刘仲容、柯倩华、林伟信：《儿童哲学》，台北空大出版社，2002。

20. 潘小慧：《德行与伦理——多玛斯的德行伦理学》，台北哲学与文化，2003。

21. 潘小慧：《伦理的理论与实践》，台北文史哲出版社，2005。

22. 谢尔·希尔弗斯坦：《失落的一角》，锺文音译，台北星月书房出版社，2000。

23. 谢尔·希尔弗斯坦：《失落的一角会见大圆满》，锺文音译，台北星月书房出版社，2000。

24. 提利·勒南：《萨琪到底有没有小鸡鸡？》，谢蕙心译，台北米奇巴克有限公司，2002。

25. 罗纳德·格罗斯：《苏格拉底之道》，徐弢、李思凡译，北京大学出版社，2005。

26. 潘小慧：《以儿童哲学的探究团体模式作为多元社会中的品德培育方案》，载张秀雄、邓毓浩主编《多元文化与民主公民教育》，台北公民与道德教育学会，2006，第255—276页（370）。

二、中文期刊论文及学位论文

1. 王振德、郑圣敏：《儿童哲学方案评介及其在资优教育的应用》，《资优教育季刊》1998 年第 68 期。

2. 成尚荣：《儿童立场：教育从这儿出发》，《人民教育》2007 年第 23 期，http://blog.cersp.com/userlog15/25386/archives/2008/730908.shtml。

3. 林伟信：《思考教育的新尝试——李普曼的儿童哲学计划初探》，《社会科教育学报（花师）》1992 年 4 月。

4. 林伟信：《思考教育的新尝试——李普曼的儿童哲学计划简介》，《国教园地》1992 年 6 月。

5. 吴敏而：《P4C 问个没完》，《毛毛虫月刊》2004 年第 165 期，第 5—7 页，http://eln.creativity.edu.tw/nidorf/modules/newbb/viewforum.php?forum=17&post_id=1325&topic_id=585&viewmode=flat=0；《儿童哲学与讨论》http://forum.yam.org.tw/women/backinfo/story/data/data3.htm。

6. 柯倩华：《李普曼的儿童哲学计划研究》，硕士学位论文，台湾辅仁大学哲学研究所，1988。

7. 陈其南：《公民国家意识之建立》，《传统艺术月刊》2004 年第 46 期。

8. 陈美如：《让多元文化在课程改革中生根》，http://www.naer.edu.tw/announce/9smart/p21.3.htm。

9. 陈美如：《多元文化课程与教学——合作探究式教学的实际》，"新世纪中小学课程改革与创新教学学术研讨会实施计划"，1999，http://www.nknu.edu.tw/~edu/new-

eduweb/08Learning/learning%20thesis/learning%20thesis-4/item4-article24.htm。

10. 陈鸿铭：《探究团体》，硕士学位论文，台湾辅仁大学哲学研究所，1991。

11. 李普曼：《儿童哲学教育计划与思考技巧之培养（一）》，杨茂秀述译，《哲学论集》1981 年第 13 期，第 194—203 页。

12. 郑瑞娟：《多元文化教师的信念及任务》，《地方教育辅导通讯》2002 年第 6 期。

13. 谢育贞：《儿童哲学的发源地——毛毛虫儿童哲学基金会陈鸿铭老师专访》，https://www.nani.com.tw/teacher share/article/D4210101.htm。

14. 郭慈明：《儿童哲学师资培训在墨西哥》，《毛毛虫月刊》2007 年第 191 期。

15. 邓育仁采访、编辑部整理：《人物专访：Ronald F.Reed 教授访问录》，《哲学与文化月刊》1990 年第 17 卷第 9 期。

16. 潘小慧：《哲学咨商的意义与价值：以"对话"为核心的探讨》，《哲学与文化月刊》2004 年第 31 卷第 1 期，第 356 号。

17. 潘小慧：《"儿童哲学与伦理教育"之理论与实践——以〈偷·拿〉一文为例的伦理思考》，《哲学论集》2004 年第 37 期，第 175—206 页。

18. 刘蓝芳：《苏格拉底对话之教育意涵》，硕士学位论文，台湾政治大学教育学系教育哲学组，2006。

19. 罗惠珍：《法国高中的哲学课》，《人本札记》第 200 期，http://www.parentschool.org.tw/kmportal/front/bin/ptdetail.phtml?Category=100246&Part=06041701。

三、英文专著及期刊论文

1. Augustinus, trans. by John K.Ryan. *The Confessions of St.Augustine*, The Catholic University of American, 1959.

2. Banks, J.A.（ed.）*Multicultural Education Transformative Knowledge & Action Historical and Contemporary Perspective*, New York: Teachers College, Columbia University, 1996.

3. Banks, J.R. *A Study of the Effects of the Critical Thinking Skills Programs*, Philosophy for Children, on a standardized achievement test, 1987.

4. David Reed Shaffer. *Developmental Psychology: Childhood and Adolescence*, Pacific Grove: Brooks/Cole Pub. Co., 1996.

5. Jacques Martain. *An Introduction to Philosophy*, Taipei: Yeh-yeh, 1985.

6. Johnson, Tony W.*Philosophy for Children: An Approach to Critical Thinking*, 9.Phil Delta Kappa Educational Foundation Bloomington, Indiana, 1984.

7. Matthew Lipman. Ann Margaret Sharp and Frederick S. Oscanyan. *Philosophy in the Classroom* (2th), Temple University, 2006.

8. Maurice DeWulf (Author), P. Coffey (Translator). *An Introduction to Scholastic Philosophy: Medieval and Modern: Scholasticism Old and New.*

9. Overholser, James C.. Elements of the Socratic Method: I. Systematic Questioning, *Psychotherapy*, vol.30/Spring, 1993/No.1: 67—74.

10. Overholser, James C.. Elements of the Socratic Method: II. Inductive Reasoning, *Psychotherapy*, vol.30/Spring, 1993/No.1: 75—85.

11. Overholser, James C.. Elements of the Socratic Method: III. Universal Definitions, *Psychotherapy*, vol.31/Summer, 1994/No.2: 286—293.

12. Overholser, James C.. Elements of the Socratic Method: IV. Disavowal of Knowledge, *Psychotherapy*, vol.32/ Summer, 1995/No.2: 283—292.

13. Overholser, James C.. Elements of the Socratic Method: V. Self-improvement, *Psychotherapy*, vol.33/Winter, 1996/No.4: 549—559.

14. Overholser, James C.. Elements of the Socratic Method: VI. Promoting Virtue in Everyday Life, *Psychotherapy*, vol.36/Summer, 1999/No.2: 137—145.

15. Overholser, James C.. Facilitating autonomy in passive-dependent persons: An integrative model. *Journal of Contemporary Psychotherapy*, 1987, 17, 250—269.

16. Overholser, James C.. Clinical Utility of the Socratic Method. In C. Stout (Ed.) *Annals of Clinical Research*, Des Plaines, IL: Forest Institute, 1988.

17. Overholser, James C.. Socrates in the Classroom, *College Teaching*, Vol. 40, 1992.

18. Peirce, C. S. and Peirce, Charles S. Wiener, Philip P. (Ed.) *Selected Writings*, 93. N.Y. : Dover Publications, 1958.

19. Piaget, Jean. Problèmes de la Psycho-sociologie de l'enfance, In *Etudes Sociologiques*. Geneva: Librairie Droz.

20. Piaget, Jean. Les operations logiques et la vie sociale. In *Etudes Sociologiques*, 160—162. Geneva: Librairie Droz.

21. Rogoff, Barbara. *Apprenticeship In Thinking: Cognitive Development in Social Context*, New York: Oxford University, 1990.

22. Raabe, Peter. *Philosophical Counseling: Theory and Practice*. London: Praeger, 2001.

23. Rogoff, Barbara. *Apprenticeship In Thinking: Cognitive Development in Social Context*. New York: Oxford University, 1990.

24. Saran, Rene, and Neisser, Barbara(ed.). *Enquiring Minds: Socratic Dialogue in Education*. Trentham Books, 2004.

25. Tony W. Johnson. *Philosophy for Children: An Approach to Critical Thinking*. Phil Delta Kappa Educational Foundation, Bloomington, Indiana, 1984.

26. Vlastos, Gregory. *Socratic Studies*. Cambridge: Cambridge University Press, 1994.

27. Vygotsky, L.S. *Mind in Society*. Cambridge: Harvard University, 1978.

28. Wolff, Robert Paul, *About Philosophy*, Prentice-Hall, INC, 1995.

四、网络资源

1. http://forum.yam.org.tw/women/backinfo/story/data/data3.htm.

2. http://www.yndaily.com.

3. http://140.111.34.46/dict/.

4. http://www.unicef.org.

5. http://www.unicef.org/index.php.

6. http://www.unicef.org.hk/docs/new/index1.php?lang=c.

7. http://www.soco.org.hk/children/q2_content_3.htm.

8. http://www.lces.tpc.edu.tw/~t105/newfile7.html.

9. http://www.umass.edu/philosophy/faculty/matthews.htm.

10. http://philosophyforkids.com/.

11. http://www.ptl.edu.tw/publish/bookboom/001/32.htm.

12. http://en.wikipedia.org/wiki/Children#_note-0.

13. http://home12.inet.tele.dk/fil/.

14. http://www.best100club.com/bestfocus/PhiloZen/PhiloZen_writer.htm.

15. http://cehs.montclair.edu/academic/iapc/.

16. http://www.icpic.org/index.php?option=com_frontpage&Itemid=40.

17. http://forum.yam.org.tw/women/group1/child.htm.

18. http://www.temple.edu/tempress/titles/837_reg_print.html.

19. http://home12.inet.tele.dk/fil/.

20. http://www.buf.no/en/read/txt/?page=sn-pj.

21. http://www.ihcs.ac.ir/.

22. http://www.p4c.ir.

23. http://www.childrenphilosophy.com.

24. http://www.perjespersen.bravehost.com.

25. http://www.liceointernacional.org.

26. http://www.visionaivity.com.

27. http://blog.sina.com.cn/s/blog_5879e33101000c4f.html.

28. http://www.jyb.com.cn/cedudaily/r13/jiaocai139.htm.

29. http://www.wjstar.net/L_yuwen/ReadNews.asp?NewsID=64.

30. http://caterpillar.myweb.hinet.net/about.htm.

31. http://caterpillar.myweb.hinet.net/about.htm.

32. http://www.citadel.edu/education/facstaff/johnson.html.

33. http://www.p4c.org.nz/.

34. http://www.fjweb.fju.edu.tw/philosophy.

35. http://www.nani.com.tw/big5/content/2003—04/15/content_16445.htm.

图书在版编目(CIP)数据

儿童哲学的理论与实践/潘小慧著. —桂林:广西师范
大学出版社,2020.1(2024.1 重印)
(儿童哲学经典)
ISBN 978 - 7 - 5598 - 2168 - 3

Ⅰ. ①儿… Ⅱ. ①潘… Ⅲ. ①儿童教育 - 教育哲学 -
研究 Ⅳ. ①G61 - 02

中国版本图书馆 CIP 数据核字(2019)第 197914 号

儿童哲学的理论与实践
ERTONG ZHEXUE DE LILUN YU SHIJIAN

出 品 人:刘广汉
责任编辑:刘美文
助理编辑:李 影
封面设计:朱俊彪

广西师范大学出版社出版发行

(广西桂林市五里店路 9 号 　　 邮政编码:541004)
(网址: http://www.bbtpress.com)

出版人:黄轩庄
全国新华书店经销
销售热线: 021 - 65200318 　 021 - 31260822 - 898
山东韵杰文化科技有限公司印刷
(山东省淄博市桓台县桓台大道西首 　 邮政编码:256401)
开本:720 mm×1 000 mm 　 1/16
印张:17 　　　　　　 字数:280 千字
2020 年 1 月第 1 版 　　　 2024 年 1 月第 2 次印刷
定价:49.80 元

如发现印装质量问题,影响阅读,请与出版社发行部门联系调换。